本书系国家社会科学基金项目研究成果

本书得到南京大学"985"三期工程的资助

图书情报与档案管理创新丛书

档案网站信息资源组织研究

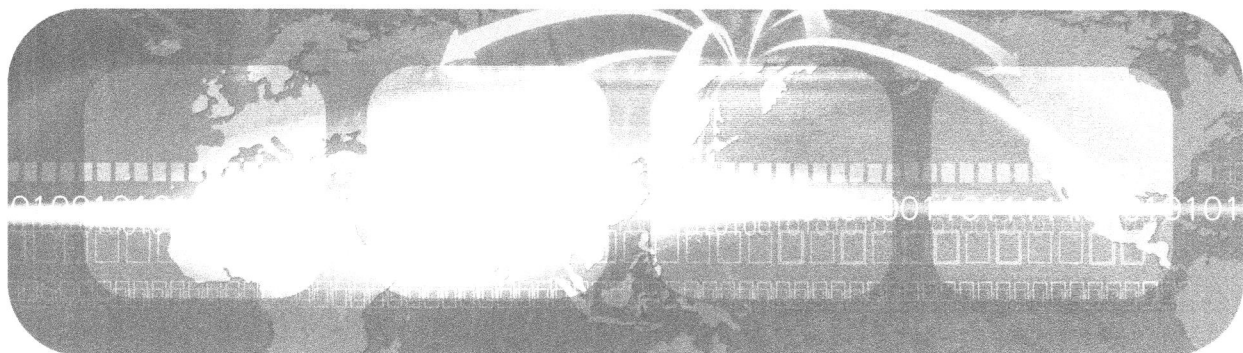

吴建华 曾娜 著

科学出版社

北京

内 容 简 介

　　档案网站信息资源组织是档案网站建设的核心内容。本书在多年来开展"中国档案网站普查"的基础上，重点调查了我国综合档案网站和美国、英国等国外档案网站信息资源及其组织状况，明确了档案网站信息资源及其组织的概念、内涵、特点，探讨了档案网站信息资源组织的原则、功能与流程，从信息基本分类、信息存储揭示、信息综合表现、新兴方法应用四个层面系统阐述了档案网站信息资源的组织方法，从理念、平台、体系、界面四个方面设计了档案网站信息资源的组织方案，并对此进行了实证性的分析，最后研究了我国档案网站信息资源的组织机制。

　　本书可作为档案学、情报学和信息管理与信息系统专业高年级本科生和研究生的参考用书，亦可供各级档案行政管理部门、档案馆（室）相关人员阅读、参考。

图书在版编目（CIP）数据

档案网站信息资源组织研究／吴建华，曾娜著 . —北京：科学出版社，2013. 10
（图书情报与档案管理创新丛书）
ISBN 978-7-03-038726-4

Ⅰ. ①档…　Ⅱ. ①吴…②曾…　Ⅲ. ①档案工作-网站-信息管理-研究　Ⅳ. ①G270. 7

中国版本图书馆 CIP 数据核字（2013）第 230383 号

责任编辑：李　敏　刘　超／责任校对：李　影
责任印制：徐晓晨／封面设计：王　浩

科 学 出 版 社 出版
北京东黄城根北街 16 号
邮政编码：100717
http://www.sciencep.com

北京京华虎彩印刷有限公司 印刷
科学出版社发行　各地新华书店经销

*

2013 年 9 月第　一　版　开本：787×1092　1/16
2017 年 1 月第三次印刷　印张：12 1/2　插页：2
字数：285 000

定价：130.00 元
（如有印装质量问题，我社负责调换）

总　　序

　　图书情报与档案管理作为独立的一级学科，如何在激烈的竞争环境中生存、扬弃、发展、创新，探索出一条既符合学科发展规律，又与社会、经济、科技和文化发展与时俱进的学科发展道路，是一代又一代图书情报与档案管理人光荣而神圣的使命。

　　南京大学信息管理系作为我国图书情报与档案管理学科的重要教学和研究阵地，从20世纪20年代创建伊始就一直以培养人才、创新科研、服务社会为历史使命。80多年来，已毕业的6000多名南京大学信息管理系学子遍及海内外图书资讯服务机构，以及文教、传播及其他行业。

　　图书情报与档案管理学科的发展承载着先辈的学术寄托，从创建图书馆学科肇始，学科先辈就在为争取独立学科地位、构建自身核心理论及扩大教育规模而努力。图书情报与档案管理获得一级学科地位后，仍然面临"大学科观"与"小学科观"、"图书馆业务中心论"与"情报分析与服务中心论"等不同的学科发展路径争论。20世纪90年代以来，又面临紧跟计算机科学、互联网技术发展，适应工商管理需求的巨大挑战。

　　走向国际化、建成世界一流大学是南京大学的既定战略目标。南京大学信息管理系近日被批准加入国际iSchools图书情报教育联盟，这是我系推进国际化战略所迈出的坚实一步。从国际上看，2000年美国图书情报教育联合会就指出，图书情报教育的服务场景和核心技能正发生深刻蜕变，以数字环境和学科融通为特征的创新更为显著；美国图书馆学会也发现，美国所有图书情报学院开设的课程越来越多地围绕信息科学的前沿展开，充分体现了图书情报与档案管理学科的创新特征；2002年在意大利帕尔玛召开的"图书馆和情报研究国际化"研讨会和在赛萨洛尼基达成的"欧洲图书情报学教育重整和适应标准"，以及2003年在波茨坦召开的"应对变化——图书情报学教育管理变革"研讨会和随后推进的"博洛尼亚进程"均反映了学科内涵的跨学科发展与融合发展趋势。

　　国内外同行皆认为图书情报与档案管理学科目前仍然属于学科范式急剧"转型"阶段。因此，在学科范式和教育探索中，必须以学科创新为前提和己任。南京大学信息管理系历来致力于学科前沿与社会服务的有机融合，其学科与期刊评价、数字图书馆技术、数字出版教育、数字人文阅读、信息系统采纳、信息用户行为、保密科技、档案信息资源建设等领域在国内外具有重要影响力。

　　含英咀华悟真知，南京大学信息管理系汇集了全系最新、最具影响力的一批科研成果，通过编写出版《图书情报与档案管理创新丛书》，既向国内外学者汇报南京大学信息管理系的科研进展，也想与国内外同行相互切磋，共同为图书情报与档案管理学科的发展贡献绵薄之力。创新是一个持续的过程，我们也希望通过国家"985"工程等平台的支持，以《图书情报与档案管理创新丛书》为载体，催生更多学术成果，将图书情报与档案管理学科的学术创新精神延续传承。

古曰："周虽旧邦，其命维新"①。仅以创新为旨向，以《图书情报与档案管理创新丛书》为形式，诉予大家同仁，是为志，亦以为序。

孙建军

2011 年 8 月于南京大学

---

① 引自《诗经·大雅·文王》

前　　言

　　档案网站是档案馆（室）在相互连通的公共信息服务网络上建立的站点。目前，我国档案网站的体系和布局日趋合理，档案网站信息资源的种类和数量急剧增长。档案网站建设的主要任务已不再是解决档案网站"从无到有，从少到多"的问题，而是要解决档案网站"优化"的问题。"档案网站信息资源的组织与利用"是涉及档案网站优化的核心课题，已经引起学界的广泛关注。为此，我们在多年来开展"中国档案网站普查"工作的基础上，申报了"档案网站信息资源的组织与利用"这一课题，于 2008 年被列为国家社会科学基金规划项目。本书是"档案网站信息资源组织"部分的研究成果。

　　档案网站信息资源以其独特价值活跃于网络环境之中，对它们进行合理组织、优化配置，是其价值实现和转化的重要前提。随着国内外网络信息资源组织理论的日趋发展成熟，其先进的组织理论、技术和方法为档案网站信息资源的有效组织提供了可能。我们通过理论研究和实际调查，在不脱离实际的前提下，将更多科学的、先进的、符合档案特点的信息资源组织理论和技术引入档案网站信息资源组织研究，形成档案组织特色。主要研究成果包括：第一，界定了档案网站信息资源及其组织的基本概念。第二，通过档案网站普查和重点调查，对国内外组织情况进行比较分析，总结出我国档案网站信息资源现存的主要问题及其成因。第三，探讨档案网站信息资源组织的基本理论，为档案网站信息资源组织研究提供理论导向。第四，构建档案网站信息资源组织方法体系，提供方法论指导，实现档案资源的合理组织、优化配置、高效利用与价值增值，满足网络环境下档案用户开放性、多样性、集成性的信息需求。第五，基于用户需求与档案部门实际状况，研究设计了档案网站信息资源组织方案，分析了科学运用各种组织方法，指导档案网站信息资源组织实践。第六，为保证组织活动的顺利实施，研究档案网站信息资源组织机制，从管理体制、技术、标准、制度、人才等五个方面展开全面讨论，可以为行政管理部门制定档案网站信息资源相关建设标准与规范提供建设性意见。

　　本书由吴建华和曾娜共同完成，全书由吴建华统审定稿。本书得到南京大学"985"三期工程的资助，特此感谢。本书中的部分内容参考了曾娜的博士学位论文，在此向曾娜的指导教师朱学芳教授表示谢意。本书在完成过程中，南京大学信息管理学院孙建军教授、郑建明教授给予了极大的关心和支持；南京大学信息管理学院 2011 级硕士研究生陈芳源、张恒、黄鹂参与了部分资料的收集与初稿的补充工作；付梓之际，向他们谨致谢忱。由于水平有限，书中的粗浅之处还望读者批评指正。

吴建华

2013 年 6 月于南京大学

目　　录

第1章 绪 论

1.1 研 究 背 景

随着信息技术的迅速发展，信息资源得到极大丰富。特别是网络技术的发展，使得网络成为人们获取信息和知识的重要媒介，网络信息资源逐渐成为这个时代的核心资源。面对类型多样、数量庞大、纷繁芜杂的网络信息，人们开始面临如何对这些信息进行有效组织与控制的新问题。为此，许多学者日益重视对信息组织的理论和方法，尤其是网络信息组织的研究。

作为一类重要的网络信息资源，档案网站信息资源在信息社会同样受到更多的重视，在推动经济发展和社会进步中也发挥着不可替代的作用。然而，在大力推行档案信息化建设，实现档案信息管理网络化的实践中，由于缺乏系统的理论、方法和技术指导，导致档案网站信息资源组织质量不高，严重制约了档案网站信息资源的利用效果。"档案网站信息资源组织"作为涉及档案合理配置、高效利用的核心问题，已成为当前研究人员、档案工作者和档案用户共同关心的问题。特别是近年来，有众多因素推动了该问题的研究。

1）信息化建设的要求

进入信息社会后，信息化程度已成为衡量一个国家（或地区）经济发展水平和竞争实力的重要标志，全国各行各业都在紧锣密鼓地进行信息化建设。档案部门也不例外，从2000 年开始了档案信息化建设的尝试。随着网络档案信息数量骤增，档案信息化进程的不断加快，档案网站信息资源的内容、载体、种类、服务对象等均呈现多样化特征。传统的档案信息组织方式已不能适应新的工作环境，这给档案信息资源组织研究带来了巨大的冲击。"组织"是档案信息传播、共享的关键，为了更好地开发利用档案信息，研究人员十分注重探求档案网站信息资源组织发展的新思路，并由此形成了一些相关的研究文献。

2）用户多样化的需求

互联网的发展和普及，使其成为当今最大的信息资源库。档案部门通过互联网将自己的"信息产品"展示给用户，其服务对象可能是网上的任何用户。由于这些用户来自社会各个领域和各个阶层，其利用网络信息资源的目的和类型存在着较大的差异。完善的网络环境要求研究人员将目光更多地移向用户，对多格式的、海量的、高动态的网络档案信息进行高效整序，挖掘深层次知识，以最方便用户、最人性化、最智能化的形式提供给信息的使用者，既注重满足一般的信息需求，又兼顾用户个性化的需要。从国外政务的"一站式服务"模式来看，所有服务内容和信息都是以用户为中心进行设计和分类的，追求信息组织的"客户化"、"人性化"已成为信息资源组织的重要指导思想。

3) 先进技术应用的发展

档案网站信息资源组织是以先进技术为依托的。网络技术、计算机技术、通信技术和人工智能技术等的高速发展与普遍应用,为深入研究档案网站信息资源组织问题提供了必要的技术支持。例如,RSS 技术提供将不同信息汇集到单一页面的技术平台,以便不同站点间共享内容。此外,数字图书馆、电子政务网站、档案网站等的快速发展,软硬件基础设施建设的日趋完善,为档案网站信息资源组织的发展提供了广阔的发展空间。

4) 知识组织理论的推动

人类社会从"信息时代"到"知识经济时代"不断向前发展,信息资源对社会进步的促进作用越来越大。知识逐渐成为最宝贵的社会资源和最重要的生产要素。而无论是信息还是知识,在其传播、共享的过程中,"组织"都是决定其利用效果的关键环节(图1-1)。为了提高人们获取信息的速度与质量,知识组织作为信息组织的高级形式与未来趋势开始受到越来越多研究者的关注。知识组织不仅是对信息进行序化和存储,而且要在信息分析、归纳与逻辑推理的基础上实现知识挖掘与知识表示。网络条件下知识组织理论的发展,在一定程度上促使数字档案组织问题的研究深化,许多先进的理论与模式对档案知识组织研究具有借鉴意义。

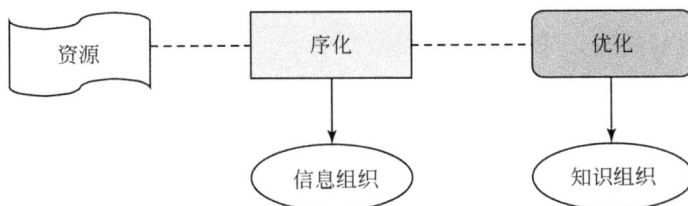

图1-1 资源与组织关系示意图

在上述背景下,本书充分结合调研,借鉴网络信息资源组织的理论和方法,对档案网站信息资源组织的方法、方案与机制等问题展开系统、全面的分析研究,期望形成具有一定理论和实践价值的研究成果。

1.2 国内外研究述评

1.2.1 国内研究

近年来,随着信息技术、互联网的发展和普遍应用,网络信息资源组织的研究比重逐步增加,研究人员将更多的目光投向了网络信息资源组织研究,产生了许多研究论文和专著。网络信息组织研究成果不仅数量丰富,而且理论、技术和方法研究都相对比较成熟,许多成果已用于指导网络信息组织实践。网络信息组织理论和实践研究成果以其专业性、科学性、先进性，已成为指导档案网站信息资源组织的重要内容。

作为一种重要的网络信息资源，档案网站信息资源的组织研究也逐渐受到重视，一批国内学者就此问题展开了多角度的研究。由于研究起步较晚，根据对中国国家图书馆、国家科技图书文献中心、CALIS 中国高等教育文献保障系统、万方数据、CNKI、维普等多个数据库的文献调研，该领域目前形成的相关研究成果（包括论文、研究报告和专著等）内容主要集中在三个方面：档案信息组织、档案知识组织和多媒体档案组织。下面就从这三个方面进行具体分析：

1. 档案（馆）信息组织研究

1）基本概念

刘瑞华（2008）认为："档案信息资源组织，就是根据科学规律和利用一定的方法，通过对档案信息资源的外在特征和内在特征的表征和序化，实现无序信息流向有序信息流的转换，促进档案信息的有效流通和组合，进而保证用户对档案信息的有效获取和利用。"

马凌云（2002）指出："网络环境下档案信息组织是指人们根据网络信息本身的特点（或属性），运用各种工具和方法，对网络信息组织进行加工、整理、排列组合使之有序化、系统化、规律化，从而有利于档案信息的网络存储、传播检索、利用，以满足人们对网络信息需求的活动过程。"

郭晓云（2010）认为档案网站信息组织包括：一是档案机构内部信息资源的组织，即档案馆各类数字化的馆藏信息资源的信息组织。二是广义的档案网络信息组织，即档案机构根据特定的目的，针对档案领域需求，运用各种信息组织方式，搜索、挖掘、发现各种档案信息资源，对其进行过滤、分解、梳理以及综合归集，并通过建立索引，编制相配套的二次文献，从逻辑上将国内外各类档案信息资源联系起来，将其加工整合成特定用户需要的序列化的有效信息资源。

洪漪（1998）等人认为，档案信息管理系统是档案信息组织的最高表现形式，是档案信息组织发展到高级阶段的产物。马继红也同意此种观点。

2）组织方法

王艳明（2000）在《网络环境下档案信息资源的组织与建设》一文中对档案信息组织方式进行论述，指出"在网络条件下，由于档案信息出现多元化格局，既有传统的文本信息，也有大量的图形、声音、影像等多媒体信息，使得信息组织的对象也多元化，且对档案文献的信息描述深度不再满足于仅对文献管理特征的描述，而是深入到知识单元、信息单元。"他提出了档案网站信息资源组织的五种主要方式：自由文本方式、超文本方式、超媒体方式、主页方式、联机编目方式。李芳（2003）、徐向玲（2006）、马凌云（2002）、洪漪（1998）也都在各自论文中表达了类似观点。需要说明一点，李芳和马凌云认为还应包括数据库方式。郭晓云（2010）认为档案网站信息组织方式主要包括分类组织法、主题组织法、分类主题组织法、元数据组织法和知识本体法，元数据和知识本体是未来档案网络信息资源组织发展的方向。文中还对中外档案网站信息组织方式进行了比较。

赵屹（2003）的《档案网站信息资源组织方式》是一篇对网络环境下档案信息资源组织研究比较系统的论文，将档案网站信息资源组织分为内在技术上的组织和外在形式上的组织。他认为档案网站信息资源是网络信息资源的一部分，从内在技术上讲，它与其他的信息资源在组织方式上没有什么差别，并介绍了四种网络信息资源的组织方式——文件方式、数据库方式、主题树方式和超媒体方式。而外在组织形式主要包括：建立档案目录中心、加入搜索引擎、档案网站广泛建立链接、建立档案专业指引网站、针对档案信息内容建立分类目录、申请网络实名、以多种语言提供档案信息、建设站内搜索引擎以及提供网站地图和索引。文中最后提到目前我国网络档案信息还只是一个个孤立的点，尚未进行很好的组织。有人将网络中孤立的档案信息或档案网站喻为"信息孤岛"。今后档案信息网络化建设中一项重要的任务是在这些"信息孤岛"之间架起桥梁、建立联系，在网络世界里形成一个网中之网，即数量庞大、内容丰富、上下贯通、纵横交错的档案信息网。可见，档案网站信息资源组织是尚待深入系统的研究工作之一，尚未形成完善的理论体系。

李海军（2008）从分类角度，探讨了档案实体和信息分类的不同空间维度，也是档案组织研究的一个重要方面。

在情报学领域，网络信息资源组织方式还是一个众说纷纭的问题。现在对于网络档案信息组织方式的研究，大多是在借鉴信息资源组织方式的基础上提出的，存在一些不同的观点，有待学者进行进一步探讨。

3）组织策略、模式

刘红兵（2005）在《档案信息网站内容组织策略》中针对档案网站内容组织提出几项要求，如：发掘潜在的信息用户、注重内容的多种表现形式、体现地方特色等。并提出了档案网站内容组织的总体策略、版块架构策略（档案工作职能和档案文化）和内容组织技巧策略，认为档案网站内容组织应针对不同群体合理规划设置栏目、注重内容的多种表现形式，但在具体组织实施方面的研究尚有待深入。

张琳（2000）从层次分析出发，提出网络档案学术资源的组织三个层次及组织方法，即相关站点链接、导航系统的建立、专业信息资源网建设，并对这些方法进行了简单的说明。

刘瑞华（2008）在《档案信息资源共享组织模式研究》中提出档案信息资源共享组织模式及其实现的几点建议，即分散协调模式、统一集中模式和以档案信息资源门户网站为中心的多方联合协作模式。前两种模式主要是针对档案部门物理实体组织档案信息，第三种是针对数字化档案的组织，但没有涉及具体的组织方式方法。

梁广寒（2004）提出了一种档案馆网站信息组织模式，包括四层内容：以档案馆网站为中心，多方联合协作；档案目录、原文与编研成果三级信息并重；永久保存级、服务级、镜像级、链接级四级资源共存；多档案种类、多信息类型并举的档案馆网站信息资源组织模式。

赵屹等（2004）在《网络环境下档案信息的组织管理》中指出对网络环境下档案信息有效组织管理的工作进程：传统档案的数字化与电子文件的收集、档案信息前处理、数据库建设、网络档案信息开发、网络中档案信息资源的整合。

杜鹏（2010）基于档案信息历史联系与逻辑联系的双重视角，构建了"档案信息二元组织"体系，包括"档案信息的历史组织"和"档案信息的逻辑组织"，并分别阐释了所运用的组织技术与方法。

关联数据是一种有效的语义网信息组织规范，用来组织、发布和链接各类数据、信息和知识，是一组共享数据实践的集合，它为语义信息组织工作提供了一种轻型、渐增化、可伸缩和可扩展的动态机制。吕元智（2012）构建了数字档案资源知识"关联"组织框架模型，由档案资源提供层、档案资源描述层、数据发布层、档案数据关联层、知识聚合层和知识服务层组成。并从档案领域本体建设、档案关联数据质量提升、数据关联关系利用和关联组织协调机制构建等方面提出了具体建议。

4）数字档案馆的信息组织

潘连根（2004）在其研究数字档案馆的论文中，提到了数字档案馆系统中的信息组织问题，由于数字档案馆是网络时代档案馆的新形态，该问题的研究自然与本课题研究内容密切相关。他总结了目前关于数字档案馆系统中信息组织问题的两种认识：一种认为"数字档案馆只是一个档案网站信息资源的网址信息、目录信息等的逻辑集合"；另一种认为"各个狭义数字档案馆的数字化档案信息资源，经过数据加工和处理后，分解出元数据和对象数据，然后共同将各自的元数据共享到数字档案馆中组成元数据库，供用户检索使用，而对象数据则存放在各个狭义数字档案馆数据库中，用户可通过元数据实现对相关对象数据的选择和定位，然后通过调度码和调度系统将所需的对象数据提供给用户"。

徐向玲（2006）将数字档案馆作为新型信息组织环境中的一个重要组成部分，在这个全新的数字信息环境下承担起相应的责任：一方面要满足新型的数字信息环境的信息组织、用户利用与交流的需要，另一方面数字档案馆本身还应符合新的信息组织任务框架。她提出了数字档案馆进行信息组织的要求，即全面性、精确性、一致性与标准化、知识化和智能化、符合常规思维。

数字档案馆的信息组织研究刚刚起步，目前学者们对该问题的研究还存在一些认识上的差异，有待进一步研究探讨。

2. 档案（馆）知识组织研究

南京政治学院上海分院王兰成教授的国家社会科学基金项目"面向学科数字信息群的知识集成方法与技术研究"对档案知识组织进行了相关研究。在《论知识集成环境下的档案信息组织与检索发展》一文中，王兰成（2008）将档案的信息组织置于信息学科整体的知识集成环境中，对档案信息组织中存在的问题做了分析，提出知识组织是知识集成环境下档案信息组织的发展。档案知识组织要从数字资源中发现知识，提供知识的表示模式和知识库，为提供知识服务奠定基础；要实现档案知识组织，其功能上至少应包括知识定义、元数据管理、知识挖掘和知识存储；对学科数字信息群的知识组织，应该包括对档案等信息机构馆藏资源中的文本、图像、音频、视频、动画和其他数字信息对象内的知识进行组织的能力；档案知识组织不应仅考虑对档案知识的发现和揭示，还必须考虑从异构档案信息资源中挖掘知识。在他的另一篇文章《在实践中运用知识技术优化档案信息网站建设》中，王兰成（2008）论述了档案信息中获取知识的基本原理，研究了档案知识网站系统的构建方法，提出了档案网站知识检索机制及其功能，并运用若干知识技术对档案信息网站系统进行了优化。

在《档案知识组织初探》中，中国人民大学王应解（2008）给出的定义是："档案知识组织体系是指事先编制的、用于组织档案知识的结构化知识体系。"文中较详细地说明了档案知识组织的实施过程（图1-2），分为知识单元的标引、知识单元的整序与结构化组织和知识的呈现，并指出档案知识库的技术实现途径。

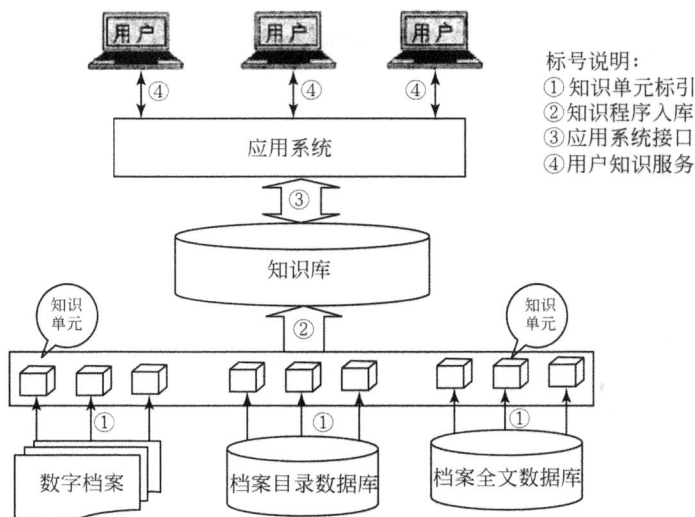

标号说明：
① 知识单元标引
② 知识程序入库
③ 应用系统接口
④ 用户知识服务

图 1-2 档案知识组织流程示意图

王应解（2008）在另一篇题为《基于数字档案馆的知识组织》的文章中提出，良好的知识组织方式是数字档案馆真正发挥效用的必要条件之一。文中介绍了做好数字档案馆知识组织的基础工作：馆藏档案的数字化、对数字化馆藏资源进行深度标引、加强档案全文数据库的建设、注重数字档案馆中隐性知识的收集与组织，构建档案知识库。而后详细论述了数字档案馆常用的知识组织模式，包括分类组织模式、主题组织模式、全文索引模式、知识网络组织模式等等。

王应解的这两篇文章在借鉴情报学知识组织理论基础上对档案知识组织进行了专门的论述，具有一定的开创研究意义，对于研究档案知识组织有很好的启示作用，但主要是提供了一种知识组织理念，在系统的理论介绍、技术应用与实现等方面还有待进一步深化研究。

3. 多媒体档案组织研究

在多媒体档案信息组织研究方面，有3篇研究论文，从不同的角度对多媒体档案组织进行了研究。王心裁等（2003）在《超媒体数据库技术与档案信息组织》一文中提出，运用超媒体数据库技术组织档案信息，构建档案信息超媒体数据库。该数据库采用三层结构模型（图1-3），包括存储层、逻辑层和表现层，节点是档案信息存储的基本单位，可以存放文字、图形、声音、视频、多媒体信息等。在档案信息组织过程中，通过链把档案信息节点链接成页，即为相关档案信息的集合，并通过各种交叉关系形成一个网状结构。

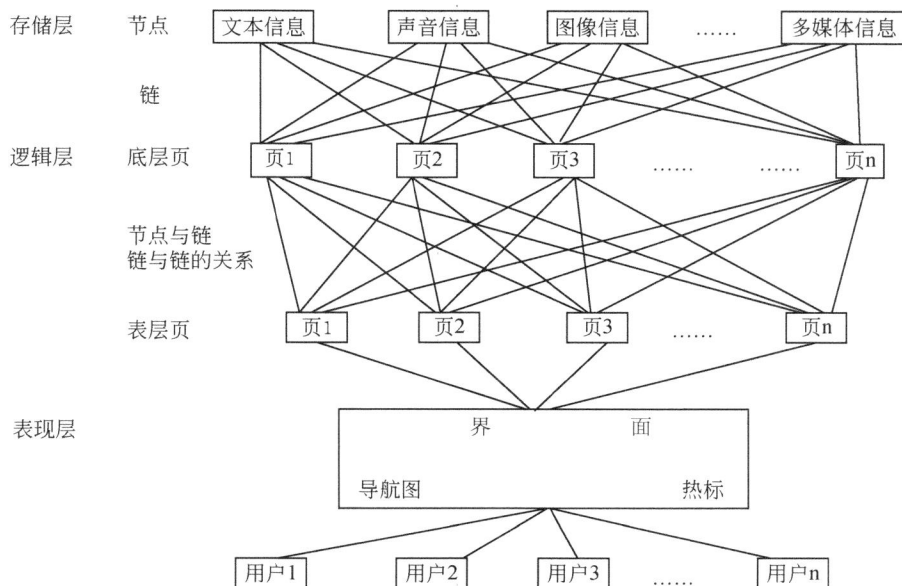

图 1-3　档案信息超媒体数据库模型

云南大学的胡立耕（2005）研究声音档案的数字化信息组织，将其定义为："根据一定的编码规则，将记录在各种载体上的模拟声音信号转换成二进制数据流、对原生数字化资源进行相应的编码格式的转换处理后形成素材，然后对此编辑整理，形成数字对象，建立数据库，利用元数据对数字对象进行描述与调度，实现数字化存储、检索和利用的过程。通过对声音档案进行数字化信息组织，可揭示分布于不同地方机构和个人的资源，连接同一作品的多载体的各种相关资源，提高其信息的可获取性；通过将不同介质的声音信息资源转换成数字化形式进行保存和提供给用户使用，达到了对录音资料内容和原初载体的双重保护，以及实现信息检索与使用的便利性。"在研究论文中，他指出在数字化信息组织中的几个关键问题：建立书目信息系统、声音记录的数字化转换与保存、要注意元数据标准问题、建设开放式数字平台。

吕榜珍（2004）在《多媒体档案的采集、组织与传输》中提出多媒体档案组织的精确性、全面性、一致性与标准化、知识化与智能化四点要求。她认为"多媒体档案的组织与管理可通过多媒体档案管理系统来实现。"文中简单介绍了多媒体档案管理系统的构成、基本功能、原理等。

从以上介绍可以看出，随着理论和技术的发展，人们对档案组织这一问题的认识也在逐步深入。从内容上看，研究范围广泛，主要涉及组织方式、组织层次、多媒体档案组织等。此外，还有一些学位论文，也对这一问题有相当篇幅的阐述。

4. 现有研究的局限性

总体上看，现有研究成果弥补了国内档案网站信息资源组织研究方面的不足，所提出的观点对于档案信息化建设和本课题的研究均有一定的借鉴意义。但是，对该问题的研究还处于起步阶段，专门的研究论文数量有限，而且缺乏系统性，这是多方面原因造成的，如研究人员学科背景的局限、认识程度较低等导致对该问题研究深度不足。现有研究局限具体表现为以下几个方面。

第一，缺少系统、权威的理论指导。目前网络档案信息组织理论研究虽然已被关注，但尚未形成系统、权威、深入的理论体系。例如，没有明确的概念界定，在组织的原则、目标、内容等方面都没有具体的论述，即使有些研究论文有所提及，也大多停留在介绍阶段，没有深入到问题的本质。

第二，结合实际不足。现有的档案网站信息资源组织研究，更为关注理论探讨，未能在充分调查的基础上结合档案网站信息资源组织实际，由此形成的理论还不能全面为档案网站信息资源建设提供科学、有效的指导。

第三，难于体现相关性。从网络信息组织研究方面看，无论理论、技术或方法研究，都更多强调适合于组织一般的网络信息资源，没有给予档案网站信息资源以专门的关注；从档案网站信息资源组织研究方面看，现有研究主要集中于一般信息组织方式、方法的借鉴，体现档案本身的特点不足。

第四，研究进展缓慢。许多网络信息资源组织的新技术、新理念，没有被及时地吸收、引进到档案信息资源组织研究中，制约了档案网站信息资源组织研究的进一步开展。

1.2.2 国外研究

由于国外信息技术、网络技术发展较早，其信息管理理论研究比较成熟，网络信息组织理论作为一个新兴的研究课题受到了广泛的关注，形成了丰富的研究成果，其中很多成果已应用于实践，并在实践中不断完善。

事实上，国外更为关注信息组织的研究，认为这是一项十分重要的工作。美国的沃尔曼（1989）认为在网络时代信息的组织结构与内容同等重要，他指出："查询、筛选、分类、组织和标注信息比创建信息本身更重要。毕竟，如果书籍只是杂乱地散落在地板上，即使是国会图书馆也不会有多大的价值。信息展示和组织方式已经和内容本身变得同等重要。"随着信息技术的发展、用户需求的提高等外界环境的不断变化，信息组织的研究热点已从传统分类法和叙词法研究逐步转向信息组织的新方式方法和新技术的研究。2007 年国外图书馆界对信息组织的研究进展也充分体现在这些方面。其研究趋势是：①信息组织的发展对新技术的依赖性越来越强。搜索引擎、数据挖掘等新技术成为信息组织研究和发展的重要支撑，依托新技术已成为信息组织研究的重要趋势。②元数据的进一步研究应用。出现了许多新的元数据模型，包括 Lourdi 等（2007）提出的多层次元数据模型、Nilsson 等（2008）提出的新加坡元数据框架、Riley 和 Dalmau（2007）提出的可灵活定制的乐谱元数据模型等。元数据格式进一步多元化，体系更加复杂、功能更加完善。③信息组织的方式方法正在发生巨大变化，出现了能够更好地适应数字环境的新型知识信息组织工具，如姜晓曦（2009）在其综述中总结的概念地图、语义网以及以本体思想为核心的语义 Web 技术和语义网格等。

在组织档案网站信息资源方面，美国档案网站由于密切跟踪信息技术的发展而处于国际领先地位。在宏观层面上，美国档案与文件署（NARA）早在 20 世纪 90 年代中期就建成了全国范围的档案信息导航系统（NAIL），将国内所有数字化档案信息资源，按地区、来源和利用对象分别纳入统一的档案管理网络中，形成联网可检索数据库，实现了全美数字档案资源的网上集成检索和利用。近年来，NAIL 已经发展为档案检索目录（ARC），其功能与 NAIL 相比更加强大。美国档案与文件署在 2009 年以前将其全部档案数字化，美国档案信息网络现已成为真正意义上的一体化无缝网络，用户通过总网站即可检索到全美所有数字档案资源。微观层面上，NARA 网站坚持以用户为中心，按照应用主题的不同设置服务主题，按照用户对象的不同整合服务项目，并将这两种组织方式结合使用，体现了一切为用户服务、服务用户之所需的网站格局，在服务内容组织、服务主题设置、服务资源整合等方面都可供同行业网站借鉴。此外，加拿大国家档案馆（NAC）、澳大利亚国家档案馆（NAA）和英国国家档案馆（PRO）等在其数字化资源建中，都体现出对信息资源组织的重视，对资源组织的内容、方式、相关技术等问题开展了广泛的研究，旨在使档案用户能够及时以恰当的方式获得所需信息。

在信息组织方式的选择上，国外档案部门综合考虑档案信息发布者、管理者和利用者各方面的因素，基于不同的目的选择恰当的组织方式。一般来说，选择任何一种方式组织档案网站信息资源都是有利有弊，如何取舍主要取决于决策者进行档案网站信息资源组织的初衷。例如，美国马里兰州档案馆（http：//www. msa. md. gov/msa/homepage/html/homepage. html）考虑问题的角度是把利用放在第一位。他们对结构化的馆藏信息就采用静态页面形式发布，档案信息不是存储在数据库中，而是以文件格式（如 txt 格式、tiff 格式和 html 格式）存放在树状计算机文件目录下。这样组织馆藏档案信息，页面文件数量庞大，不利于管理。但是，该馆认为：利用者在不了解本馆职能作用、馆藏内容和网站网址的情况下不会访问本馆网站，采用页面发布方法可以针对 html 格式存储的网页文件内容做索引，并直接利用搜索引擎（如 Google）等公共网络信息发现工具对馆藏档案内容进行检索，而无需再自行构建计算机检索系统。利用者一旦使用这些搜索引擎，就可以直接通过各种与馆藏档案相关的内容链接到本馆的网站。这样，网络上的馆藏档案内容范围有多广，链入的机会就有多大，可以扩大潜在的用户群。如果采用数据库管理方式，利用者就会失去这样的机会。

国外在多媒体档案组织研究方面成果较丰富，形成了一些多媒体档案组织的新理念和技术方法，并有很多值得借鉴的实例。例如，在元数据标准研究方面，1999 年哈佛大学音乐系及其研究机构进行的"档案里的音乐"（Music from the Archives, http：//www. clir. org/pubs/reports/pub96/access. html）项目，被选择出来的档案在数字化的同时对其进行元数据描述，利用相关标准和条例生成 EAD 文件（Encoded Archival Description，编码档案著录），通过哈佛的联机开放档案检索信息系统（OASIS）提供服务。又如，"失而复得的声音"（Lost & Found Sound）这一项目中，制作者要求听众递交他们喜爱的录音收藏以形成一个新的收藏，从而使数百万的个体都成为其自己的民间收藏馆的馆长。除了收集资源之外，开放式平台可通过整合各种相关资源，为用户提供多重选择，同时加强了系统与用户的互动，有利于实现个性化服务，提升声音档案资源的教育功能、文化功能。

国外先进的档案网站信息资源组织理论和实践，对本课题的研究具有十分重要的参考价值，但由于档案管理体制、资源建设程度等问题存在明显差异，绝不能完全照搬这些先进的管理技术。本课题希望在广泛调研的基础上，结合我国档案信息资源建设实际、用户需求和技术发展现状，有选择地借鉴国外先进的组织理论和技术，组织我国档案网站信息资源，实现档案的高度共享。

1.3　研究内容与意义

1.3.1　研究内容

1. 档案网站信息资源及其组织概念界定

主要是通过文献调研，搜集网络（档案）信息资源组织方面的文献资料，探讨档案网站信息资源的基本内涵及与其他信息资源的关系等问题，充分了解作为组织对象的档案网站信息资源的基本情况，然后分析档案网站信息资源组织的基本概念，并将档案网站信息资源组织与传统档案整理进行比较分析。

2. 档案网站信息资源及其组织调查

档案网站信息资源组织必然体现在网络环境中，档案网站是档案馆（室）在相互连通的公共信息服务网络上建立的站点，是互联网环境下档案信息组织与展示的最主要平台，档案网站信息资源的组织状况在很大程度上代表了档案网站信息资源的组织情况。因此，课题组主要通过国内档案网站调查，了解当前档案网站信息资源及其组织状况，为进一步研究提供丰富翔实的基础数据。同时，分析比较一些有代表性的国外档案网站的信息资源组织特点，如美国国家档案馆、加拿大国家档案馆、澳大利亚国家档案馆和英国国家档案馆，为本课题研究提供实际参考。最后，通过国内外比较分析，找出我国档案网站信息资源组织存在的主要问题与不足，以便在下文中有针对性地克服或解决这些问题。

3. 档案网站信息资源组织的原则、功能和流程

充分尊重当前实际，探讨网络环境下档案信息资源组织的原则、主要功能和流程等一系列基础理论问题，明确各个环节的主要任务，为进一步研究网络档案信息组织方法，形成系统的组织方案奠定理论基础。

4. 档案网站信息资源组织的方法

随着国内外网络信息资源组织理论的日趋发展成熟，其先进的组织模式、技术和方法为信息与知识的有效组织提供了可能。本课题探讨档案网站信息资源组织方法，对现有网络信息组织方法进行合理运用、改进与创新，最终形成档案网站信息资源组织方法体系。

5. 档案网站信息资源组织方案的设计

集中探讨如何根据各类档案网站信息资源的特点，合理、有效地运用一些组织方法，实现档案网站信息资源合理配置的具体解决方案。这一方案是对档案网站信息资源组织实践的整体规划，具有全局性、科学性和长期性，不仅可以指导组织实践活动，同时可以为档案信息化相关政策的制定提供一些建议和参考。

6. 档案网站信息资源组织案例分析

通过一些生动、具体、直观的案例，进一步验证档案网站信息资源组织方案的可操作性。为此，选取一些在该领域具有典型性的档案网站，对其档案信息组织情况做出具体分析，进而结合之前所提供的组织方案，进行比较研究。由于以用户需求为中心主要是一种组织理念，贯穿于整个组织活动之中，本部分主要从网络结构、资源组织方法应用和检索利用三个方面，进行例证分析。

7. 档案网站信息资源组织的机制

在现阶段档案网站信息资源组织过程中，急需建立系统、科学的组织机制来指导和规范组织活动。为此，课题组对档案网站信息资源组织机制展开全面的分析研究，从系统论角度，分析影响组织过程和功能的相关要素，包括组织机制的内涵、宗旨、原则、构成要素与意义几个方面，理清各要素之间的关系，使之协调配合，发挥整体优势，形成基础性体系，为组织顺利实施"保驾护航"。

1.3.2 研究意义

既系统地总结已有的理论成果，又进行充分的实际调查，进而围绕档案网站信息资源组织展开分析研究，理论与实际紧密结合，使研究成果兼具理论价值和实践价值。

1. 理论价值

通过系统地调查、分析、研究，构建档案网站信息资源组织系统化的理论体系，丰富档案学的研究内容，具体来说：①界定档案网站信息资源及其组织的相关概念，划分档案网站信息资源的种类，明确档案网站信息资源与其他信息资源的区别。②应用多种调查方法丰富档案调查的方法体系，为网络环境下的档案调查、研究提供参考范例。③探讨档案网站信息资源组织的原则、功能、流程等基础理论问题，为科学、系统地组织档案网站信息资源提供理论导向。④系统地提出档案网站信息资源的组织方法，使以组织方法为核心的档案网站信息资源组织理论进一步提升，促进现代档案学学科体系的发展与完善。

2. 实践价值

在全面调查的基础上进行系统研究，注重紧密联系实际，以事实说话，分析、研究都有针对性，对我国档案网站信息资源组织实践的开展有重要的指导意义：①在对国内档案网站信息资源及其组织现状进行全面调查的基础上，系统分析国内档案网站信息资源组织的现状和存在的问题，提出有针对性的组织方案，有利于我国档案网站信息资源组织实际问题的解决。②提出档案网站信息资源组织的具体方法、方案，并做出案例分析，为组织实践提供参考。③系统地分析组织实践中涉及的各方面因素及其相互关系，对于我国档案网站信息资源组织实践保障机制的构建具有重要的参考价值。

1.4 研究方法、思路与创新

1.4.1 研究思路

本书以档案网站信息资源为研究对象，希望在理论分析和实际组织状况调查的基础上，借鉴网络信息资源先进的组织理念、技术和方法，探讨科学的档案网站信息资源组织方法体系的构建，提出档案网站信息资源组织系统方案，并研究相关保障机制，具体见图1-4。

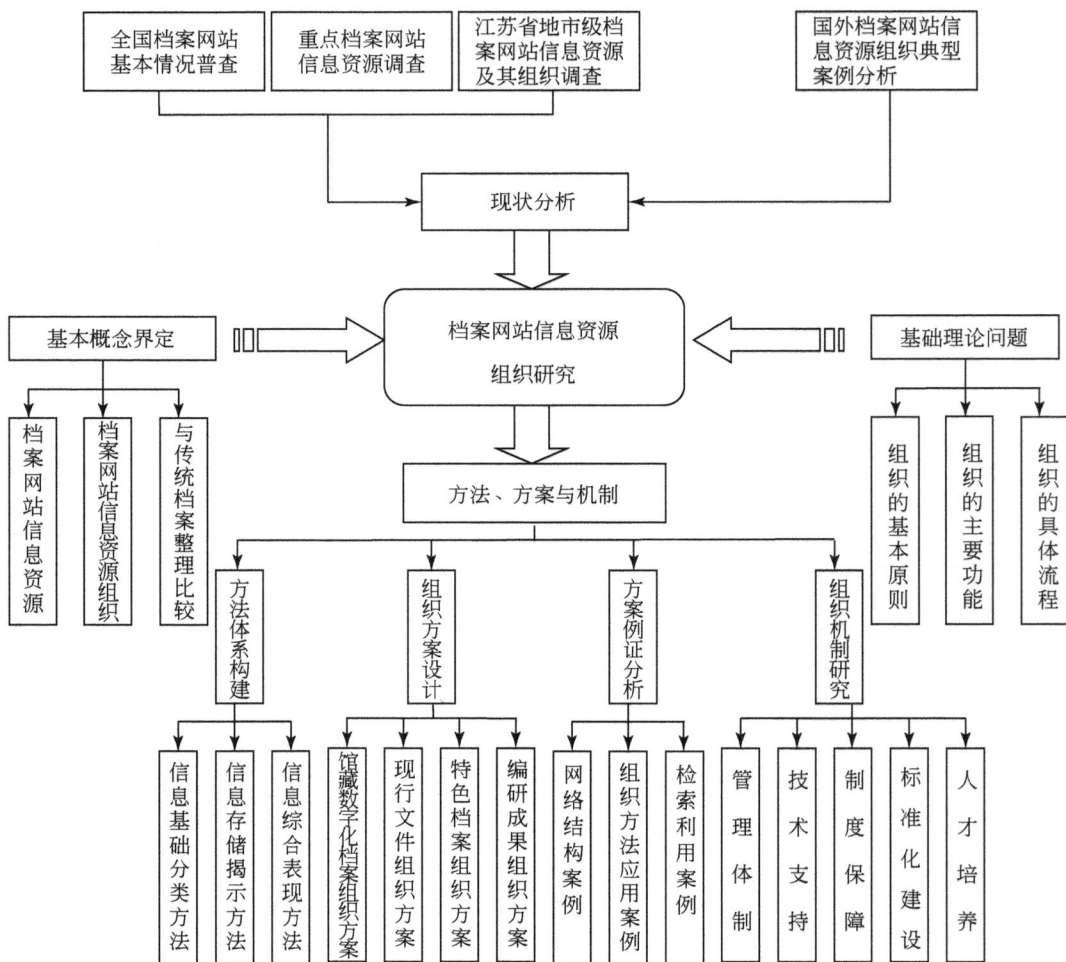

图1-4 研究思路示意图

1.4.2　研究方法

在研究过程中，主要采用文献调研、专家调查、网站访问、案例分析、比较综合等研究方法。

1）文献调研法

纸质文献主要来源是学校和公共图书馆；网络文献资源主要依靠 CNKI、VIP、Elsevier、Springer Link 等国内外文献检索系统和百度、Google 等网络搜索引擎检索。通过对已有研究成果的研读、分析和总结，获得大量有价值的信息，作为理论基础和研究指导。

2）问卷调查法

问卷调查是用书面形式间接搜集研究材料的一种调查手段。以档案部门工作人员为主要调查对象，通过发放调查问卷，收集数据，了解档案网站信息资源组织的基本情况。

3）网站调查法

网站是档案信息资源在网络环境下组织的基础平台，必须对包含档案信息资源的各类网站（主要是档案网站）进行登录访问，以了解档案信息资源及其组织的情况。

4）专家调查法

以实地访谈、电子邮件等方式就一些专业性问题及时向众多专家进行咨询，就问题性质请教相关学科专家予以解答，并征询专家对所形成研究成果的意见和建议等。

5）案例研究法

在研究过程中，对所提出的组织方法、方案加以进一步论证，使其更具科学性和专业适用性。这些案例涉及范围广，涵盖国内外图书、情报和档案部门有关档案网站信息资源组织研究和实践的众多方面。

6）比较综合法

从综合的角度分析研究对象，比较网络信息资源与档案网站信息资源在组织方面的共性和异同点，力求总结档案网站信息资源组织的一般发展规律和特殊性。

7）统计分析法

以充分调研为基础，拥有丰富的调查数据，然后对这些数据加以统计、分析和归纳，为进一步研究提供数据支持。

1.4.3　创新之处

本书是在充分调研的基础上，紧密结合档案网站信息资源的实际特点展开的组织研究，并运用丰富的案例，对所提出的观点加以科学论证，以形成该领域特色鲜明的研究成果，其创新之处主要体现在：

第一，明确档案网站信息资源的四大类型，即馆藏数字化档案、现行文件、特色档案和编研成果。在充分调研的基础上，界定档案网站信息资源组织的概念，使其研究紧密"植根"于"档案"实际之中。

第二，构建网络环境下档案信息组织方法体系，符合档案特点，为实现档案信息合理组织、优化配置、高效利用和价值增值奠定了方法论基础。

第三，结合档案网站信息资源实际，提出合理的组织方案，即组织方法的科学运用，并辅以丰富的案例分析，全面指导档案网站信息资源组织实施，同时为行政管理部门制定档案网站信息资源相关建设标准与规范提供指导性意见。

第四，提出档案网站信息资源组织机制，全面保证组织活动的顺利实施，对于我国档案网站信息资源组织实践保障机制的构建有重要的参考价值。

第 2 章　档案网站信息资源及其组织概念界定

2.1　档案网站信息资源的概念及其内涵

2.1.1　档案网站信息资源的概念

1. 档案网站

目前，互联网上的网站数量庞大、种类繁多、内容各异，网站在人们的日常生活和工作中发挥着越来越重要的作用，档案网站正是其中集中体现档案特色的一类专门网站。项敏刚等（2004）指出档案网站是由档案机构建立，以档案信息资源为基础，通过互联网或各种公共网络向社会提供档案信息服务的专业网站。在一些技术领先的国家，几乎每一个州（省）的州（省）立档案馆、市级档案馆、大学档案馆、企业档案馆，甚至私人档案馆，都在互联网上建立了网站，发布各类档案信息，档案行业组织和学术团体也是如此。我国网络档案信息则主要集中在各省、市级的档案局（馆）网站和中国教育与科研网上的一些大学档案馆网站中。

2. 档案网站信息资源

档案网站数量的提升，表明我国档案网站信息资源更为丰富。我国档案网站信息资源的研究应该从问题的边缘进入问题的核心，由面向对象的研究逐步深入到面向内容的研究。目前，面向对象的研究集中在网站建设，而今后面向内容的研究将更多关注档案网站信息资源本身。档案信息资源建设是整个档案信息化建设的中心问题。

中国互联网信息中心将中国互联网络信息资源定义为：中国互联网络上公开发布的网页和在线数据库的总和。据此，基于档案的专业性特征，笔者将档案网站信息资源定义为：以数字化形式记录，以多媒体形式表达，分布式存储在网络计算机磁介质、光介质以及各类通信介质上，并通过计算机网络通信方式进行传递和再现出来的档案信息内容的集合。其具体涵义有三点：一是档案网站信息资源是以电子形式存储在光、磁等非纸质载体中的文字、声音、图像、视频等信息，它们既可能是纸质档案的数字化产物，也可能是直接产生于数字设备及环境中的电子文件（档案）。二是档案网站信息资源利用计算机技术、通信技术和多媒体技术在网络上发布、传递，通常在档案网站上得以再现。三是档案网站信息资源是指能满足人们需求的那一部分档案信息，它是通过网络检索来满足用户的档案信息需求。

2.1.2　档案网站信息资源的特征

　　档案网站信息资源是数字化存储的档案信息，但这些信息仍保持了传统档案的一些特点，包括：①原始记录性。档案是历史的原始记录，原始记录性是档案的本质属性，是档案与其他事物相比较而存在的过程中所显示的独有特性。②联系性。档案是以文件单体的形式陆续形成的，而以文件组合的形式持久地存在和运动，因此档案信息资源具有明显的联系性。③价值性。档案之生命力的根基，就在于档案自身所特有的价值，主要是凭证价值和参考价值。一方面，档案是历史的真凭实据，具有凭证作用，另一方面，档案是第一手资料，对各方面都具有参考作用。④机密性。档案从其前身——文件，就有绝密、机密、秘密和非密的分别。机密性是档案区别于一般信息的重要特点之一，表现为利用范围和程度的限制。通常，档案的机密程度会随着时间的推移逐渐减退。⑤知识性。档案是人类认识和改造世界的历史记录，也是贮存和传播知识的一种形式。作为一种重要的信息资源，既记载丰富的信息，也汇集大量的知识。

　　与此同时，由于网络档案信息是由纸张上的文字变为磁性介质上的电磁信号或者光介质上的光信息，自然具有许多不同于传统档案的新特点，是对传统档案信息资源及其交流利用方式的有力补充。具体表现在以下五点。

　　第一，存储量大。伴随着网络化、数字化技术的飞速发展，网络上的档案信息资源数量骤增、种类繁多。这些范围广泛、来源分散的档案信息，可以无损耗地被重复使用。但数量庞大的档案信息（特别是音频、视频信息）对网络存储空间提出了更高的要求，现有环境还不能完全满足数字化档案存储容量的需要。而且它们在丰富资源利用的同时，也给用户快速、准确、全面地获取所需档案信息带来了一些障碍。

　　第二，安全性差。高新技术的发展在给人们利用信息带来便利的同时，也带来一些安全隐患。网络本身具有一定的安全风险，加之档案网站信息资源的数字化格式，使得其安全容易受到载体损害、设备故障或破坏、程序缺陷、病毒、网上窃听与篡改、黑客攻击、技术淘汰等众多因素的威胁。档案网站信息资源更易被恶意窃取、篡改、删除、复制，这无疑是对具有保密性的档案信息真实性、准确性的严重威胁。此外，档案信息所连接的网络平台处在变化之中，如许多档案网站会定期更新信息或改版，具有高度动态性，从而增加了档案利用的不稳定性。

　　第三，内容丰富。网上档案信息内容丰富，能够反映社会生产与生活的各个方面。特别是在形式上，由于多媒体技术的广泛应用，档案的媒体出现复合化趋势，不仅有传统的文本信息，还包括大量的图像、声音、视频、动画等多媒体信息，更好地满足了不同层面、不同角度的社会需求。这些信息伴随网络化和数字化大量产生，使得档案内容极为丰富，一般以网页或数据库形式提供给用户。

　　第四，传输便利。网络是覆盖全球的双向、高速信息资源传输通道，档案网站信息资源是以网络为载体，将文字、声音、图像等各种形式的档案信息在瞬间传遍世界各地，以虚拟化的状态展示给用户，实现实时远距离传输，全天候查询。

　　第五，共享性高。网络档案信息突破了时间和空间的限制，一份档案信息上网后，拥有使用权限的全球每一位网络用户都可以共享此信息。而且，通常这种档案信息可以免费使用，用户只需支付网络费用，只要轻点鼠标，就可轻松满足自己的信息需求，大大节约了利用成本。

2.1.3　档案网站信息资源的类型

作为一种重要的战略资源，档案网站信息资源与人类生存发展的关系越来越密切，人们着力寻求合理组织、高效利用这些资源的方法与途径。在组织利用活动之初，必须首先了解档案网站信息资源的类型构成。网络档案信息的类型繁杂，根据网络信息资源类型划分的一般规律，结合档案自身特点，依据不同的标准有不同的划分方法（表 2-1）。选择何种划分方式，类型划分是否得当，这些都直接关系到整个档案网站信息资源科学管理的质量。

表 2-1　档案网站信息资源类型划分

划分依据	档案网站信息资源类型	特点
馆藏特征	馆藏数字化档案、现行文件、特色档案、编研成果	揭示档案网站信息资源的特点，兼顾网上和网下档案信息资源的密切关系
媒体形式	文本档案、图像图形档案、音频档案、视频档案	揭示档案网站信息资源的信息存储格式、信息表现方式
加工层次	一次档案、二次档案、三次档案	揭示档案成品类型，符合资源组织、检索需要
发布机构	党政档案、高校档案、企业档案、城建档案	揭示档案网站信息资源主要存储和发布平台
开放权限	开放档案、内部交流档案、访问控制档案	揭示档案网站信息资源的传播范围，兼顾开放与保密的关系

上述五种划分方式是在坚持类型与定义相统一、体系化、实用性、发展性等原则的基础上形成的，它为更好地认识、组织、利用档案网站信息资源提供了多个入口，且十分符合我们的研究需要。当然，档案网站信息资源的划分标准与方法不只这些，还可从其他角度划分，或通过现有划分标准交叉复合形成新的标准，如根据传播范围可分为局域网中交流的档案和互联网中传播的档案。随着信息技术、网络技术等的飞速发展，现有的档案网站信息资源类型将会随时调整，新的类型也将不断涌现，必将促进档案网站信息资源类型研究的深入。

1. 按馆藏特征划分

网络环境下，用户通常利用四类档案信息资源，即馆藏数字化档案、现行文件、特色档案和编研成果，这四大类资源正是档案馆自身馆藏实体资源的反映。本课题首次提出这种划分方式，基于档案网站信息资源组织研究的需要，将围绕这四类资源展开进一步的研究。

1）馆藏数字化档案

馆藏数字化档案，即档案实体数字化产物，是指利用计算机技术、OCR 技术、数字摄影（录音、录像）技术、数据库技术等，把档案中的文字、图像、声音等信息转换成计算机可以识别的数字形式，并进行网络互联，及时提供服务，实现资源共享，包括档案目录（图 2-1）以及开放的档案全文。

图 2-1 江苏档案信息网馆藏数字化档案目录

2）现行文件

现行文件，是指由档案机构进行收集归档，在网上发布并具有保存和利用价值的党政机关文件。现代信息技术的发展，改变了传统的政府工作环境与方式，特别是办公自动化的普及，使大量现行文件在网络中传播利用，是档案网站信息资源的另一个重要组成部分。目前，多数综合档案网站都提供现行文件查询，如江苏档案信息网（图 2-2）。

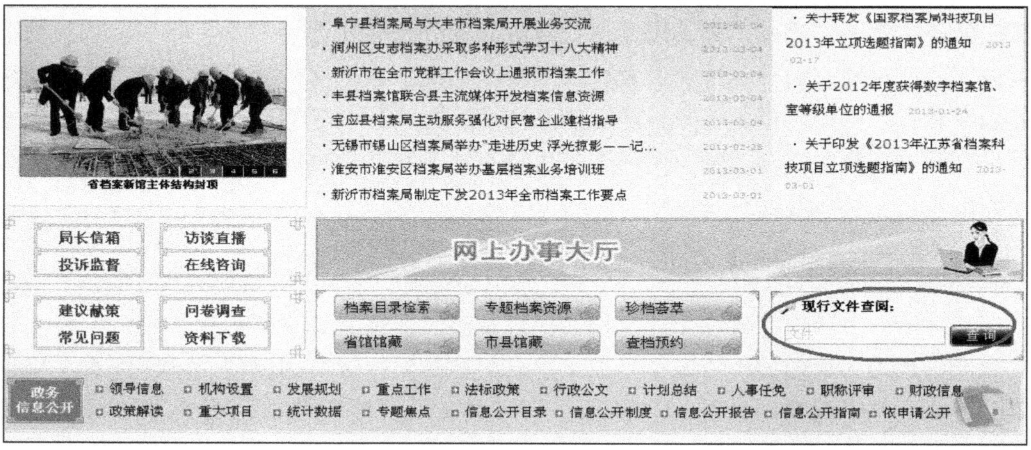

图 2-2 江苏档案信息网现行文件

3）特色档案

即从档案中抽取出来的反映档案馆馆藏特色或具有珍贵保存价值的内容，是按照一定的主题展示馆藏特色档案的原件或复制件（经过数字化），可系统揭示和介绍馆藏特色，具有良好的宣传、教育作用。需要说明一点，特色档案属馆藏数字化档案范畴，鉴于其特殊价值，故将其单独列出。档案网站通常开辟专门的栏目展示本馆特色档案（图2-3），如"珍档荟萃"、"馆藏精品"、"珍品档案"等。

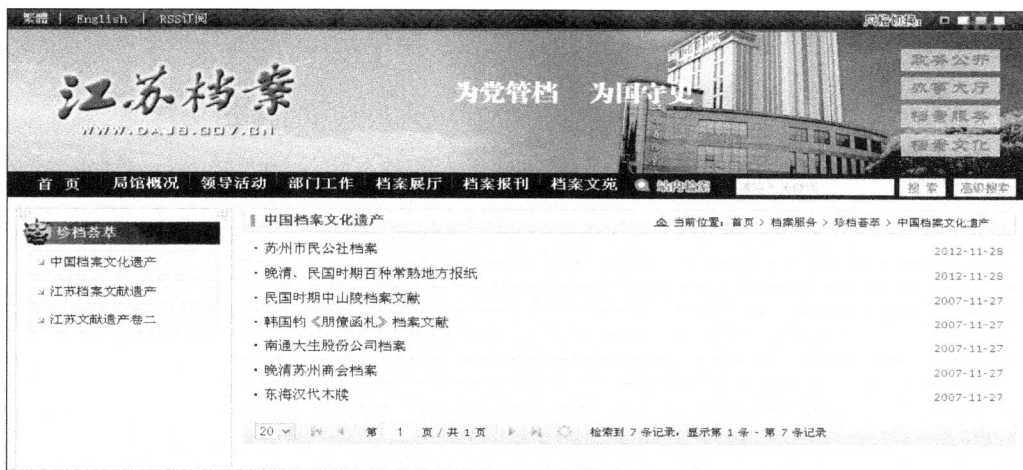

图2-3　江苏档案信息网珍档荟萃专栏

4）编研成果

编研成果，是指以馆藏档案为对象，以满足社会利用档案的需求为主要目的，在反映档案内容的基础上，由专业人员汇编出版的史料、参考资料等，这些成果经过数字化在网络上得以广泛传播利用。编研成果在一定程度上体现了档案信息（知识）的挖掘，具有较高的利用价值。这部分档案虽然是一种加工产品，但同样是档案网站信息资源的重要内容（图2-4）。

2. 按媒体形式划分

互联网上数量巨大的档案信息资源内容丰富，信息表现形式也是多种多样，如文字、声音、图像、影像等，通常归纳为四类：文本档案、图像图形档案、音频档案和视频档案。当前，信息技术的发展使得档案网站信息资源也呈现多格式化的特征，出现诸如既有文字又有图像的档案信息，服务于用户多样化的信息需求。

1）文本档案

文本是一种重要的信息和知识交流工具，包括纯文本文件格式，如 html、txt；格式化的文本，如 doc、pdf、ppt 文件；压缩和编码文件，如 arc 文件。文本档案是档案网站信息

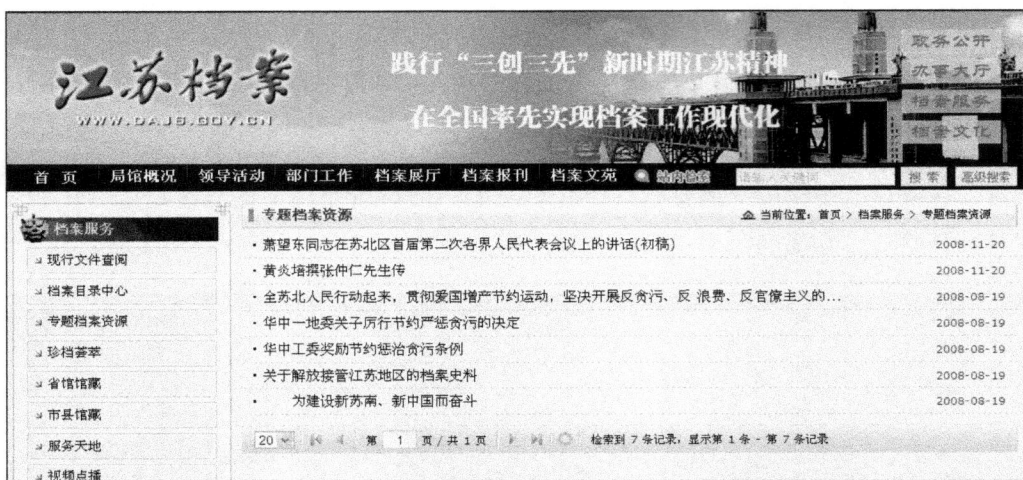

图 2-4　江苏档案信息网编研成果简介

资源的主体，占有数量上的绝对优势，以 html、txt、doc、pdf 等多种格式存储，检索方便、快捷。

2）图像图形档案

图像图形档案（照片、图纸、书籍等）作为一种重要的信息源，所传达的信息内容涉及形状、色彩、色调、纹理等非文字性要素，生动直观，弥补了文本信息相对单一的表达形式。作为图像数据的组织和记录形式，静态图形、图像档案格式繁多，其中比较通用的格式包括 JPG（JPEG）、TIFF、BMP、GIF 等（表 2-2）。

表 2-2　图像图形档案主流格式一览表

格式	特点
GIF	使用范围广，存贮精美真实，对硬件要求高，压缩比高，占用磁盘空间少
TIFF	适用范围广，灵活性强，支持任何尺寸的图像，可以压缩或非压缩存储
JPG（JPEG）	采用"有损压缩"技术，可以调节图像质量，文件尺寸较小，下载速度快
BMP	图像信息丰富，但较少压缩，占用存储空间较大
PNG	多数图像处理软件和浏览器都支持的文件格式，兼有 GIF 和 JPG 的优点

根据中华人民共和国行业标准《纸质档案数字化技术规范》（DA/T31–2005）的相关规定："采用黑白二值模式扫描的图像文件，一般采用 TIFF（G4）格式存储。采用灰度模式和彩色模式扫描的文件，一般采用 JPG 格式存储。提供网络查询的扫描图像，也可存储为 CEB、pdf 或其他格式。"

3）音频档案

音频档案是以声音为信息表达方式的档案材料，诸如领导讲话、座谈、会议等的录音材料，都属于音频档案。随着网络宽带的加大和音频压缩技术的成熟，大量音频档案开始在网络中交流利用，它们以数字化形式存储，有效地避免了传统载体因磁性衰减和信息失真带来的危机。用于存储音频档案的音频格式包括 WAV、MP3 等，特别是 MP3 格式因能以较小的声音失真换来较高的压缩比，成为网络中普遍流行的方式。目前，大多数多媒体编辑软件都提供对 MP3 格式的支持。

4）视频档案

视频档案体现了档案现代化的发展趋势，是信息时代重要的档案网站信息资源。视频档案是指三维的、有声的记录现实或历史内容的电子影像形态，可以分为动画文件和影像文件。动画文件格式包括 SWF、GIF、FLI/FLC 等，影像文件格式包括 AVI、RM、MPEG等。视频档案弥补了档案形态的平面化局限，既有真实的原始记录价值，又具有一定的艺术价值，为人们提供了可贵的历史文化遗存，影视纪录片就属于视频档案。

3. 按加工层次划分

一次档案信息、二次档案信息到三次档案信息，是一个由分散到集中，由无序到有序，由泛至精的信息加工过程。三者之间存在密不可分、相辅相成的关系。一次档案信息是最基本形式的信息，是用户利用的主要对象。二次档案信息是一次档案的集中提炼、序化，常被作为信息检索工具。三次档案信息是高度综合、浓缩的文献信息，既是利用对象，也可作为检索工具使用。

1）一次档案信息

一次档案信息是指直接在人们的生产、科研、社会活动等实践中产生的档案信息，是未经任何人为加工的原始文献。一次档案信息数量较多、种类繁杂、利用广泛、影响深远，其所记录的信息内容全面真实，具有情报含量高、原始凭证性强等优点。在网络环境下，一次档案信息以各种方式呈现在信息交流平台上，如全文型一次档案数据库。

2）二次档案信息

二次档案信息是对一次档案信息整理加工的产物，即对分散无序的一次档案信息按其外部特征（如题名、作者）或内容特征进行整理、浓缩、提炼，并按照一定逻辑顺序加以存储的信息形式，档案书目、索引、文摘等二次文献数据库是较为常见的形式。二次档案信息具有汇集性、系统性和可检索性，可以提供查询特定范围内一次档案信息的线索，是科学研究的主要参考依据。但是，二次档案信息也存在针对性差、存在误差数据等缺点，影响利用效果。

3）三次档案信息

三次档案信息通常是围绕某个专题，利用二次档案信息检索搜集获得大量一次档案信息，并对其内容进行分析、综合、深度加工而形成的综合性档案信息，编研成果信息是三次档案信息的典型代表。它具有系统性、综合性和知识性的特点，可以为查阅事实和数值资料提供参考，具有较高的使用价值。

4. 按发布机构划分

档案网站信息资源是各机构发布档案的总和，各类发布机构特点、性质不同，其信息自然也各有差异、各具特点。在互联网环境下，各机构通过档案网站这一平台进行档案信息的有效发布，常见的发布机构包括国家综合档案馆、高校档案馆、企业档案馆和城建档案馆。

1）综合档案信息资源

档案馆是档案事业的主体，而国家综合档案馆则是档案馆中的"龙头"。2000 年，国家档案局、中央档案馆制定了《全国档案事业发展"十五"计划》，开始了档案信息化建设的尝试，在几年的实践中，各级各类档案部门抓住机遇，扎实工作，特别是国家和地方综合档案部门都纷纷建立了自己的网站，档案信息化建设取得初步成效。比较而言，公共综合档案网站发布的档案信息数量最多，内容最丰富，资源建设水平最高。

2）高校档案

目前，国内高校大力推动以应用为导向，以数据为基础，以网络建设为中心的信息化建设，产生了大量的数字化档案和电子文件，内容涉及学校人事、教学、科研等方方面面。由于高校档案网站建设早，技术含量较高，许多档案在网络平台得以交流、传播和共享，成为档案网站信息资源的重要组成部分。

3）企业档案

企业档案作为一种重要的信息资源，是企业在生产经营、劳动组织、科技开发、基本建设等各项活动中形成的全部档案的总和。企业档案网站发布的信息，作为企业各项活动的伴生物，是企业在资产、财务、人力资源、信用、信息和文化建设等方面极为重要的核心资源。我国企业档案网站的建设现状不是十分理想的，不仅数量有限，而且建设水平也远不及综合性档案网站和高校档案网站。

4）城建档案

城市建设档案是指在城市规划、建设和管理活动中形成的，对国家和社会具有保存价值的文字、图纸、图表、声像和其他载体形式的文件材料，是城市发展的真实历史记录。由于我国城建档案网站数目较多，用户可以在网上查询到包含城市规划、勘测、设计、建设、管理等各个环节详细信息的城建档案信息。

5. 按开放权限划分

1）开放档案

开放档案，是指用户可以在网络上随时查阅使用的档案。这部分档案坚持做到"上网信息不涉密，涉密信息不上网"，即可供社会公众广泛利用，不受任何时间或空间的限制，实现资源社会化共享。

2）内部交流档案

只适合在一定范围内（即机构或部门内部）传播的档案，可称为内部交流档案。例如，许多企业档案的内容涉及企业商业机密、技术专利，它们通常只在企业局域网范围内传播，供系统内部工作人员使用。

3）访问控制档案

与一般的公共信息不同，档案信息涉及国家、政府、企业或个人机密，其中有许多内容不宜向社会广泛开放，必须通过访问控制、权限设置等方式对档案网站信息资源内容公开的范围、程度、时间加以控制，以维护档案的机密性。这种需要规定使用权限的档案信息，即为访问控制档案。

2.1.4 档案网站信息资源的内容

任何信息工程的成功与否，最根本的评价标志就是其信息内容提供的质量与手段。信息技术应用的前提是"内容"。现今，信息技术的竞争也在逐步从软硬件性能的竞争向搭载内容的竞争转化，发展内容是发展信息技术的生命线。对档案网站信息资源的内容构成进行全面剖析，准确地定位组织对象，是展开研究的基本前提。

网络上所有以文字、数字、图形、图片、表格、音频、视频等各种方式表达出来的与档案相关的信息内容，均属于档案网站信息资源的内容范畴，我们将其具体分为三体内容和辅助内容（表2-3）。档案网站信息资源的主体内容包括馆藏数字化档案、现行文件、特色档案、编研成果，这些是档案本身的内容信息及其经过加工的信息产品，具有极高的利用价值，而辅助内容（信息资讯）则是指与网站宣传、服务、管理等直接相关的内容，主要包括档案机构与部门职能信息、档案利用服务信息、档案学术研究信息、档案法规与标准、新闻动态信息这五项内容。

表2-3　档案网站信息资源内容一览表

内容	具体说明	备注
馆藏数字化档案	传统档案数字化形成的数字副本和直接通过计算机生成、处理并在网络中传输的电子文件	主体内容
现行文件	在网上发布并具有保存和利用价值的党政机关文件	主体内容
特色档案	从档案中抽取出来的反映馆藏特色或具有珍贵保存价值的内容，属于形式上的加工	主体内容
编研成果	通过档案编研形成的成果信息，属于内容上的加工	主体内容
档案机构与部门职能信息	综合档案馆、高校档案馆（室、信息中心）、城建档案馆等实体档案部门的概况、职能介绍、工作业务等	辅助内容
政务信息	以档案部门为主体的文件或链接到政府网站的信息	辅助内容

内容	具体说明	备注
档案利用服务信息	档案网站提供的档案检索服务介绍、查询指南等	辅助内容
档案学术研究信息	反映档案馆或档案学会在档案理论或实践上的研究，包括所承接的项目及其成果等	辅助内容
档案法规与标准	国家颁布或地方制定的关于档案方面的各项法律法规	辅助内容
新闻动态信息	新闻、最新研究动态、部门通知等信息	辅助内容

中国互联网络信息中心（China Internet Network Information Center，简称 CNNIC）2000 年的统计报告（http：//www. cnnic. net. cn/download/2003/10/13/92638. pdf）指出，用户认为一个成功的网站所具备的最主要因素是："信息量大、更新及时、有吸引人的服务，并且速度较快。"可见，内容建设是关乎一个档案网站整体建设水平的重要方面。从目前情况看，档案网站信息资源内容丰富，但仅是数量上的优势，在提供内容的深度上还有明显不足，必须加紧档案内容建设，建立全方位的档案数字资源库，实现档案网站信息资源的高效组织。

2.1.5 网络信息资源与档案网站信息资源的关系

互联网是广阔的无障碍空间，档案网站信息资源以其独特的属性位于其中，它不是孤立的，而是和其他网络信息资源（特别是图书、情报信息资源）互为利用，共同形成资源联合开发、利用、共享和管理的新交流空间。

1. 网络信息资源与档案网站信息资源的区别与联系

档案是人类社会实践活动的产物，是反映社会历史真实面貌的原始记录，它既具有一般信息的共性，又因是特殊的信息源而具有自身个性。简单来说，档案与信息是特殊与一般、个性与共性、个别与普通的关系。二者的从属包含关系在网络环境下亦是如此。个性是相对独立存在的基础，共性是合作发展的前提。

1）共性

网络信息资源是指以电子数据的形式将文本、图像、声音、动画等多种形式的信息存放在光磁等非印刷介质的载体中，并通过网络通信、计算机或终端等方式再现出来的电子信息资源（或称数字化信息资源）。可见，网络信息资源是一个集合概念，包括多种信息记录形式（如图书、情报、档案），这些记录形式都具有信息的一般属性，如内容丰富、传输快捷、动态性强、共享程度高等，也都遵循着信息管理的共同原则与方法，在整个信息环境中发挥着各自的作用。

2）个性

除了具有一般网络信息资源的特点外，档案网站信息资源还兼具一些独特属性，凸显了档案在网络环境中无可替代的地位。一方面，它保持了传统档案的特点，《中华人民共和国档案法》指出：档案是指过去和现在的国家机构、社会组织以及个人从事政治、军事、经济、科学、技术、文化、宗教等活动直接形成的，对国家和社会有保存价值的各种文字、图表、声像等不同形式的历史记录。档案网站信息资源虽然以数字化形式存在，但其蕴含的内容依然具有原始性、凭证性、机密性、不可再生性等特点，是维护社会和个人历史真实情况的可靠凭证和依据。另一方面，档案网站是发布网络档案信息的主要平台，是实体档案馆的网络映射。它在经营理念、创建方式、建设内容等方面都与一般网站存在较大的差别，其所发布的信息内容自然有别于其他信息。例如，档案网站信息资源的传播通常不以追求经济效益为第一目标，重点在于其社会价值，即注重满足用户不断增长的信息需要，不断扩展档案利用的范围，增强社会档案意识，促进档案事业的发展。

就本课题研究而言，由于档案网站信息资源与一般网络信息资源存在许多共同特征，决定了可以从网络信息组织的视角展开研究，合理学习、借鉴网络信息组织的相关理论、技术和方法。当然，档案网站信息资源不同于一般网络信息资源，具有更多的独特之处，因此不能完全照搬网络信息资源组织理论，而必须结合档案专业特点展开系统的组织研究，探求档案网站信息资源组织的相关原理和方法，这是进行档案网站信息资源组织研究的主要原因之一。

2. 加强分工协作，实现网络信息资源一体化管理

随着信息时代的到来，人类的知识和信息总量在急剧增长，人们的信息需求也趋向多样化、快捷化。用户在从事生产、教学、科研、管理的方方面面都需要利用大量的网络信息资源，这些资源既可能是公开出版发行的图书、报刊，也可能是档案、资料等文献。而传统的建立在纸质文献基础上的信息交流方式，已经严重阻碍了各种信息资源的相互融合、共建、共知与共享。

根据贝塔朗菲的著名定律：整体系统的属性与功能大于各孤立子系统的总和。单靠档案部门难以产生大的信息效应，但是如果进行档案信息的合纵连横，就会在拥有独特信息的同时，利用其他信息，实现规模信息优势。因此，加强各种资源间的联系，从技术、管理、制度等方面开辟一体化的合作道路，是适应社会信息资源共享发展趋势的必然选择。在这方面，欧美一些发达国家走在了前列。例如，美国的国会图书馆藏有图书、手稿档案（包括23位美国总统的手稿）和科技报告等，其社会角色既是图书馆、又是档案馆，也是情报研究机构。

在网络环境下，作为社会信息机构之一的档案部门，既应发挥自身的资源优势，又应通过资源联合发挥群体优势，打破档案信息资源利用壁垒，加强档案网站与其他文献信息网站、政务网站等的协调与合作，通过网络共建、资源共享、分布式收藏、远程存取等手段，将数字化资源、检索工具与系统进行集成和重组，组成新型的信息交流体系，为用户提供集成的一站式信息服务。

2.2 档案网站信息资源组织的概念与特征

当前，档案部门利用网络技术和现代通信技术提供的有利条件，积极推进档案数字化

进程，使得档案网站信息资源的数量逐年增长，信息资源总量、年平均增长量都在稳步提升。面对数量如此庞大的档案网站信息资源，必须对其加以科学组织，形成一个基于互联网的档案信息资源共享体系，实现全国范围内网络档案资源的社会化共享，发挥档案的社会效益和经济效益，以满足国家、社会和大众日益增长的档案信息需求。

2.2.1 档案网站信息资源组织的基本概念

给出一个标准化的定义绝非易事。迄今为止，对于"网络信息组织"的定义尚未形成统一的表述，学术界众说纷纭。但从已有定义不难看出，对于网络信息资源组织的根本认识还是明确的，即采用一定方法使信息从无序到有序的系统过程。下面简单举例说明。

（1）徐险峰（2006）认为所谓网络信息资源组织，即利用一定的规则和方法，通过对网络信息资源外在特征和内容特征的表征和序化，实现无序信息流向有序信息流的转换，从而保证用户对信息的有效获取和利用。

（2）李红霞（2006）指出网络信息组织就是指结合网络的特点，采用科学的方法，将大量分散的、杂乱的信息经过筛选、整序、优化，形成一个便于有效利用整体的过程。

（3）苏瑞竹等（2001）则将网络信息组织定义为是将网络原始资源进行描述、揭示、分析和存储，形成动态、有序化、系统的二次信息。

（4）储节旺（2002）定义的网络信息组织是指人们根据网络信息本身的特点（或属性），运用各种工具和方法，对网络信息进行加工、整理、排列、组织，使之有序化、系统化、规律化，从而有利于网络信息的存储、传播、检索、利用，以满足人们的网络信息需求的活动过程。

具体到档案网站信息资源组织，该问题的研究还处于起步阶段，档案学界还没有对其定义达成共识，但已有一些学者提出了客观的概念表述。例如，刘瑞华（2008）认为："档案信息资源组织，就是根据科学规律和利用一定的方法，通过对档案信息资源的外在特征和内在特征的表征和序化，实现无序信息流向有序信息流的转换，促进档案信息的有效流通和组合，进而保证用户对档案信息的有效获取和利用。"马凌云（2002）指出，网络环境下档案信息组织是指人们根据网络信息本身的特点（或属性），运用各种工具和方法，对网络信息组织进行加工、整理、排列组合使之有序化、系统化、规律化，从而有利于档案信息的网络存储、传播检索、利用，以满足人们对网络信息需求的活动过程。洪漪等（1998）认为："档案信息组织，是将处于无序状态的档案信息，通过各种方式方法使其系统化、有序化的过程。"这些定义都在一定程度上揭示了档案网站信息资源组织的本质。

档案网站信息资源组织的根本目的在于对档案更快捷、更方便地存储和利用。本课题组遵循网络信息资源组织的基本原理，结合档案自身特性，将档案网站信息资源组织定义为：档案网站信息资源组织是指根据用户的利用需求，结合档案网站信息资源的特点，以档案网站的各类信息资源为对象，利用先进的技术，按照一定的原则、规范及标准，优化档案网站信息资源的分类、检索和揭示，提供有序的、动态的、实用的档案信息资源利用方式的过程。其具体涵义包括如下几点。

（1）必须符合网络档案信息利用的一般规律，即用户利用需求规律，可以是特定的、具体的利用需求，如对族谱档案的利用，追寻家族历史；也可以是一般性的利用需求，如了解相关政策等。

（2）必须结合实际进行资源组织。信息流是工作流的高级展现形式，组织档案网站信息资源，不能一味利用先进的组织技术和方法"求全求快"，必须遵循档案自身的特点，结合档案工作实际，分阶段实现资源组织。这就需要通过一定的调查来了解，包括资源建设情况、资源组织情况、档案部门信息化建设实际等。

（3）组织对象包括馆藏数字化档案、现行文件、特色档案和编研成果四类资源，这些信息在网络上组织、展示与利用的基础平台是档案网站。

（4）组织对象的范围决定了组织的微观、中观、宏观三个层次。微观组织是指对单个档案网站信息资源的组织；中观组织是指一定区域或专业范围内的档案网站信息资源组织；宏观组织是指全国范围内档案网站信息资源的组织。

（5）组织档案网站信息资源需要先进技术的支撑。先进技术是指现代网络技术、信息技术等各种组织档案网站信息资源所需的先进技术手段。

（6）一定的标准规范，主要指组织档案网站信息资源的法规、制度、标准等。

（7）档案网站信息资源组织的内容是优化档案网站信息资源的分类、检索和揭示。档案网站信息资源组织的核心是解决分类问题，在资源分类组织上，提供更加多样、满足用户需要的信息资源分类方式。在优化信息资源分类的基础上，通过先进的标引与检索技术，提供方便快捷的检索服务，将结果呈现在网站前台上，提供更加符合用户需要的信息资源，提高利用效率。

（8）档案网站信息资源组织的结果应以有序化、动态、实用的方式呈现。

2.2.2 档案网站信息资源组织的主要特征

网络环境下，档案信息资源组织从形式到内容都发生了巨大的变化，如组织方式从手工单一发展到网络群体，组织形式从分类排架发展到数据结构，组织结果从静态的文本格式发展到动态的多模式链接。鉴于档案的独特属性，档案网站信息资源组织的主要特征具体呈现为：

1. 组织对象选择性

选择有价值、可公开的档案信息进行组织，是档案网站信息资源组织的重要特征。一方面，档案网站信息资源纷繁芜杂、数量庞大，而档案部门现有软、硬件条件相对落后，鉴于这种现状，只有先重点选择价值较大、利用率高的档案信息资源进行组织。另一方面，具有一定密级的档案其公开性受到很大的限制，只在很小的范围内才具有所谓的公开性，这对组织活动提出了更高的要求。发布在网络上的档案信息解密后才具有社会公开性，资源组织需考虑档案的密级状况，组织可公开的档案信息，对于具有一定密级的档案，则需要规定使用权限。

2. 组织内容多维性

如果把网络中全部的档案信息作为一个资源系统来看，不仅内容具有综合性的特点，涵盖社会实践的各个专业领域，而且各个层次、多种形式的档案信息产品同时存在，这些都对信息组织方法、技术提出了更高的要求。例如，网络档案信息是多格式、多语言的信息混合体，而且变化频繁、动态互动，其信息组织必须揭示多维性信息，建立集成的网络信息系统，才能适应信息传递的动态性和实时性。

3. 组织结构非线性

传统的档案信息组织是一种线性的组织，主要表现形式是字典形式的分类目录体系。而网络档案信息组织则表现出非线性的特征。利用信息技术，可将档案信息组织成一个网状结构，整个信息网的任何一个信息单元都有一组与其相关联的信息点连接，对任何一个信息单元的搜寻都可带动其他若干信息单元的搜寻。在网络环境下，任何一个单位或部门都不能单独承担这项工作，因此必须通过部门协调合作共同完成。

4. 组织结果完备性

传统档案以全宗、卷、文件为组织单位，形成一个个既相对对立又互有联系的整体，而档案网站信息资源组织结果更是一个完整的有机整体，按特定对象范围收藏相关档案信息，力求网络信息与传统信息资源在存取层面上成为一个整体。

2.3　档案网站信息资源组织与传统档案整理的关系

传统档案整理工作是建立档案实体的管理秩序，使所保存的档案有序化、条理化，为整个档案管理工作创建秩序化的管理对象基础。而档案网站信息资源组织是在网络环境下对档案信息的序化和优化，以方便档案信息的存储和利用。这是两项既有区别又有联系的活动，对它们进行对比分析，可以更清晰地认识档案网站信息资源组织，为下面进一步开展研究提供便利。

2.3.1　联系

可以说，档案网站信息资源组织是传统档案工作在网络环境下的发展和延伸。传统档案管理工作存在着明显的弱势：一是收藏保管的档案实体资源存储密度小、体积大、占用空间多，既浪费空间又浪费资金。二是服务用户的范围有限，受到实体、时空的限制。三是服务手段落后，档案工作流程基本上处于手工或机械操作。四是服务成本高且质量不理想，基本上提供被动、单一的服务方式。在网络环境下，档案信息资源组织是在继承档案整理理念和方法的基础上，以资源高密度存信者和网络共享利用为目的，更多地融合了网络数字化技术的方式方法，其过程的专业复杂程度大大提高，从而形成主动化、个性化和不受时空限制的服务模式。

2.3.2 区别

这两项工作存在一定共性的同时，也存在许多异同之处，这种差异性决定了传统的档案整理理论和方法不能直接指导档案网站信息资源组织活动，这也是我们展开研究的重要原因之一。二者的区别主要表现在以下几方面。

1）对象不同

档案整理以馆（室）藏的实体资源为对象，包括纸质档案、光盘档案、声像档案、照片档案、缩微平片档案等各种载体的档案，而档案网站信息资源组织是以计算机可读的二进制形式存储的数字化、网络化、虚拟化的档案信息资源为对象。

2）原则不同

档案整理工作的基本原则是保持文件之间的历史联系，充分利用原有的整理基础，便于保管和利用。它坚持以来源原则为指导，因此形成的是以来源为基础的一维的线性档案整理体系，而档案网站信息资源组织是以满足用户需求为出发点，坚持客观、科学、系统、标准、发展、效益等一系列原则，构建多维的组织体系，在序化信息的同时，充分挖掘档案的价值。

3）理念不同

档案整理是档案管理的基础、利用的前提，其理念是方便管理与利用。档案网站信息资源组织则是以满足用户需求为目标，提高信息利用服务质量，扩大档案信息资源的共享范围。

4）范围不同

档案整理工作仅仅是对接收进馆的档案、资料实体的有序化、排列、上架等，而档案网站信息资源组织不仅组织本机构的资源，还需不断扩大组织范围，最终形成全国档案信息资源网络。

5）技术条件不同

档案整理、编研一般都是手工操作，不需要太多的技术条件，而档案网站信息资源组织需要以先进技术为支撑，如网络技术、计算机技术、多媒体技术、数据仓库、数据推送、信息安全技术等。

6）利用效果不同

以纸质材料载体为主的传统档案因受时空的限制，不便于传播和利用，利用率较低，而档案网站信息资源从档案载体中解放出来，借助数字化技术实现对档案信息本身的存储和传播，摆脱了传统信息资源载体对信息资源传播的束缚，从而促进了档案信息利用范围扩大和效益转化。

第3章 档案网站信息资源及其组织调查

3.1 国内档案网站信息资源及其组织状况调查

档案网站和在其基础上发展起来的数字档案馆,是实现档案在线获取和利用服务的主要平台,作为"档案信息资源利用中心"和"电子政务信息资源平台",紧抓信息化发展契机,在信息资源组织方面积极探索,取得了一定的成果。因此,调查档案网站信息资源组织现状,可依赖档案网站这一平台展开,由此获得的相关数据极具参考价值。以笔者为负责人的研究团队在近几年的项目研究过程中,进行了中国档案网站年度普查、国家综合档案网站前台信息资源情况重点调查和江苏省地市级综合档案网站后台信息资源调查。这些调查均与本课题研究有一定关联,对相关数据进行综合、分析,可全面揭示国内档案网站信息资源及其组织的基本状况,为本课题研究提供丰富的基础数据。

3.1.1 2012 年度中国档案网站普查

为了解档案网站自产生以来的发展状况,推动档案网站建设不断向纵深发展,以笔者为负责人的南京大学"中国档案网站研究"课题组自 2004 年开始,对地市级及其以上综合档案网站、进入"211 工程"的高校档案网站、省会城市与计划单列市的城建档案网站进行了连续多年的跟踪调研,目的在于持续跟踪档案网站的发展状况,及时了解档案网站的变化情况,保持档案网站数据的连续性,为档案网站建设和档案信息化建设提供翔实的数据支持(表3-1)。

根据调研结果可知,我国档案网站在数量、规模、分布等方面均呈现出向上发展的态势。可见,近年来我国档案网站建设有了长足的发展,从总体数量看越来越多,整体水平也有所提升。但是如果认真审视现阶段档案网站的状况,特别是与国外档案网站以及相关行业网站比较,还是发现有许多不足之处。档案网站建设的主要任务已不再是解决档案网站"从无到有,从少到多"的问题,而是要解决档案网站"优化"的问题。鉴于数据的时效性,我们选择 2012 年度中国档案网站普查报告中的一些数据,说明我国档案网站建设基本情况,特别是与档案信息资源组织相关的情况,为进一步了解档案网站信息资源及其组织概况提供基础。

表 3-1　2004~2012 年度我国档案网站数 *

年度 \ 类型	综合档案网站			高校档案网站			城建档案网站		
	机构数（个）	网站数（个）	建站率（%）	机构数（个）	网站数（个）	建站率（%）	机构数（个）	网站数（个）	建站率（%）
2004	367	142	38.7	95	57	60.0	—	—	—
2005	367	205	55.9	95	54	56.8	39	16	41.0
2006	367	211	57.5	95	63	66.3	39	18	46.2
2007	367	275	74.7	107	63	58.9	39	16	41.0
2008	364	282	77.4	107	70	65.4	39	16	41.0
2009	373	273	73.2	112	77	68.8	39	17	43.6
2010	377	297	78.8	112	84	75.0	39	18	46.2
2011	372	307	82.5	112	80	71.4	39	20	51.3
2012	366	287	78.4	112	80	71.4	39	21	53.9

＊调查对象包括所有的国家、省（市、自治区）、地级市（地区、自治州）国家综合档案网站；"211 工程"的高校建立的档案网站；34 个省会城市和 5 个计划单列市建立的城建档案馆网站。

1. 2012 年度中国档案网站普查基本情况

结合档案网站的实际建设情况，2012 年度中国档案网站普查的对象包括：综合档案网站、高校档案网站和城建档案网站。第一类：综合档案网站。即所有的中央级、省（市、自治区）级、地市级（地区、自治州）国家综合档案馆建立的档案网站。第二类：高校档案网站。以进入"211 工程"的高校作为调查对象。截至 2012 年年底进入"211 工程"的高校数量为 112 所。第三类：城建档案网站。普查对象包括 34 个省会城市和 5 个计划单列市的城建档案馆建立的网站。整个普查过程分为三步。

第一步，设计档案网站普查登记表。登记表的设计是普查实施的基础和关键，反映档案网站的基本情况。"2012 年度档案网站普查登记表"（附表 1.1）是在"2004-2011 年度档案网站调查表"的基础上修订而成的。

第二步，进行普查。本次普查时点确定为 2012 年 12 月 28 日，普查地点为南京大学国家信息资源管理南京研究基地信息数字化集成实验室，普查方式是网络调查（即采用百度、Google 等搜索引擎或友情链接的方式来寻找档案网站），实施过程如图 3-1。

图 3-1　中国档案网站普查实施流程

第三步，数据汇总、分析。对获取的调查数据进行汇总，其目的是为了了解档案网站建设的总体状况，从宏观上把握各类档案网站的基本情况。内容包括：档案网站名称、网址，网站一级类目设置，网站计数器、更新时间、总访问人数与页面长度，网站形式、内容信息，网站功能信息。在数据汇总的基础上，分别就综合档案网站、高校档案网站、城建档案网站建设状况进行分析。

2. 相关数据分析

1) 档案网站建设规模

经过几年的发展，我国档案网站建设已形成规模，具有数量上的优势，具体如表 3-1 所示。此次统计结果显示，截至 2012 年 12 月 31 日，在全国 366 个省级和地市级综合档案馆中，有 287 个档案馆网站能正常浏览，占总数的 78.4%。其中，省级档案网站 25 个，建站比例为 80.6%；地市级档案网站 260 个，建站比例为 78.1%（表 3-2）。在本次调查的"211 工程"高校中，共有 80 所高校的档案网站可以有效访问，占全部"211 工程"高校的 71.4%，高校档案馆建站比例与上一年持平。在省会城市与计划单列市的城建档案馆的调查中，建有档案网站的共有 21 个，占调查样本总量的 53.9%。

表 3-2   2012 年度中国综合类档案网站数

区域	档案馆总数	档案网站数量（个）			比重（%）
		省级	地市级	总数	
华北地区	39	2	23	25	64.10
东北地区	39	1	26	27	69.23
华东地区	84	7	66	73	86.90
中南地区	88	6	71	77	87.50
西南地区	60	5	43	48	80.00
西北地区	56	4	31	35	62.50
合计	366	25	260	285	77.87

2) 内容建设情况

在调查档案网站内容信息时，确定了十个统计标志：所在单位/部门与地区概况、机构与部门职能、库藏介绍、档案征集、档案编研、档案利用服务、档案学术研究、档案法规与标准、特色档案、动态信息（表 3-3）。

从统计数据看，综合档案网站中"所在单位、部门与地区概况"、"档案法规与标准"和"动态信息"这三项内容出现频率最高，均占档案网站总数的 90% 以上；"机构与部门职能"、"库藏介绍"、"档案利用服务"、"特色档案"方面的内容的设置率都达到了 70.0% 以上；"档案编研"和"档案学术研究"的设置率也过半数；档案征集类栏目设置率最低，仅为 38.0%。高校档案网站内容建设方面，设置比例最大的是"所在单位、部门与地区概况"、"机构与部门职能"、"档案法规与标准"和"动态信息"，均占比重的 90% 以上，其次依次是"库藏介绍"、"档案利用服务"和"档案编研"等栏目，设置比重都超过 70.0% 以上。城建档案网站 2012 年度的整体内容建设情况有所提高，特别是库藏档案和动态信息比例有明显的提高。城建档案馆在网站内容上有所丰富，并能更好地给用户提供最新的档案信息。可见，许多档案网站开始组织四种主要的档案网站信息资源，特别是馆藏数字化档案和现行文件，但信息组织的整体水平还比较低。

表 3-3　2012 年度中国档案网站内容建设情况

内容建设 / 网站数	综合档案网站		高校档案网站		城建档案网站	
	网站数（个）	比例（%）	网站数（个）	比例（%）	网站数（个）	比例（%）
所在单位、部门与地区概况	269	93.7	78	97.5	19	90.5
机构与部门职能	237	82.6	74	92.5	20	95.2
库藏介绍	216	75.3	71	88.8	8	38.1
档案征集	109	38.0	19	23.8	5	23.8
档案编研	195	67.9	57	71.3	8	38.1
档案利用服务	227	79.1	57	71.3	20	95.2
档案学术研究	165	57.5	31	38.8	8	38.1
档案法规与标准	259	90.2	73	91.3	20	95.2
特色档案	220	76.7	52	65.0	4	19.1
动态信息	278	96.9	73	91.3	21	100

　　具体到档案信息的类型，以综合档案网站为例，文本信息的比例最高，无论是馆藏数字化档案还是现行文件，其资源都是以文本信息为主，接近总数的一半。两者均有一定的图形信息，但数量十分有限，更未涉及图像、音频、视频等信息类型（图 3-2）。

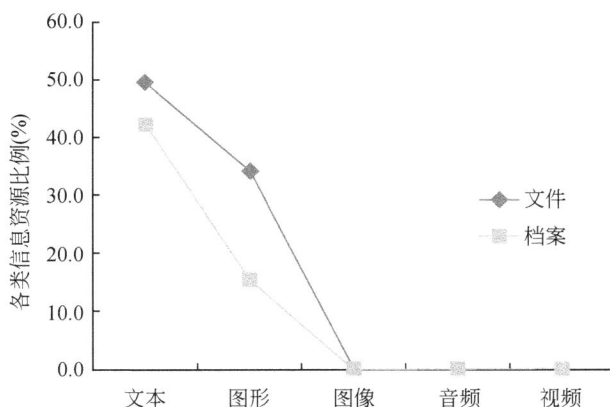

图 3-2　综合档案网站信息资源类型

3）检索功能

　　检索功能是档案网站最重要的功能，也是档案网站赖以成长的根基。在当今信息时代，档案馆只有通过网络向用户提供不受时空限制的档案（文件）检索和利用服务，才能具有可持续发展的空间。这里以综合档案馆为例分析其检索功能。从检索方式来看，目前大部分综合档案网站检索功能比较薄弱，无论是文件还是档案，利用浏览检索、基本检索和高级检索这三种检索方式的占有率均仅为30%左右，这对档案网站乃至整个档案事业的发展无疑十分不利。检索方式比率相对较高的为高级检索（图3-3）。从检索深度看，不管文件检索还是档案检索，提供目录检索服务的比率都比全文检索高，但仍未及半数。而就全文检索来说，文件的全文检索又高于档案全文检索近20个百分点（图3-4）。

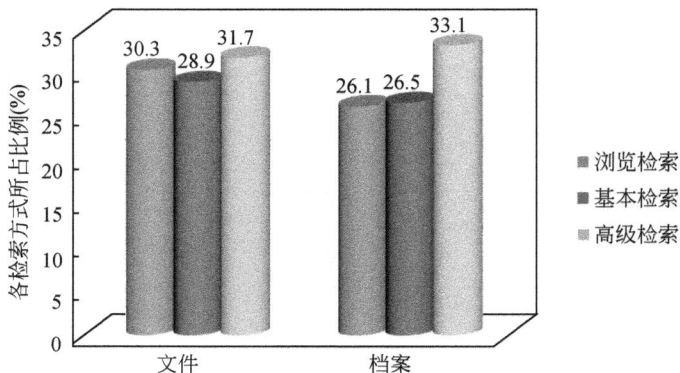

图 3-3　综合档案网站检索方式比较

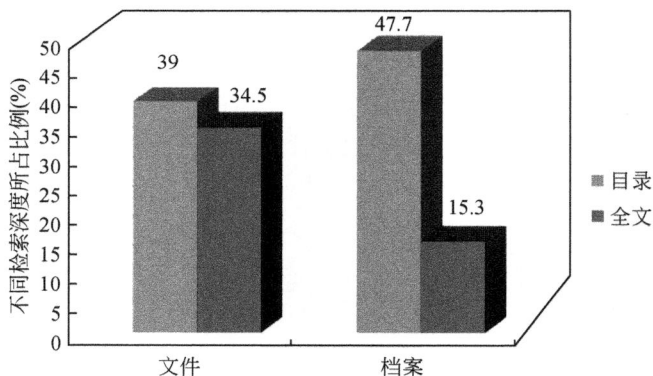

图 3-4　综合档案网站检索深度比较

4）用户交流

用户需求的发展变化推动了网络环境下档案信息资源建设的不断进步。当前，国内已有一些档案网站开始强调用户参与的理念，通过设立论坛、电子邮箱、在线调查等方式，收集用户的利用需求反馈。以苏州市档案局网站为例，该网站将用户摆在十分重要的位置，在网站首页设立了多个与用户交流的窗口（图3-5），可以及时了解用户的信息需求，为合理组织本馆资源提供了重要参考。

在公众参与专栏中，通过设立公众监督、领导信箱、民意调查三个专题，可以从不同角度了解用户对本馆资源及其组织利用情况的反馈意见，特别是在民意调查专题下，设计了专门的在线调查问卷，是一种非常有效的用户调研方式。该网站除了关注普通档案用户

图 3-5　苏州市档案局网站首页公众参与专栏

的信息需求，新近还设立了在线交流论坛（图 3-6），就档案专业知识展开网络交流，引导用户给予参与意见，为组织档案网站信息资源相关问题的研究、探讨和解决，提供了很好的交流平台。

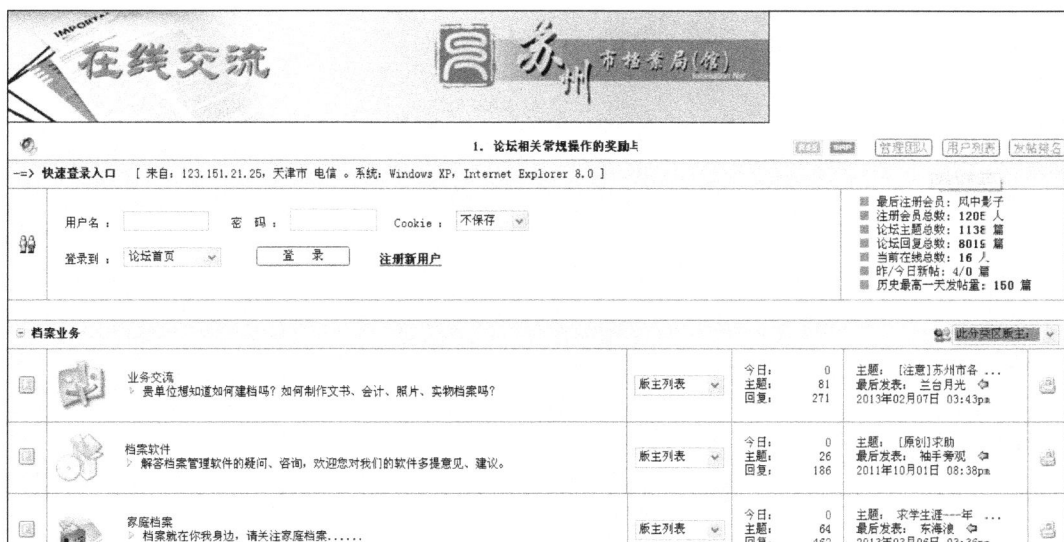

图 3-6　苏州市档案局网站在线交流论坛

又如天津档案网，也在首页设立了公众参与专栏，包含政务信箱、咨询投诉、网上调查、公众留言等共六种参与方式，收集用户反馈意见，引导用户主动参与，通过多种方式与用户交流沟通（图3-7）。

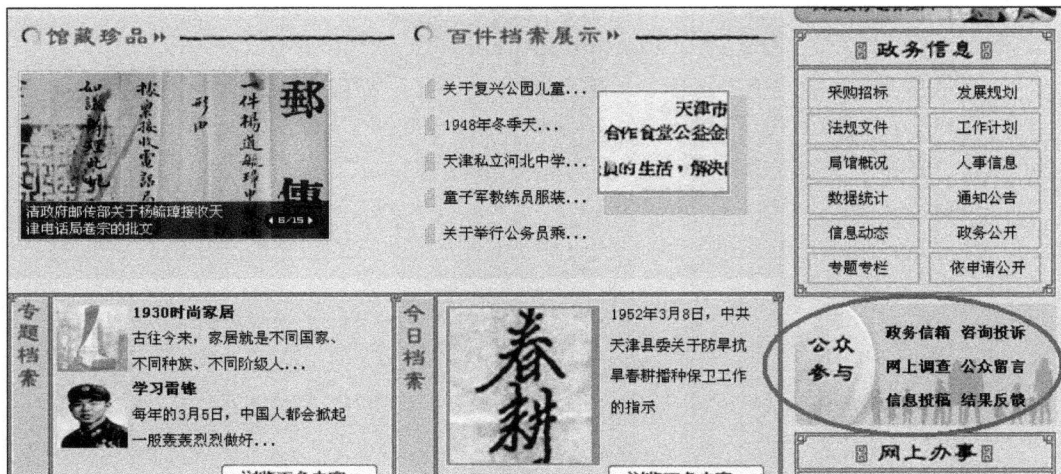

图3-7　天津档案网首页公众参与专栏

在调查中也了解到，国内有少数档案网站能够提供会员服务，可以说是档案网站向用户提供个性化服务的基础。根据2012年中国档案网站普查结果可知，目前国内地市级以上综合档案网站有59个提供该项服务。例如，青岛档案信息网就提供会员服务，用户只要注册为会员，就可查阅所有上网的开放档案资料目录和免费开放的档案资料全文信息，而且信息数据还在不断补充（图3-8）。又如天津档案网的会员管理，如果用户免费注册为会员，可以使用更多的个性化服务功能（图3-9）。

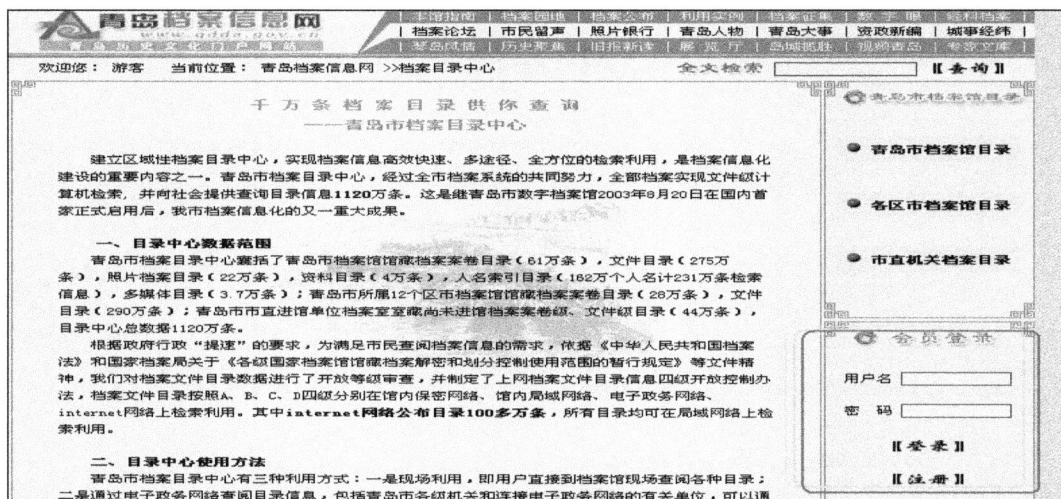

图3-8　青岛档案信息网会员登录界面

图 3-9　天津档案网会员登录界面

3. 小结

上述数据分析表明：始于 2012 年的我国档案网站建设已逐步由最初的数量扩充转为数量扩充与质量提高相结合的发展阶段。档案网站的建设规模不断扩大，建设质量也在稳步提升。就网站建立和发展的总体情况而言，我国的各级各类档案网站经过若干年的建设与普及，已经颇具规模，其功能和水平也应该得到肯定。必须从总体上正确认识档案网站建设所取得的成就，同时要找出存在的问题，力求为本研究提供有效的数据参考。

3.1.2　国家综合档案网站前台信息资源重点调查

在对档案网站基本情况进行普查的基础上，本课题组曾于 2008 年 11 月 6 日至 20 日对部分档案网站进行了信息资源重点调查，为了解档案网站信息资源建设现状提供了更详细的数据。

1. 调查方案

此次重点调查的对象是"国家级综合档案网站+省级综合档案网站+2007 年度主页美观度排名前 10 名的综合档案网站+江苏省地市级档案馆网站"，共计 53 个档案网站（表 3-4）。调查内容围绕档案网站信息资源展开，对馆藏数字化档案、现行文件、特色档案和编研成果进行了全面、系统调查，以此了解档案网站信息资源建设的详细情况。调查过程与年度普查基本一致，即登录档案网站，填写调查表（附表 1.2），进行数据汇总分析。

有一点需要说明，由于本次调查是以通过登录网站填写调查表的方式进行，即对档案网站前台信息资源的调查，因而所得到的数据及分析结果可能与网站实际状况有一些偏差或遗漏，但基本不会影响对档案信息资源建设情况的总体反映和把握。

表 3-4　国家综合档案网站重点调查对象一览表

网站名称	网址	网站名称	网址
中国第一历史档案馆	http：//www. lsdag. com/	西藏自治区档案馆	http：//www. tibetinfor. com/ tibetzt/dang_ an/index. htm
中国第二历史档案馆	http：//www. shac. net. cn/	陕西省档案局	http：//daj. shaanxi. gov. cn/
北京市档案信息网	http：//www. bjma. gov. cn/Default. ycs	甘肃档案信息网	http：//www. cngsda. net/
天津档案网	http：//www. tjdag. gov. cn/	青海档案信息网	http：//www. qhda. gov. cn/
河北档案信息网	http：//www. hebdaj. gov. cn/	宁夏档案信息网	http：//www. nxda. gov. cn/
山西省档案局（馆）	http：//www. sxsdajg. cn/home/	新疆档案信息网	http：//www. xjaa. gov. cn/
内蒙古档案信息网	http：//www. archives. nm. cn/	青岛档案信息网	http：//www. qdda. gov. cn/
辽宁档案信息网	http：//www. lndangan. gov. cn/	杭州档案	http：//www. da. hz. gov. cn/
吉林档案信息网	http：//www. jilinda. gov. cn/	成都市档案局（馆）	http：//www. cdarchive. chengdu/
黑龙江省档案信息网	http：//www. hljdaj. gov. cn/	阜新档案	http：//www. fxda. com/
上海档案信息网	http：//www. archives. sh. cn/	承德档案信息网	http：//www. cddaw. gov. cn/
江苏档案	http：//www. dajs. gov. cn/	哈尔滨档案信息网	http：//www. hrb-dangan. gov. cn/
浙江档案网	http：//www. zjda. gov. cn/	鄂尔多斯档案网	http：//www. ordosdag. cn/index
安徽档案信息网	http：//www. ahda. gov. cn/	南京档案	http：//www. archivesnj. gov. cn/
福建省档案局（馆）	http：//www. fj-archives. org. cn/	无锡档案信息网	http：//www. wxdaj. gov. cn/
江西省档案局	http：//www. jxdaj. gov. cn/	徐州档案	http：//www. xzda. gov. cn/
山东档案信息网	http：//www. sdab. gov. cn/sdda/	常州档案	http：//www. czdaj. gov. cn/
河南档案信息网	http：//www. hada. gov. cn/	苏州市档案局	http：//www. daj. suzhou. gov. cn/
湖北档案信息网	http：//www. hbda. gov. cn/module/	南通档案信息网	http：//www. ntda. gov. cn/
湖南省档案信息网	http：//www. hn-archives. gov. cn/	连云港档案信息网	http：//218. 92. 3. 97/
广东档案信息网	http：//www. da. gd. gov. cn/webwww/	淮安档案	http：//daj. huaian. gov. cn/
广西档案信息网	http：//gxda. gxi. gov. cn/	盐城·档案	http：//www. dayc. gov. cn/
琼兰阁	http：//archives. hainan. gov. cn/	扬州市档案局	http：//www. yzdafz. gov. cn/
重庆档案信息网	http：//jda. cq. gov. cn/templet/	镇江档案信息网	http：//www. zjdaj. gov. cn/
四川档案	http：//www. scsdaj. gov. cn/	泰州史志档案信息	—
贵州档案信息网	http：//www. gzdaxx. gov. cn/	宿迁档案信息网	http：//www. sqdaj. cn/
云南档案信息网	http：//www. ynda. yn. gov. cn/		

2. 档案网站信息资源建设现状与分析

信息资源是组织研究的根本对象。对档案网站信息资源建设进行全面系统的分析、总结，可以清楚了解我国档案网站信息资源建设的水平，明确组织对象的基本情况，在此基础上进行组织研究，将保证研究成果的科学性、实用性。

1）档案信息资源概况

A. 馆藏数字化档案

馆藏数字化档案是档案网站信息资源的主要构成内容，其时间跨度大、数量多、范围广，决定了其利用频率相对较高。通过此次调查可知，共有 40 个档案网站提供馆藏数字化档案目录,提供全文查询的网站则寥寥无几,在被调查的 53 个网站中,仅有中国第一历史档案馆、北京市档案信息网、河南档案信息网、青海档案信息网、阜新档案 5 个档案网站提供少量档案全文。可以说,对国家综合档案网站馆藏数字化档案基本情况的分析,也就是对馆藏数字化档案目录情况的分析。

从时间上看,大致可分为清以前、清代、民国、革命历史时期和建国后几个阶段,也有些档案网站将时间粗略划分为建国前和建国后两个阶段。最早的时间点是中国第一历史档案馆提供的 1317 年档案(这与其性质有关),最晚的时间点约至 2007 年。被调查的网站通常只提供某一时期的档案,以民国时期和建国后档案居多,这是由馆藏本身、经济条件、技术水平、档案保密等多种因素决定的。

从数量上看,主要是以全宗目录、案卷目录、文件目录和资料的条目数进行统计。提供全宗目录的网站共有 7 个,数量最多的是湖南省档案信息网,提供 290 个全宗目录。提供案卷目录的网站共有 9 个,大多超过 10 万条以上,天津档案网提供数量最多,为 773 337 条案卷目录。有 26 个档案网站提供文件目录,以青岛档案信息网提供 275 万条文件目录数量最多,在一定层面上反映出档案网站多优先选择文件目录数字化并上网。有 5 个网站提供资料目录。此外,也有个别网站提供数量较少的照片档案和多媒体档案目录,如青岛档案信息网。

从范围看,这些综合档案网站所提供的档案内容繁杂、种类多样。但是,也具有一定的规律性,即主要是不同时期反映当地政治、经济、社会发展的全面历史记录,多为政令、工作汇报、通知等文书档案。

总体上看,目前国内馆藏数字化档案建设不高,但也有一些优秀的档案网站重视资源建设,从内容到形式都力求丰富多样,为档案网站信息资源建设树立了很好的典范。例如,苏州市档案局网站是江苏省内建立较早的档案网站,自成立至今,不断加强档案资源建设,改善馆藏结构,丰富馆藏内容,拥有丰富的馆藏数字化档案信息资源量(表 3-5)。通过档案馆实体档案馆藏资源与网站信息资源比较可知,苏州市档案局十分重视档案网站信息资源建设,组织上网的档案信息数量丰富、类型多样、来源广泛,且坚持定期信息更新,为进一步组织利用这些资源提供了重要的物质基础。

表 3-5　苏州市档案局馆藏数字化档案基本情况

资源 基本情况	馆藏数字化档案
实体馆藏	馆藏档案共有 360 个全宗,25 万余卷档案资料。馆藏分建国前的历史档案和新中国成立后的苏州地区档案和苏州市档案,起止年限为 1796～2000 年。馆藏以文书档案为主,会计、统计、诉讼、人口普查、婚姻登记等专门档案和科技档案也占有一定比例。现保存最早的档案形成于清乾隆年间的地契档案,最具地方特色和历史特色的档案是形成于 1905～1949 年的苏州商会档案
网络资源	提供民国至今共 209 581 卷文书档案、科技档案(基建、产品、科研)目录 提供 1796～2001 年馆藏数字化档案目录 40 万条和 770G 全文,包括文本、图像、视频等各种媒体类型档案

注:数据来源于本课题组进行的"国家综合档案网站前台信息资源情况重点调查"

B. 现行文件

现行文件多为各地党政机关文件，是对馆藏数字化档案的有力补充。据此次调查显示，有 38 个档案网站提供现行文件目录或全文查询。时间为 1950～2008 年，虽然跨度较大，但多数现行文件都是 1990 年以后的文件。在数量上，各个网站提供的文件数量多少不一，没有太多规律可循，有的网站提供几十万条现行文件（如北京市档案信息网提供了256 110 条现行文件目录），也有的网站只提供几条文件目录。文件内容主要是当地政府部门及其所辖市县政府办公文件，如各种通知、办法、条例、意见等。

C. 特色档案和编研成果

随着档案网站建设水平的提高，特色档案和编研成果作为反映本地和本馆工作特色的主要内容，在档案网站信息资源建设中成为不可缺少的重要部分，此次调查也充分表明这一点。在被调查的 53 个网站中，有 45 个网站提供了特色档案或编研成果供用户利用，占调查样本总数的 84.9%。有 40 个网站提供特色档案，多是一些本地历史档案、名人档案和实物档案，这些档案数量稀少、价值极高，可以说是本地档案馆的"镇馆之宝"。有 40 个网站提供编研成果，包括汇编、年鉴、大事记、组织沿革等，特别是一些史料专题汇编，是人们了解当地历史、人文、社会发展情况的重要参考资料。

2) 在线服务

从调查情况看，综合档案网站基本都提供档案查询，馆藏数字化档案和现行文件的检索功能较强，特色档案与编研成果的检索功能则相对简单些（表3-6）。

表 3-6 国家综合档案网站信息资源检索功能比较

调查项	网站数	馆藏数字化档案		现行文件		特色档案		编研成果	
		数量	比率（%）	数量	比率（%）	数量	比率（%）	数量	比率（%）
检索入口	一级类目	30	56.6	31	58.5	30	56.6	26	49.1
	页面链接	30	56.6	31	58.5	23	43.4	12	22.6
检索方式	浏览	23	43.4	27	50.9	41	77.4	41	77.4
	单一	27	50.9	24	45.3	4	7.5	5	9.4
	复合	29	54.7	24	45.3				
分类查询	时间	13	24.5	2	3.8	—	—	—	—
	类型	13	24.5	2	3.8				
	级别	0	0	0	0				
	部门	7	13.2	13	24.5				
	门类	9	17	12	22.6				
	其他	4	7.5	2	3.8				
检索帮助	有	8	15.1	9	17	—	—	—	—
	无	45	84.9	44	83				
	关键词	18	34	14	26.4	4	7.5	5	9.4
	题名	27	50.9	25	47.2	2	3.8	—	—

续表

调查项	网站数	馆藏数字化档案		现行文件		特色档案		编研成果	
		数量	比率（%）	数量	比率（%）	数量	比率（%）	数量	比率（%）
检索途径	责任者	22	41.5	21	39.6	—	—	—	—
	时间	27	50.9	22	41.5	—	—	—	—
	档（文）号	20	37.7	23	43.4	—	—	—	—
	主题词	9	17	6	11.3	—	—	—	—
	其他	13	24.5	11	20.8	—	—	—	—
检索深度	全宗目录	14	26.4	26	49.1	41	77.4	41	77.4
	案卷目录	17	32.1	22	41.5	32	60.4	11	20.8
	文件目录	30	56.6						
	资料目录	7	13.2						
	全文	5	9.4						

　　档案网站信息资源组织的目的是存储和利用，了解档案网站在线服务的内容、方式，对其进行分析、归纳，有助于提高档案网站信息资源服务的质量，同时为组织研究提供一定的指导。从上述统计数据可知：

　　A. 检索入口

　　有半数以上的被调查网站在主页提供馆藏数字化档案和现行文件检索入口，充分体现了资源的主体地位和网站对档案利用的重视。在首页提供特色档案和编研成果检索入口的网站相对少些，但也接近半数。

　　B. 检索方式

　　馆藏数字化档案和现行文件的检索方式复杂，分为浏览检索、单一检索、复合检索三类，提供每种检索方式的档案网站数量都在半数左右。而特色档案和编研成果则以浏览检索为主，提供单一和复合检索的网站十分稀少。

　　C. 分类查询

　　分类查询可以帮助用户进行资源定位，节约查询时间。馆藏数字化档案时间跨度大、类型多样，以时间、类型为划分依据进行馆藏数字化档案查询的网站最多，都是 13 个。按部门、门类进行分类查询的网站有 7 ~ 9 个。还发现其他分类查询划分方式，如全宗。现行文件与馆藏数字化档案不同，多为政府公文，部门性强、时间跨度较小、种类单一，因此按部门、门类进行分类查询更为方便。调查结果也显示了这一规律，即提供此种分类查询的网站相对较多，而以时间、类型进行现行文件查询的网站较少，仅两个。

　　D. 检索帮助

　　检索帮助是档案网站为方便用户利用档案而提供的说明，通常包括检索界面介绍、检索式的格式、检索途径选择等。此次调查显示只有八九个网站提供检索帮助，这十分不利于档案的有效利用。

　　E. 检索途径

　　馆藏数字化档案和现行文件的检索途径较多，包括关键词、题名、责任者、时间、档

（文）号、主题词等。馆藏数字化档案的检索项以题名和时间最为常见，有 27 个网站提供该检索项，提供主题词检索的网站最少，仅 9 个。现行文件检索，以题名、责任者、时间和文号作为检索项的档案网站较多，都在 20 个以上。而特色档案和编研成果的检索途径相对简单，一般只提供关键词检索和题名检索。

F. 检索深度

馆藏数字化档案的检索结果可以是全宗目录、案卷目录、文件目录、资料目录和全文五种形式。目前，档案网站多提供档案目录查询，特别是文件级目录，少有网站能提供馆藏数字化档案全文。现行文件由于数量相对较少，形成时间较晚，提供全文的比例远高于档案，在调查样本中有 22 个网站提供现行文件全文，从而更好地满足了用户的需求。特色档案和编研成果数量有限，提供全文较为方便，特别是特色档案，通过提供全文，可以更好地起到宣传、教育、展示等功能。

G. 结果处理

用户大多只能浏览检索结果，由于种种原因（如保密需要），很少有档案网站提供结果下载、定制等其他服务。

3. 小结

从上述统计数据可知，我国档案网站信息资源建设状况总体还是良好的，绝大多数的档案网站都提供了馆藏数字化档案、现行文件、特色档案和编研成果的服务，如有的档案网站提供档案全文，现行文件数量丰富，特色档案和编研成果呈现形式多样。但仍然存在不少问题，如馆藏数字化档案资源匮乏，现行文件未能及时更新，特色档案和编研成果展现方式单一、内容成分单薄。

3.1.3　江苏省地市级综合档案网站后台信息资源调查

为了准确地了解档案网站信息资源建设现状，本课题组决定进行后台信息资源调查；此次调查也是国家社会科学基金项目——"档案网站信息资源的组织与利用"的内容之一。考虑到调查的可操作性和调查表的回收率，本次调查对象最终确定为江苏省内 13 个地市级综合档案网站，即南京、无锡、徐州、常州、苏州、南通、连云港、淮安、盐城、扬州、镇江、泰州和宿迁的市综合档案网站。调查内容包括档案网站基本情况、信息资源组织、信息资源整合和信息资源利用四部分，其中信息资源组织又包括信息资源及其组织概况和数据库两个方面。具体调查过程是：由江苏省档案局科技处于 2008 年 11 月 20 日将"江苏省地市级综合档案网站后台信息资源调查表"（附表 1.3）下发到省内地市级综合档案馆，各档案部门工作人员负责填写调查表，填写完毕后将调查表传真回省档案局，最后统一转发到本课题组，进行数据汇总、分析。

1. 江苏省地市级综合档案网站简介

A. 南京档案

2004 年 4 月，由南京市档案局创办的"南京档案"信息网站正式开通。该网站为独立的门户网站，是全面宣传介绍南京市档案工作，面向社会开展档案信息服务的窗口。网站内容设置合理，资源丰富，是社会公众了解认识档案工作、利用档案信息资源的快捷渠道。

B. 无锡档案信息网

2004 年，无锡市档案局通过合作开发的方式建立了"无锡档案信息网"，该网站提供各类资源，面向用户完全公开，逐渐吸引了越来越多的用户，网站日平均访问量运 300 人次，年均访问量突破了 10 万人次。该网站提供馆藏数字化档案、现行文件、特色档案和编研成果四类资源，数据更新及时（每周更新），保证了时效性。

C. 徐州档案

2008 年 3 月，"徐州档案"网站正式开通，是徐州市档案局通过委托外包方式建立的部门网站，也是省内建立较晚的档案网站。该网站在运行模式上采用全部外包运行，目前只提供重要的和利用频繁的全宗档案目录，部分公开使用。网站日平均访问量为 100 人次。

D. 常州档案

2004 年，"常州档案"网站正式开通，是档案局通过委托外包方式建立的部门网站，坚持自主运行模式。该网站提供数字化档案、现行文件、特色档案和编研成果四类资源，部分可公开利用。

E. 苏州市档案局

2002 年，苏州市档案局网站正式开通，网站采用合作开发的方式建立，但全部自主运行。该网站提供了丰富多样的信息资源，包括馆藏数字化档案、现行文件和特色档案，并坚持每天进行数据更新。网站日平均访问量为 107 人次，年均访问量达 4 万多人次。

F. 南通档案信息网

2002 年 6 月，"南通档案信息网"正式开通，该网站是南通市档案局通过合作开发方式建立的，其运行模式是部分外包运行，部分自主运行。该网站提供的所有资源完全公开，包括馆藏数字化档案、现行文件、特色档案和编研成果，每天进行数据更新。网站日平均访问量为 250 人次，年均访问量达 91 413 人次。

G. 连云港档案信息网

1999 年，连云港市档案局自主设计建立"连云港档案信息网"，是省内建立较早的地市级档案网站。该网站坚持自主运行，日平均访问量达 300 人次，年均访问量高达 17 万人次，与省内同类网站相比，访问量较高。网站提供的资源完全公开，包括馆藏数字化档案、现行文件、特色档案和编研成果，每周进行数据更新。

H. 淮安档案

2006 年 8 月，"淮安档案"网站正式开通，是淮安市档案局通过委托外包方式建立的部门网站，其运行模式是部门外包运行，部分自主运行。该网站只提供数字化档案资源，部分可公开利用。网站日平均访问量仅 27 人次，年均访问量 6818 人次，访问率较低。

I. 盐城档案

盐城档案网站提供馆藏数字化档案、现行文件、特色档案和编研成果四类资源。网站栏目设置合理，既有一定的档案专业特点，又具有广泛的适用性。

J. 扬州市档案局

"扬州档案方志"网由扬州市档案局和扬州市地方志办公室合作建立，提供内容丰富的档案信息资源和扬州史志信息，全部对公众开放。网站日平均访问量达 1500 人次，年均访问量突破 18 000 人次。

K. 镇江档案信息网

2005 年，镇江市档案局通过委托外包的方式建立了"镇江档案信息网"网站，提供馆藏数字化档案、现行文件、特色档案和编研成果，部分向用户开放，每周定期更新。网站日平均访问量为 167 人次，年均访问量为 6 万人次左右。

L. 泰州史志档案信息网

2008 年 2 月，"泰州史志档案信息网"正式开通，是泰州市档案局自主设计、自主运行的档案网站。该网站建立时间较短，目前只提供数字化档案，对用户完全公开，网站日平均访问量约 30 人次，年均访问量也只有 12 000 人次。

M. 宿迁档案信息网

2005 年 1 月，"宿迁档案信息网"正式开通，采用合作开发的方式建立，并全部外包运行。提供馆藏数字化档案、现行文件和编研成果三类资源，按月进行数据更新，但资源仅供内部使用，导致网站访问率较低。

2. 信息资源建设现状分析

1) 档案信息资源概况

截至目前，江苏省地市级综合档案馆都建立了自己的网站，在网站信息资源建设方面取得了一定的成绩，13 个网站都不同程度地提供资源利用服务，各具特色（表 3-7）。但是，在调查中也显露出一些问题值得思考、改进。

表 3-7　江苏省地市级综合档案网站信息资源基本情况

	馆藏数字化档案	现行文件	特色档案	编研成果
南京档案	文件 1771 条、案卷 708 条 资料 1183 条 —	2064 条 市政府和其他部门发布的 通知、办法、意见等	— 清代珍贵档案照片	11 个编研成果 大事记、史料汇编、 人物档案等
无锡档案信息网	民国~1998 年 80 000 条目录 部分公开目录 文本、图像、音频、视频	1995 年以来 21 000 条 市各单位现行文件 文本、图像	— 8 条记录 — 文本	2004 年以来 100~120 条 大事记 文本
徐州档案	1995 年以前 300 万页 重要的和利用频繁的全宗档案 文本、图像、音频、视频	—	—	—
常州档案	文本、图像、视频	文本	文本、图像	文本、图像、视频
苏州市档案局	1796~2001 年 40 万条目录、770G 全文 历史档案和建国后档案 文本、图像、视频	2001 年以来 — 档案目录、电子文件 文本、图像	1868~1949 年 80G 商会档案 图像	—

续表

	馆藏数字化档案	现行文件	特色档案	编研成果
南通档案信息网	1920~2004 年 53 546 条目录 文本、图像、音频、视频	1996 年以来 9063 条目录和2977 份全文 文本、图像、音频、视频	—	1947~2008 年 7 种 文本、图像、 音频、视频
连云港档案信息网	1905 年以来 馆藏各全宗群 文本、图像、音频	1996 年以来 — 文本	1905 年 锦屏磷矿、淮盐 文本、图像	— — 文本
淮安档案	2008 年以前 170 万条文件级目录 文本	—	—	—
盐城·档案	1971~1985 年 164 240 件 —	2006~2008 年 1276 条记录 政府文件	地方志	文件汇编
扬州市档案局	—	2156 条	—	年鉴、史志、大事记
镇江档案信息网	文本	文本	文本	文本
泰州史志档案信息	1912~1949 年 600 卷 民国档案 文本、图像	文本	文本	文本
宿迁档案信息网	1996~2000 年 13 337 条 市委和市政府部分文件 文本、图像	2005 年 — — 文本	—	2000 年 — — —

　　上述调查数据显示，各个档案网站都在进行信息资源建设，特别是馆藏数字化档案格外受到重视。馆藏数字化档案是档案网站的核心资源，数量巨大、范围广泛、类型多样，据不完全统计，数字化档案也是档案网站利用频率最高的资源。因此，各个网站应竭尽所能先将这部分档案上网，满足用户的利用需求。与馆藏数字化档案相比，其他三类资源的建设情况相对较差，表现为数量少、内容简单、类型单一等，特别是多媒体档案信息资源建设十分薄弱，很少有网站能够提供多媒体档案利用服务。

　　2）信息资源组织情况

　　档案网站信息资源组织情况调查，是所有调查内容的重中之重，其结果对本研究具有直接参考价值。这部分调查主要关注传统信息组织方法和网络环境下一些新的组织方法。

　　A. 组织方法

　　在组织方法的选择上，分类法仍然是主流，主题法和分类主题一体化的方法应用都较少（图3-10）。针对不同种类的资源，有的网站简单采用统一的组织方法，也有一些网站注重根据资源种类选择多种组织方法。例如，苏州档案局利用分类法组织数字化档案和现行文件，利用主题法组织特色档案，突出特色档案主题鲜明、数量较少的特点。分析资源种类与选择组织方法的对应关系（表3-8），并找到一定的规律性，对于组织方法研究十分必要。

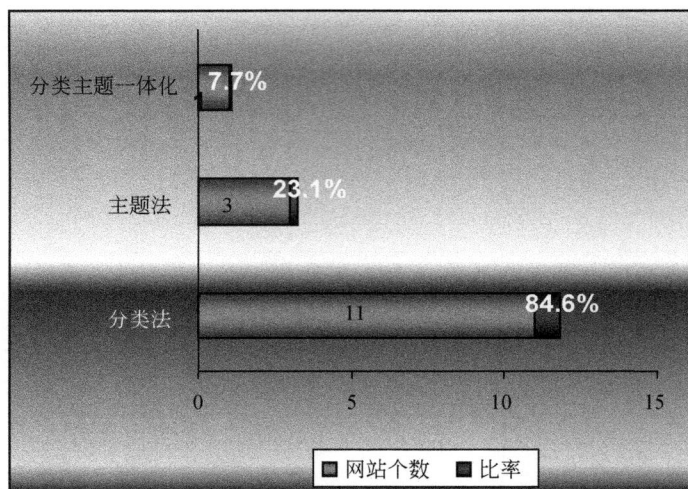

图 3-10　江苏省地级市综合档案网站信息资源组织方法统计

表 3-8　江苏省地级市综合档案网站信息资源组织方法分类统计

组织方法 \ 网站个数	馆藏数字化档案	现行文件	特色档案	编研成果
分类法	11	10	5	3
主题法	1	0	3	2
分类主题一体化法	1	1	1	1

有一点需特别指出，南通市档案信息网采用了分类主题一体化的方法，这是网络信息资源组织方法研究新的发展趋势，但分类主题设置的科学性、实用性还有待检验。总之，目前档案网站信息资源组织的方法还比较单一，有待进一步研究完善。

B. 组织方式

在此次调查中，将网络环境下新出现的信息组织方法分为一次信息组织方式和二次信息组织方式两类。一次信息组织是针对文件、文本、数据等传统方式，结合网络特点衍生出的组织方式，包括文件方式、数据库方式、超媒体方式、主页（页面）方式等。二次信息组织是在各种一次信息组织之后的再次信息组织，如主题目录、搜索引擎、资源指南、联机目录等。调查结果显示，数据库方式是档案网站最常采用的组织方式（图3-11）。

具体到不同种类的档案信息资源，其组织方式的选择也有所不同，例如馆藏数字化档案更多是以建立数据库的方式组织，而特色档案更倾向于利用超媒体方式组织（表3-9）。

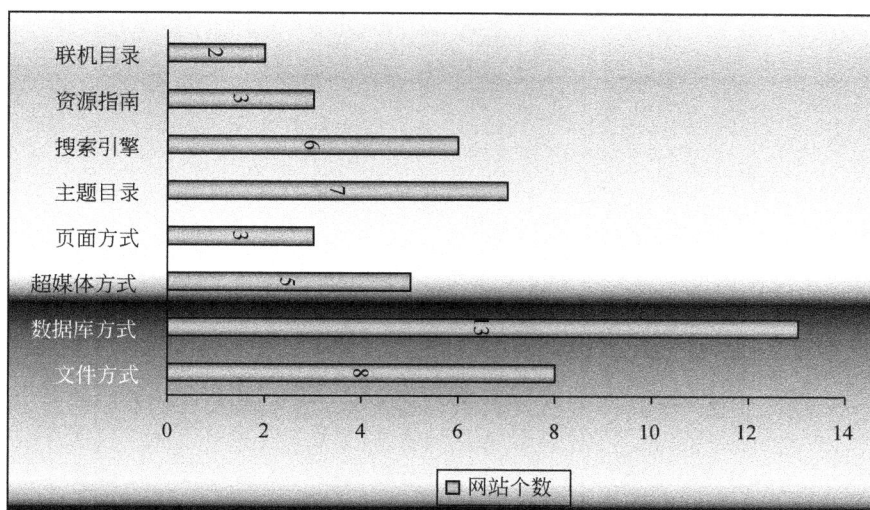

图 3-11 江苏省地级市综合档案网站信息资源组织方式统计

表 3-9 江苏省地级市综合档案网站信息资源组织方式分类统计

网站个数 组织方法	馆藏数字化档案	现行文件	特色档案	编研成果
文件方式	7	4	3	4
数据库方式	12	6	3	2
超媒体方式	4	3	5	2
主页方式	1	1	1	1
主题目录	7	6	4	4
搜索引擎	5	5	2	2
资源指南	3	1	2	1
联机目录	2	1	0	1

通常，每一种资源所选择的组织方式都不是唯一的，而是多种组织方式结合使用，关键在于是否符合本网站该类资源的特点与组织利用需要。例如，连云港档案信息网提供的馆藏数字化档案，采用文件方式、数据库方式、超媒体方式、主题目录和搜索引擎几种组织方式，以便更好地存储和利用档案信息。此外，同一个网站不同资源所选择的组织方式也不尽相同，这一点与组织方法的选择相似，即充分结合各类资源的特点进行选择。

3）数据库建设情况

数据库方式是最常用的组织方式，在此次调查中使用率为 100%。可见，对档案网站数据库建设进行调查，是开展组织研究的重要参考。当前，档案目录数据库建设是重点，如无锡市档案局于 2004 年建立公开档案目录数据库（35.2MB），连云港档案局于 1997 年建立含有 40 万条记录的档案目录数据库，它们都采用江苏省文书档案文件级目录数据库结构与数据交换格式（DB32/505-2002），为信息共享奠定了基础。与此同时，全文和多媒体数据库建设也在逐渐展开，现行文件全文数据库最具代表性，如无锡市档案局于 2005 建立了一个现行文件数据库，内存目录 258MB、全文 300MB。

3. 小结

从此次调查来看，档案网站信息资源组织现状"喜忧参半"，既取得了丰硕的成果，也暴露出许多问题。为了更好地组织档案网站信息资源，为用户提供高质量的服务，本课题对该问题展开了系统研究，针对现存的问题提出了具体的解决方案，以指导未来档案工作实践。

3.2 国外档案网站信息资源组织情况分析

20 世纪 90 年代中期，国外档案界开始大规模在因特网上建立档案网站，发布档案信息。美国、英国、加拿大和澳大利亚的国家档案网站借助于先进的信息技术、网络技术，发展较为快速。这些网站按照一定的逻辑序化和结构化档案信息，具有较合理的信息分类体系、信息组织方案和组织结构，为用户提供了一个清晰的、易理解的信息环境，便于用户快速定位和获取信息。

3.2.1 美国国家档案文件署（NARA）

1. 网站概况

美国国家档案文件署（National Archives and Records Administration），是美国国家档案馆、文件中心和总统图书馆的业务领导机关，下辖两个国家档案馆、15 个联邦文件中心、13 个地区档案馆、11 个总统图书馆。美国国家档案馆集中了历届联邦政府军事、外交、内政、财务和农业等各部门的重要档案。例如，历史档案有 550 卷大陆会议记录、林肯解放黑奴的宣言、1776 年《独立宣言》、1789 年《美利坚合众国宪法》、1791 年 "权利法案"（美国宪法修正案）等；军事档案中有关于对印第安人的战争、两次世界大战、军工生产、军事教育、民兵作用和抚恤金的档案；外交档案中有 1803 年购买路易斯安那的条约、1979 年与中国签订的建立领事关系和开设总领事馆协议等。馆藏还包括大量外国档案的缩微副本。

美国国家档案与文件署网站（http：//www.archives.gov/）是美国档案网站的典型代表。该网站设计风格清新，制作技术精良，界面设计艺术性强。在内容建设方面，坚持"内容丰富、结构合理、更新及时、传输快捷"的原则，提供了涵盖美国联邦机构工作和档案馆工作方方面面的信息，包括与档案相关的法律法规、行业规章、NARA 的发展战略、总统手迹等。同时还兼顾了档案管理、保管与服务的一些相关信息，如总部、各分馆和文件中心的开放时间、最新动态、展览、培训等。NARA 及其下属机构网站形成了一个全国性的联邦政府档案管理网络，不仅在形式上采用超链接互联，更通过档案查询目录 ARC 实现了内容整合。

2. 信息组织特色分析

NARA 网站的信息资源组织模式结构合理、层次清晰、逻辑性强，其组织理念与方法独具特色，具体表现为：

（1）以用户为中心。NARA 网站坚持以用户为中心，按照应用主题的不同设置服务主题，按照用户对象的不同整合服务项目，并将这两种组织方式结合使用，贯穿于服务内容组织、服务主题设置、服务资源整合等方面，体现了一切为用户服务、服务用户之所需的网站格局。NARA 网站的服务对象分类（图 3-12）十分细致，包括大众、家谱学者、退伍军人及其家庭、教育家和学生、研究员、档案管理员、档案专家、信息安全专家、联邦政府职员、国会议员、新闻记者。同时，提供面向对象的个性化信息服务。

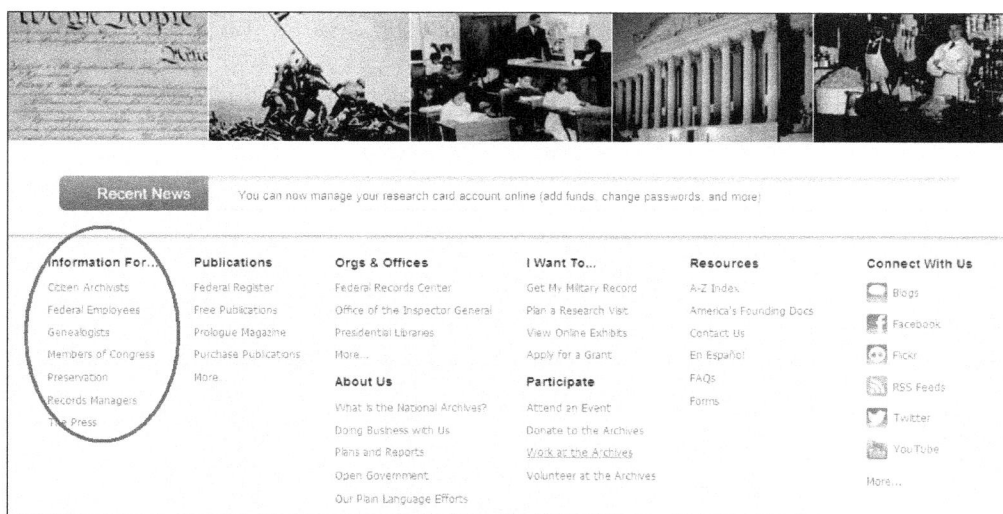

图 3-12   美国档案与文件署网站服务对象分类

（2）资源丰富。NARA 网站提供包括馆藏数字化档案、现行文件、特色档案和编研成果全部四类资源（表 3-10），不仅数量丰富，且类型多样，包括目录和全文信息。特别是美国的档案查询目录 ARC，不仅提供国家档案文件署辖区内的所有档案目录，还致力于整合各州的档案目录。

表 3-10   NARA 网站提供的主要档案信息资源

馆藏数字化档案	Archival Research Catalog（ARC）（档案查询目录） Access to Archival Databases（AAD）（档案数据库检索）
现行文件	Federal Records（联邦文件）
特色档案	America's Historical Documents（美国历史档案） Online Exhibits（网上展览） National Archives Experience（国家档案体验馆） Presidential Libraries（总统图书馆）
编研成果	*American Originals*（美国历史纪实）等共计 41 项，并有各种类型的分类，有免费索取的，也有收费的

在此特别指出，NARA 专门设有特色档案利用的若干专栏，例如，家谱档案、退伍军人档案、总统档案、国会档案以及一些专为教育和研究人员准备的各种研究性材料。这些专栏抓住了用户心理，拉近了网站和用户的距离。

（3）突出服务型功能定位。美国是一个相互服务意识较为浓厚的国家。在这种氛围下，NARA 自然也就在功能定位上存在"服务型"的根本取向，以最能突出服务功能的方式组织档案信息，强调多项目、多层次的服务新空间。

（4）重视数据库建设。数据库组织方式是当前普遍使用的网络信息资源的组织方式，其优势在于数据库管理的是规范化数据，信息管理效率较高，用户界面容易操作。NARA 提供多个档案信息数据库，有的数据库既可进行检索又可浏览。NAIL（全美档案信息导航系统）和 ARC 都是以数据库为信息组织的主要方式。

（5）统一分类。NARA 对馆藏数字信息资源进行统一的分类，按照统一的标准进行存储和描述，使用统一的界面进行检索、浏览。不同类型的多媒体数字信息资源，采用符合国际或行业标准的存储格式和编码规范，使同种媒体的数字信息资源的格式保持一致。同时，利用标准格式的元数据信息辅助信息资源浏览、检索。

（6）组织方法多样。在组织方法的选择上，NARA 网站采取分类主题一体化的方法，针对不同档案信息，选择合适的组织方法。主题法划分了国家历史文件、政策和军事文件、人物、地区、联邦政府文件、艺术文化和技术等几大类别（图 3-13）。

图 3-13　美国档案与文件署网站主题分类示意

（7）检索能力强大。NARA 检索功能较强，每个大类都设有站内检索，主要支持关键词检索，但也提供了其他检索途径和方法，如布尔检索、精确匹配检索等，并给予检索建议。网站提供了两大类检索工具：一是针对 NARA 以静态网页形式发布的档案信息进行检索的站内搜索引擎；二是针对数据库中的馆藏档案信息进行检索的工具。

（8）时效性强。一条及时的信息可能价值连城，一条过时的信息则可能分文不值。信息的时效性对信息价值的影响是非常重大的。而网站优于其他信息渠道的一个重要原因在于其信息更新的及时性。NARA 网站内容从发布、传递、接收到进入利用的速度快、周期短，数据大约每十天更新一次，更新后的页面不仅保留前几天的最新内容以供用户检索，还会刊登出最新的馆藏信息，很好地实现了信息静态与动态的统一。

3.2.2 英国国家档案馆（PRO）

1. 网站概况

英国国家档案馆（Public Record Office，PRO），是世界最大的档案馆之一。该档案馆馆藏档案丰富，收集的档案数量居世界之最，保存有从公元 1086 年的《英国土地志》到最近向公众开放的政府文件，涵盖了英国 1000 多年的历史，2004 年 8 月 13 日发表的年度报告称英国国家档案馆是通向英国历史的新通道。同时，它还是一个信息交换中心，保存着在英国和世界各地关于英国历史的非公共档案与原稿。英国国家档案馆对政府部门和公共机构在档案管理方面提供切实有效的帮助，也会向公共和私有部门的管理者提供历史档案管理的建议。

英国公共档案馆网站（http：//www. nationalarchives. gov. uk/default. htm），是欧洲比较有代表性的国家档案网站，内容丰富、界面友好，主要提供公共档案馆与家谱文件中心的具体信息，也提供一些新闻信息、招聘信息、理论研究成果、档案管理建议等。目前，用户可通过国家档案馆的网站在网上订购档案的副本，访问网站的用户可以创建密码保护，并检查以前的订单。英国国家档案馆十分重视开发网络产品和服务，计划对过去 1000 年来的文档实现网络化，率先把历史资料搬上互联网，以满足网民的需求，网络服务已成为档案馆未来数年的主要增长点。为此，国家档案馆已开始建立一个全国性的档案信息网络，并改进档案的管理和筛选方式，同时加大宣传力度，提高公众对档案的认识、理解。

2. 信息组织特点

英国公共档案馆网站提供历史久远、数量丰富的历史档案和现行文件，在资源组织过程中，其优势体现在：

（1）强调用户是网站的服务对象。在信息资源组织过程中，该网站坚持以用户为中心的原则，发挥本馆资源优势，形成了合理的分类体系，并提供丰富的用户体验。例如，MyPage（我的网页）用于用户注册，注册后用户可保存检索结果，并给喜欢的网页添加标签，网站也会记录用户的兴趣，将符合用户兴趣的网页推送给用户（图 3-14）。

（2）资源丰富。网站提供丰富的档案信息资源，不仅有大量馆藏数字化档案，还有内

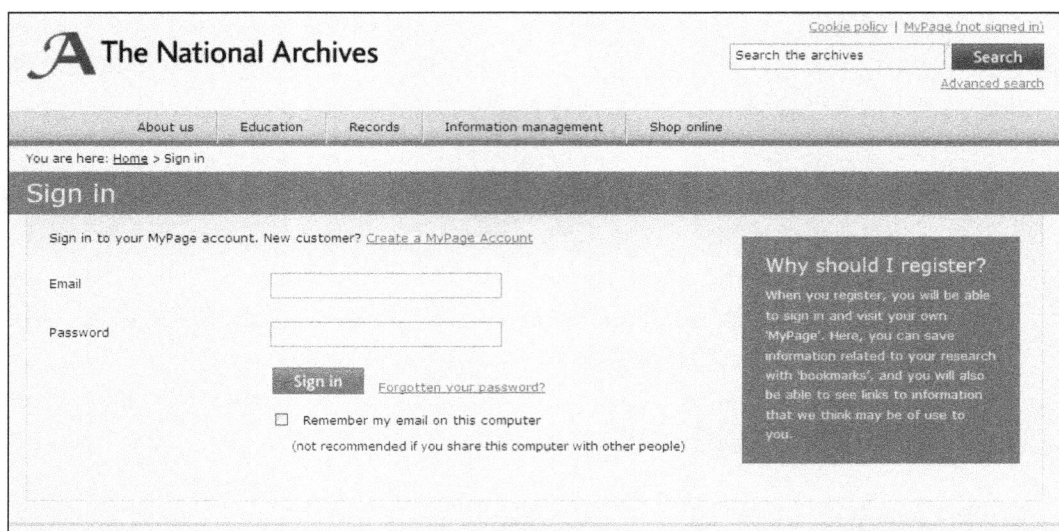

图 3-14　英国国家档案馆 MyPage 注册界面

容丰富的特色资源和编研成果，包括目录和全文信息（表 3-11）。英国公共档案馆网站同样十分重视特色档案建设。例如，设有珍品展厅"Exhibitions & Treasures"，通过照片、文字说明和电影视频，展示各个历史时期本馆收藏的珍贵档案，并具有检索、浏览功能，该专栏提供"View by Theme"和"View by Data"两个浏览检索入口。同时，该网站编研成果丰富，包括书记、论文、文摘汇编等，部分内容还可以免费索取。

表 3-11　英国公共档案馆网站提供的主要档案信息资源

馆藏数字化档案	Our New Catalogue（新增馆藏） Library Catalogue（图书馆目录） Electronic Records Online（电子文件在线） UK Government Web Archive（英国政府网站档案） ……
现行文件	——
特色档案	Family History（家谱档案） Military History（军事档案） Features（特色） Exhibitions and Treasures（展览和珍藏）
编研成果	供档案工作人员使用的免费出版物 Bookshop 中大量基于馆藏编写的书 Ancestors Magazine（主要提供查询家族历史的指南、技巧、时讯等）

（3）以数据库组织方式为主。英国公共档案馆网站提供的信息资源类型多样，包括文本、图像、音频和视频等，网站主要以数据库方式组织这些档案信息，同时也以超媒体方式提供部分信息链接。

（4）分类主题一体化。该网站采用多种分类方式，提供等级式分类目录、多种索引和排序方式，形成各种各样的浏览链接。还利用超链接实现浏览检索信息的分类主题一体化。

（5）完善的检索功能。该网站提供便捷的检索工具、多样的检索方式（简单检索和高级检索），支持多种信息匹配方法，同时具备强大的网页检索和数据库检索功能。例如，Electronic Records Online（电子文件在线）（图 3-15），既能满足有明确检索要求的用户，也能让那些检索目的不明的用户通过浏览的方式了解本数据库，进而产生检索需求。

图 3-15　英国电子文件在线数据库窗口

英国国家档案馆网站检索界面友好，提供了丰富实用的检索建议。为了提高检索质量，该网站在检索窗口旁边直接提供生动具体的检索案例，用于指导用户快速、准确地查询到所需信息（图 3-16）。

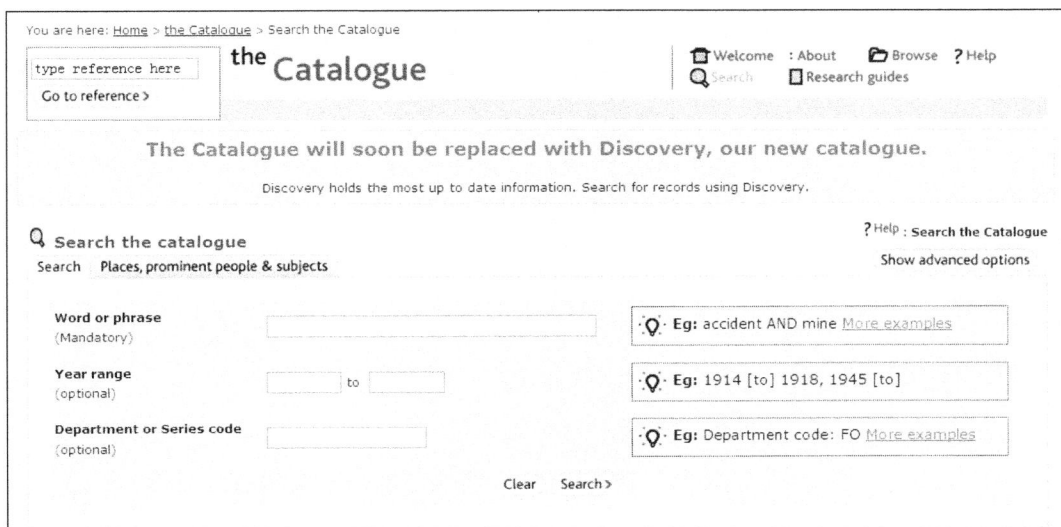

图 3-16　英国 the Catalogue 数据库检索案例

（6）注重时效。国外相对完善的档案网站都很注重信息的时效性，且多在网站首页设有反映网站最新消息的类目，英国公共档案馆网站在首页突出显示最新新闻、新开放的文献等（图3-17），是极好的范例。

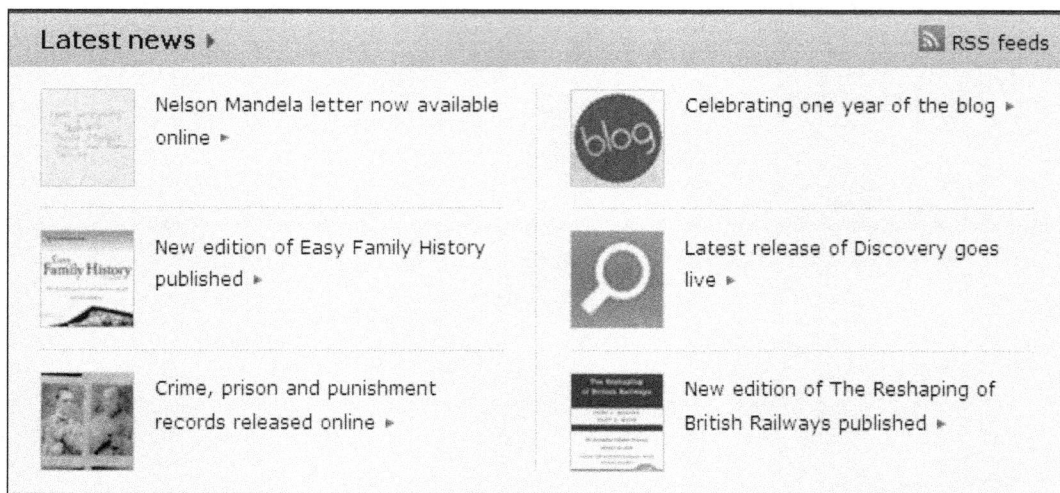

图3-17　英国国家档案网首页最新信息栏目

3.2.3　加拿大图书档案馆（LAC）

1. 网站概况

加拿大国家档案馆（National Archives of Canada，NA）成立于1872年，是加拿大唯一的一个中央级档案馆。2003年10月2日，加拿大遗产部部长莎拉·卡普宣布加拿大图书馆与档案馆（Library and Archives of Canada，LAC）正式成立，即将原加拿大国家图书馆与原加拿大国家档案馆合并，集中了两馆的馆藏和专门人才。其目标是向所有加拿大人提供对文本、传记和其他文献简便的、"一站式"的存取。该馆与其他档案馆和图书馆紧密合作，继续搜集和保存加拿大各种形式的文献遗产。

早在10多年前加拿大国家档案馆就建立了自己的网站，并且设立了在线服务部负责档案网站工作。随着加拿大图书馆与档案馆的成立，又设立了新的网站——加拿大图书馆与档案馆网站（http://www.collectionscanada.gc.ca/）。由于历史原因，加拿大的档案采用英、法两种语言文字，因此该网站也使用两种文字版本。从内容建设情况看，该网站提供的档案信息量相当丰富，涉及加拿大档案组织、档案界与馆藏档案等情况。

2. 网站信息资源组织分析

加拿大图书档案馆网站的资源组织具有如下特点：

（1）体现"人性化"资源配置。网站根据不同类型的用户提供有针对性的专业服务，方便用户根据各自不同的兴趣与需求、不同的身份获取更深层次的信息。"What We Do For"分为：The Public（公众），Government（政府），Archives，Libraries and Publishers

（档案馆、图书馆和出版商）。

（2）分类方式多元化。网站提供的大量信息是以分类法进行组织：按载体形式分类，可分为文本档案、声像档案、胶片档案、照片档案等；按主题分类，可分为土著居民档案、邮政档案、战争档案等。浏览者可在"公众服务"栏中进行家谱研究、军事档案和其他历史题材的档案发掘，这里还注册了来访、咨询、复制、借阅和有关法律、限制等信息。

（3）组织方式多样化。加拿大图书馆与档案馆网站可以帮助利用者从各种数据库和自动系统中查找到大量信息。数据库是信息组织的主要方式，当然也利用文本方式、超媒体方式建立许多信息链接，更好地服务用户。

（4）检索工具。网站检索入口首先将资源分为 Library，Archives，Ancestors，Website，用户既可选择一类资源进行信息查询，也可 Search All。网站提供在线检索工具，可查找和利用档案的数字副本和了解 NA 的馆藏档案。网站提供时间、主题、媒体类型、地点、任务等多检索途径，对不同主题的内容也提供不同的检索途径。

（5）资源丰富、重视特色资源建设。该网站提供多样化的资源（表 3-12），特别重视建设特色馆藏。例如，家谱档案在欧洲和美洲各国利用率较高，属于一类特色档案，该网站就在主页设置 Canadian Genealogy Centre（加拿大家谱中心），其所提供的档案信息既可通过浏览查询，也可进行关键词检索。

表 3-12　加拿大图书馆与档案馆网站提供的主要档案信息资源

馆藏数字化档案	Library，Archives，Ancestors，Website Search（图书馆、档案、家谱、网站检索） ArchiviaNet（档案查询网）
现行文件	——
特色档案	Aboriginal Resources and Services（土著居民资源和服务） Canadian Genealogy Centre（加拿大家谱中心） Portrait Gallery of Canada（加拿大肖像展） Military Personnel Records（军人档案）
编研成果	内容广泛，有期刊 *The Archivist* 的文摘，与档案工作相关文章、研究论文等都可以在线看全文或下载

3.2.4　澳大利亚国家档案馆（NAA）

1. 网站概况

澳大利亚国家档案馆（National Archives of Australia，NAA），隶属于联邦政府文艺部，与其他各级档案部门没有隶属关系，负责中央机关档案的接收、管理和提供利用。该馆馆藏以 1901 年澳大利亚联邦建立后的资料为主，包括记载与国家建立有关的各种事件与决策；各位总督、首相和部长的文件资料、内阁公文、皇家委托文件；各个部门关于国防、移民、安全与情报、入籍的资料；其他与联邦政府相关问题的资料。这些资料多以文档为主，也收集相当可观的照片、海报、地图、建筑图、影片、剧本手稿、乐谱和录音带。

澳大利亚国家档案馆网站（http：//www. naa. gov. au/）是一个"资源丰富、特色鲜明、管理完善"的档案网站。网站提供大量数字化档案，包括内阁文献、英国皇家专门调查委员会文件、联邦政府与各部门档案和总督总理部长的材料，还包括一些"19世纪殖民地档案"。这些档案类型多样，包括文本、图像、音频和视频等。由于拥有丰富的馆藏资源，该网站已成为澳大利亚历史、社会和人民生活状况的独特展示平台。

2. 信息资源组织

澳大利亚国家档案馆网站的信息资源组织水平较高，在资源组织内容、方法、技术等方面都进行了长期的研究和实践，其主要特征是：

（1）用户至上。与前三个网站一样，澳大利亚国家档案馆网站也坚持从用户的角度出发，提供专业服务。网站"Services"栏目下设：For media（媒体），For family historians（家谱学者），For government agencies（政府机构），For office-holders（官员），For exhibition curators（展会负责人）。

（2）提供多种资源。澳大利亚国家档案馆网站提供馆藏数字化档案、特色档案和编研成果几类资源，见表3-13。馆藏数字化档案数量丰富、类型多样。特色档案包括澳大利亚自建立联邦以来最为珍贵的档案资料。编研成果形式多样，对用户了解相关史实，学习相关知识有重要的参考价值。

表 3-13　澳大利亚国家档案馆网站提供的主要档案信息资源

馆藏数字化档案	Record Search（档案检索） Photo Search（照片检索） Name Search（名字检索）
现行文件	—
特色档案	Features from the National Archives（馆藏特色） Shell-shocked（军事档案） Gallery exhibitions（画廊展览） Online exhibits（网上展览）
编研成果	Books and guides（图书和指南） news@ archives（国家档案通讯） *Memento*（纪念品） Records management publications（档案管理出版物） Fact sheets（馆藏情况说明书） Staff papers（档案馆工作人员的成果） Corporate publications（团体出版物，如年度报告等）

（3）科学分类。采用分类法与主题法相结合的方式，形成分类目录、多种索引和排序方式。如馆藏军事防卫档案以"Army"（陆军）、"Navy"（海军）、"Air Force"（空军）为核心词来组织类目，后面辅以时间序列，便于用户快速查到所需信息（图3-18）。

```
Collection>Explore>Defence>Service records      (馆藏>探索>军事防御>服务记录)
    ● Army-Boer War      (第一次世界大战前)
    ● Army-World War Ⅰ      (第一次世界大战)
    ● Army-Between the wars      (两次战争之间)
    ● Army-World War Ⅱ      (第二次世界大战)
    ● Army-After World War Ⅱ      (第二次世界大战后)
    ● Navy-Up to 1970      (1970年前)
    ● Navy-After 1970      (1970年后)
    ● Air Force-Up to World War Ⅱ      (第二次世界大战前)
    ● Air Force-After World War Ⅱ      (第二次世界大战后)
```

图 3-18　澳大利亚网站地图中军事档案类目

（4）组织方式多元化。针对不同类型的资源，网站采用相应的国际或行业标准进行分类、存储和描述。在此基础上，采用数据库方式组织大量档案信息，同时辅以超链接方式，便于信息资源的浏览与检索。

（5）提供多种检索工具。网站拥有友好的浏览检索界面，检索功能完善，提供了针对馆藏信息进行检索的网络检索工具 Record Search、用于照片检索的检索工具 Photo Search 和名字检索 Name Search 等。

3.3　国内外档案网站信息资源组织情况比较

客观地讲，国内外档案网站信息资源组织存在一定的差距，国外该领域的整体水平明显优于国内，其优秀、特色之处不仅体现为组织技术与方法的先进性，也体现为组织理念的进步性。通过国内外对比分析，可以更清晰地了解本国发展中的不足，同时学习国外先进经验，为后面的组织方法、方案的研究提供科学指导。这里从核心理念、内容建设和资源组织等方面来展开比较分析（表3-14）。

表 3-14　国内外档案网站信息资源组织情况比较

	国内档案网站信息资源组织	国外档案网站信息资源组织
核心理念	已开始树立"以用户为核心"的理念，但目前还停留在理论层面，在组织实践中，多是从"方便管理"的角度出发组织档案信息，没有立足于档案用户的需求	十分关注"用户"，既有深入的理论研究，也有丰富的组织实践，或按用户类型来组织信息，或根据用户群提供专业服务，或根据用户兴趣提供个性化信息
	开始加强与用户的互动沟通。但是，对于跟踪得到的用户需求和利用反馈，缺乏深入的分析，难以指导组织实践	强调与用户的互动关系，通过收集厍户利用信息，为组织档案网站信息资源提供重要的参考依据
组织共享	单个档案网站建设初具规模，数量逐年增加。但是，这些档案网站通常只负责组织本馆馆藏，缺乏协调不同档案部门资源的信息共享中心，即未能为用户提供统一的信息利用平台	各级各类档案部门纷纷建立了档案网站。在此基础上，以国家档案馆网站为中心，致力于管理全国数字档案信息资源，提供统一的检索、利用窗口

	国内档案网站信息资源组织	国外档案网站信息资源组织
组织内容	档案网站信息资源种类丰富，馆藏数字化档案和现行文件组织是重点，也认识到特色资源建设的重要意义。但特色档案目前数量较少，内容简单；编研成果多为介绍性文字，且数量较少	档案网站信息资源内容丰富，不仅重视馆藏数字化档案和现行文件的组织，也重视特色资源和编研成果建设，且采用独特的组织方法提供检索、浏览功能
	档案网站信息资源类型单一，以文本为主，照片、音频、视频等多媒体档案相对匮乏	档案网站信息资源内容丰富、类型多样，其利用深度和广度都很高
	目前以档案目录数据库建设为主，全文和多媒体档案数据库建设还需要更长的周期	国外档案网站能提供大量档案全文，并面向用户开放。档案信息数据库数量较多，既有目录数据库，也有全文和多媒体数据库
	在组织过程中，档案信息时效性差，不能实现适时更新，即使是定期更新，周期也较长	信息更新速度快、周期短，优秀网站能够适时更新，做到信息静态与动态的统一
组织流程	组织方法相对单一，分类法应用频率较高。目前，数据库建设是重点	组织方法多样且应用较得当。利用超链接功能方便地实现了信息的分类主题一体化
	国内档案网站信息资源分类不够科学，表现为层次过多、结构混乱、逻辑性较差等	分类体系结构合理、层次清晰，提供等级目录、索引等，形成各种各样的浏览链接
组织利用	多关注资源的序化与共享，较少考虑资源深层次地分析挖掘。少有定题服务等高级服务	注重挖掘档案蕴含的深层次信息，努力为用户提供知识产品和咨询服务
	缺少面向网络的高性能档案检索工具，现有的检索系统功能单一，稳定性差，操作复杂，以关键词检索为主	检索功能强大，拥有多样化的检索工具，提供包括关键词检索的多种检索途径和方法，界面友好，并给予实用的检索建议
	缺乏高性能的导航工具	拥有功能强大的导航系统，能够帮助用户快速找到所需信息

虽然国内档案网站信息资源组织研究起步较晚、水平相对落后，但其发展空间很大，只要勇于改革创新，在自主研究的基础上，合理地学习国外先进的成分，就能真正改善落后现状，将档案网站信息资源组织水平推向一个新的高度。

3.4　国内档案网站信息资源组织存在的主要问题

随着我国档案信息化进程的不断推进，档案网站信息资源建设在规模与质量上都有了长足的发展。经过几年的研究实践，档案网站信息资源组织理论、技术与方法都日渐成熟，但是我们不能满足于当前的成绩，而应认真审视现阶段资源组织存在的问题和不足，提出解决之策，并最终形成科学、实用、完善的组织方案。通过文献调研和现状调查不难发现，与国外高水平的档案网站相比，国内档案网站信息资源组织的整体水平还远远落后，主要问题包括以下 6 个方面。

1. 尚未真正实现"以用户为中心"

用户是网站的服务对象，信息资源组织的根本目的就是方便用户利用档案信息。从目前情况看，大多数档案网站还是从"方便管理"的角度出发来组织信息，没有立足于档案用户的需求，不能提供丰富的用户体验。国内档案网站大多具有"管理—管制"的特点，行政味道比较浓厚，不同于国外"管理—服务"的网站建设理念，"服务至上"观念淡薄，基本上是把档案馆工作简单地放置到网上，注重向外界宣传本网站、本档案机构，后台资源组织与前台信息服务大多是对实体档案整理与利用工作的简单模拟，缺少服务意识，没有认真思考如何利用网络优势，合理组织资源，向用户提供更优质的服务。

虽然国内一些网站也开始加强与用户的互动，通过收集在线意见、设立论坛、电子邮箱等方式，随时跟踪用户需求和利用反馈，但极少有网站真正以用户需求分析为根本出发点，针对用户群来组织网站资源。现在的资源组织多为对资源进行简单的堆砌，重点不突出，用户在网站上经常难以迅速找到甚至找不到自己需要的信息，而必须重新借助于实体馆藏资源。如果档案部门能够做好档案利用统计，在组织资源时突出利用频率较高的重点档案，不仅可提高用户检索效率，还可解决网站信息量负载过大与大量重要档案信息出现缺失之间的矛盾。此外，在组织形式上，也缺乏"人性化"设计，如调查中发现许多档案目录不设首页和末页按钮，一旦检索到多页目录则查找十分困难。

2. 信息组织共享程度低

目前，档案网站数量不断增加，但档案网站之间缺乏资源共建共享，"各自为政"现象严重，造成大量资源浪费，全国没有建成一个系统、互通、高效的档案信息网络。从调查情况看，能够组织一定区域或专题范围内档案的信息中心还十分少见，更没有全国统一的档案信息组织管理枢纽，对全国各级各类档案部门的资源进行统筹组织。造成这种现状的原因是多方面的，表现为档案标准化建设程度低、缺乏统一的管理机制、信息组织技术水平落后、相关法律制度缺失、人员知识结构局限等，严重阻碍了档案网站信息资源组织共享的进程。以管理部门设置为例，由于没有设立专门的调控机构进行全国档案信息资源的合理规划与配置，导致各部门间协调不力，严重影响了资源组织与共享。

3. 信息资源建设水平低

目前，网络上能够提供的档案信息资源从形式到内容都存在很多问题，一是类型单一。国内档案网站信息资源类型单一，以文本档案为主，图像、音频、视频等多媒体档案相对较少，难以满足现代社会用户多元化的信息需求。就目前情况看，除了发展较快的几个档案网站（如北京市档案信息网、青岛档案信息网）提供照片、音频等信息外，多数网站只提供文本档案供用户查询。二是目录多于全文。国内档案网站是以提供档案目录为主要服务内容，档案目录数字化并联网是当前档案网站信息资源建设的重点，缺少数字化全文。三是特色资源建设相对薄弱。国内档案网站虽然已经注意到"特色档案"的优势作用，多设立了"珍档荟萃"、"馆藏精品"等栏目，利用本馆馆藏特色，吸引更多的用户。

但是，许多栏目都是虚有其表，实际内容十分匮乏，有的甚至只有几条简单的目录。在具体组织这些资源方面，也显现出一定的局限性，如组织方法单一、组织技术落后等。四是时效性不强。档案是人类社会实践的产物，随着社会的发展不断产生新的档案。但多数国内档案网站不能做到定期进行信息更新，将新增档案通过各种方式组织起来并放到网上，从而导致档案信息的时效性差，用户难以在网上查找到近期档案或现行文件。

4. 组织方法缺乏科学应用

组织档案网站信息资源可选择的方法很多，包括分类法、主题法、分类主题一体化方法、数据库方式、超媒体方式等。当前许多档案部门仅把建立网站当做档案信息化的一项任务，生搬硬套其他网站的信息组织方法，没有过多考虑如何科学合理地组织档案网站信息资源、如何提高资源的可用性。在组织方法的选择上，存在两种常见问题：一是只应用传统的分类方法，未结合档案网站信息资源特点，固守传统；二是一味强调新方法的先进性，不考虑档案本身和部门的实际状况，认为只要是先进的方法就必然优于传统方法。如何选择组织方法，既体现组织的先进性，又兼顾档案特点，使组织效果最优化，还有待进一步研究。

档案网站信息资源分类既要合理化、科学化，又要重点突出。分类不够科学是国内档案网站信息资源建设存在的一个比较普遍的问题，表现为分类结构不清晰、层次过多、逻辑性较差等。例如，档案网站信息资源的分类体系层次过多，不仅增加了组织体系设置的难度，也不利于检索利用。当用户不能明确检索条件而通过浏览方式检索档案，可能必须遍历所有层次，检索效率较低。又如，类目划分标准不够合理，表现为对资源在同一层次的划分标准不统一、存在整体不能包含局部的现象、类目名称设置不科学等问题。

5. 信息检索功能较弱、缺乏高性能导航

档案网站信息资源组织流程的最后一步是提供利用，这就要求拥有功能强大的检索系统。目前，国内缺少面向网络的高性能档案检索工具，现有的检索系统功能单一、稳定性差、操作复杂，严重影响了档案利用的效率和效果。例如，检索途径设置不合理，有的检索系统只提供单一检索途径，如关键词检索。即使提供多个检索项，也存在设置不合理的问题，如档号这个项目通常用户是无法事先获得的。又如，目前，多数检索工具查询方式单一，缺少布尔逻辑检索、截词检索等高级查询方式。

此外，缺乏高性能的导航工具是档案网站信息资源组织利用的重要缺陷。特别是在档案共享范围不断扩大之时，如果没有必要的导航系统，将使用户犹如身陷迷宫，难以弄清网络中各个网站间、档案信息间的逻辑关系，无法准确找到所需的信息。丰富的语境导航不仅能够更好地帮助用户获取所需信息，而且能激发用户深度访问的兴趣，进而获得更多的信息。

6. 不注重信息挖掘

当前，信息组织逐步向知识组织发展，注重信息内容的揭示。档案网站信息资源组织多集中关注资源的序化与共享，而较少考虑对资源进行深层次的分析挖掘。档案部门缺乏

对信息资源的开发，信息产品单一、匮乏，这与用户多样化的信息需求存在矛盾。因此，档案部门应注重收集网络用户的利用信息，并对其加以分析，根据利用者需求方向和需求层次开发档案信息资源，形成丰富的信息产品，为用户提供知识化服务。除了观念问题，导致信息揭示不足的因素还有很多，如信息分析技术的限制、软硬件环境落后等。

第4章 档案网站信息资源组织原则、功能与流程

通过前一章调查可知，档案网站信息资源表现出资源分散匮乏、结构单一、质量不高、利用效率低和浪费严重等问题，而档案网站信息资源组织也存在许多缺陷和不足。为此，必须认真分析档案网站信息资源组织的原则、功能、流程等基本问题，这是减少档案资源浪费，进一步研究档案信息资源在各个层面合理组织的必要前提。

4.1 档案网站信息资源组织原则

档案网站信息资源的合理组织与表达，是实现良好性能的信息获取、检索的重要前提，是成就档案网站可用性与友好性的核心要素。在具体的组织活动中必须遵循以下原则。

1. 客观性原则

档案具有原始记录性、凭证性等特点，决定了在档案网站信息资源组织过程中，对档案信息形式特征和内容特征必须如实客观地加以描述或揭示，根据档案自身所反映的各种特征加以科学序化，确保组织成果是客观的、真实的、准确的，没有夹杂组织者的主观意志或情感因素，维护档案的原始凭证作用。

2. 科学性原则

档案网站信息资源组织应以传统信息组织为基础，结合数字信息资源的特点，以网络用户的信息需求为导向，采用科学的方法，建立等级严密、结构合理的组织体系，保证信息组织的结果与信息相一致，不出现偏离。简单来说，就是要使组织结果符合档案的内涵、特征、管理、利用等要求。

3. 系统性原则

要求从整体上、全局上对档案网站信息资源进行组织，注意信息之间的内在联系，系统完备地反映档案信息的基本情况和分布状况，使整个档案网站信息资源形成相互联系的整体系统。档案之间存在着千丝万缕的联系，在对其进行组织的过程中，要处理好档案部门之间的关系、不同信息组织方法之间的关系、宏观信息组织与微观信息组织的关系等。对一些连续性较强的档案，更应该强调系统性原则。档案网站信息资源作为价值比较大的一种社会资源，对它的组织必须从国家、社会的角度进行全面的考虑。

4. 标准性原则

标准化是现代信息社会的特征之一，网络档案信息组织必须遵循标准化原则，包括数据格式的标准化、描述语言的标准化和标引语言的标准化等，这是实现信息组织科学化、网络化的必要技术条件。具体来说，每一种组织方法及其操作都要按一定的标准进行，如档案计算机著录标准、档案信息安全管理标准等，以便使组织的档案信息在各数据库、各网站平台之间自由流动，使用户能方便快捷地检索所需的信息资源。专业性、指导性、科学性的组织标准，是实现组织有效性的关键。目前，档案网站信息资源组织的各类相关标准还十分有限。例如，档案数据库建设可依据的技术标准和管理规范非常少，现有一些推荐性的行业标准（规范），也常因传统习惯的阻挠而被束之高阁，造成数据库格式不统一，大大降低了资源共享的程度。

5. 实用性原则

在 ISO 9241—11 号国际标准中，可用性（usability）被定义为当用户在特定环境中使用产品完成具体任务或实现特定的目的时，交互过程的有效性、交互效率和用户满意程度。信息组织具有鲜明的目的性，即满足用户的信息需求。档案用户的专门性决定了其信息需求有别于一般的网络用户，在组织过程中要有针对性、目的性地突出用户利用频率较高的档案信息，满足绝大多数用户的信息需求。同时，也要兼顾个别用户的需要，特别是对于一些专门档案或特色档案的利用需求，虽然利用人数稀少，但也应尽可能方便地提供用户利用。总之，组织体系不仅要内容全面，更要精炼实用。

6. 安全性原则

档案与其他信息不同，是社会各项实践活动的原始记录，许多内容需要保密或限制使用，这一点是与高度开放的网络环境存在一定的矛盾。由于档案特有的原生性、机密性和在凭证历史方面的不可替代性，决定了其在网络环境下存储、传输的安全性要求高于其他信息。目前，国内许多信息网络系统处于不设防状态，存在较大的风险性和危险性，诸如网络犯罪、网络病毒、信息化污染、网络黑客等一系列问题，已成为档案网站信息资源组织的巨大障碍。根据国家相关规定明确上网档案信息公开范围，防止网络档案信息被故意或偶然地非授权泄露、更改、破坏，或信息被非法地辨识、控制，确保档案信息的完整性、保密性、可用性，是信息组织应坚持的一项重要原则。档案部门应与信息技术部门和法律部门加强合作，从技术和法律制度上共同构筑档案信息资源的立体化安全防护系。

7. 发展性原则

档案网站信息资源的组织观念与技术都处在不断发展变化之中，特别是信息组织技术的先进性，在不断改变传统的组织方式，如多媒体技术能将多种媒体集中处理，极大地增强了信息的表现力。与此同时，信息数量也在不断增加，这就要求在组织档案网站信息资源时要坚持时效性，及时更新信息。从一定意义上讲，这样可以方便用户及时了解利用最新的信息，但过多的动态信息又会使信息组织的逻辑性、层次性受到挑战，给用户的检索工作带来不便。因此，必须坚持动态与静态相结合，既形成相对稳定的组织体系，又预留可发展或调整的空间，二者之间并不矛盾。

8. 效益性原则

合理组织档案网站信息资源，应坚持效益优先原则，这里的效益包括经济效益和社会效益两层含义。针对现有的物质条件和服务需求，资源组织者应将有限的人力、资金和设备优先用于那些能够体现馆藏特色、更符合社会需求的档案，尽可能满足网络档案用户日益增长的信息需要，最大程度实现档案信息的价值。同时，利用网络优势创造出一定的经济效益，如通过数据挖掘为用户提供一些有偿的个性化、知识化服务。

4.2 档案网站信息资源组织功能

数据资料不加以整理，就不能成为信息。信息不加以分析就不能成为知识，而知识不用智慧加以应用，就不能成为力量。无序、散乱的档案网站信息资源影响着信息交流的效率。档案部门作为重要的信息基地，拥有门类丰富的档案信息，但是如果不进行合理有效的组织，再多的信息也难以为社会服务。档案网站信息资源组织就是通过对档案进行整理、存储、传输、检索、开发等加工处理，实现资源序化、优化，形成融系统性、科学性、知识性于一体的资源体系，更好地为用户服务。在实际档案工作中，序化与优化往往是统一的。

1. 基本功能——资源序化

信息组织有序化功能是人类信息组织最古老、最基本的职能。档案网站信息资源的组织序化强调形式上的处理，属于初级组织，主要任务是凭借某一外在依据（如档案题名、档号、责任者），全面揭示、反映信息的特征，对档案信息资源进行初步分类，使之条理化。这些待组织的档案信息可以是没有必然内在联系的信息，也可以是本质上具有内在联系的信息。

2. 增值功能——资源优化

档案网站信息资源的组织优化，强调内容上的处理，属于高级组织，其目标是将潜在的信息进行选择、整序、浓缩，重构知识单元联系，使信息具有集合性、有序性、关联性、再造性等。这种优化通常建立在全面理解和正确评价档案信息资源内容的基础上，依据逻辑方法对资源进行再现和重组，是对信息资源初级组织的进一步深化和拓展。

3. 潜在功能——资源存储、传递和检索

随着信息组织技术的导入，档案网站信息资源经过筛选、整序、著录、标引等，按照一定的规律以目录、索引、数据库等形式存储起来，在网络上定向、定量、定时地流向所需要的用户，这也是档案网站信息资源组织职能的重要体现。经过有效组织，用户可以利用多样化、自动化的检索手段，从多个检索口查询到所需信息。

4.3 档案网站信息资源组织流程

网络时代，信息组织的目标是针对用户需求的多元性，对特定的信息资源，利用快捷的网络工具，通过科学整序，实现信息由无序向有序的转换。档案信息资源组织亦应以此为基本目标，致力于建立便于用户获取与利用档案信息的有序信息空间，并积极探求建立有利于用户理解、判断与吸收信息的知识空间的有效途径，从而更好地为决策部门、档案部门和社会大众提供利用服务。

档案网站信息资源组织是在档案收集基础上进行的信息整理和有序化工作，融信息描述、信息揭示、信息分析和信息存储于一体。借鉴南开大学王知津教授等人提出的网络信息组织原理，本课题认为档案网站信息资源组织的内容（图 4-1）包括筛选、分类、著录、分析、存储和利用。其中，档案分类排序是整个组织过程的中心内容。

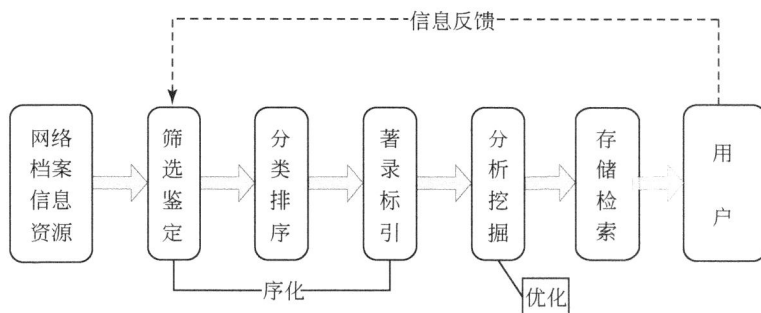

图 4-1 档案网站信息资源组织流程

4.3.1 信息筛选

当前，面对数量庞大、纷繁芜杂、良莠不齐的档案网站信息资源，由于缺乏对用户需求的调查，很多档案网站根本不知道什么内容更适合人们的需要，于是便对大量档案网站信息资源进行简单堆砌，造成严重的资源利用障碍。为了改变这种现状，必须进行必要的信息筛选，因此资源选择成为整个组织过程的第一步，可以通过手工方式进行，也可以采用计算机自动实现。在信息筛选过程中，应重点考虑以下因素。

1. 用户利用需求

档案网站信息资源要有用户保障，否则就失去了数字化转换的价值。人们的信息需求是有层次、有类型、有范围的，而且这种需求会因个人或社会环境的变化而发生改变。因此，档案部门应加强与用户的信息沟通，得到大量的信息需求反馈信息，及时分析和定位用户的当前需求与潜在需求。当然，也可以利用现代技术手段，如数据挖掘技术，对当前和历史上的各种档案利用的相关信息数据进行分析，并通过绘制各种直观的图像、表格形式提供科学、合理的信息分析结果与预测报告，为合理配置资源提供参考。通常，应将利用频率较高或存在大量潜在用户群的档案信息作为主要的组织对象。

2. 档案价值

档案网站信息资源组织应做到成本与效益兼顾。网络信息环境十分复杂，如果将未经筛选的海量档案信息放置在网上，不仅会造成人力、财力、物力的极大浪费，而且会使许多价值极高的档案湮没于信息海洋之中。因此，在信息筛选过程中，应先重点选择有较高价值的档案，注重其空间上的完整性与时间上的连续性。

3. 开放程度

档案有别于一般信息，它具有机密性的特点，而网络是开放的信息交流环境，因此在选择组织对象时可根据密级进行筛选，即先选择可公开的档案信息。一般来说，开放程度与档案价值成反比，即非公开的档案往往拥有更高的价值。这一点与人们普遍希望选择价值高、可公开的档案作为组织对象存在一定的矛盾，只有综合考虑各种因素，才能做出合理的选择。

4. 软硬件环境

档案部门现有软、硬件条件相对落后，部门计算机和与之相配套的业务软件还不能满足档案信息化建设的需要，这给档案网站信息资源的有效组织形成了一定的障碍。基于这种状况，在选择信息的数量、类型、范围等方面，只有兼顾现有的技术条件，才能最有效地发挥组织的效果。任何落后或超出部门实际技术情况的信息筛选结果，都会产生负面效果。

4.3.2 信息分类

档案网站信息资源数量多、内容纷繁复杂，涉及各行各业以及生活的各个方面，具有跨地区、分布广、类型多、变化快等特点，对这些档案信息进行分类、排序是一项十分复杂的工作，也是组织活动的核心内容。所谓信息分类，是指先对本馆馆藏档案网站信息资源进行分门别类的系统化整理，逐渐延伸到对一定范围乃至全国档案信息的归类组织。为了实现对档案网站信息资源的高效管理、查询、共享和使用，必须建立面向不同用户的信息资源分类体系。档案网站信息资源分类应建立在科学分类、知识分类的基础上，选择信息内容最稳定的本质属性和特征作为分类的基础和依据，充分利用计算机操作环境与超文本、超链接技术，综合整理和进行信息分类，在类目之间建立起内在的逻辑关系，形成按类检索的科学体系，成为用户检索利用数字档案信息资源的有效工具。

在微观层面，应构建层次清晰、布局合理、重点突出、浏览方便的档案网站信息资源分类体系。在设置各级类目时，应综合考虑信息、技术、用户等因素，建立合理的分类系统，满足各类终端用户的信息需求。在保持分类体系框架相对稳定的同时，设置一些收容类目或扩容空间，以便保证增加新的信息内容和属性时，不至于打乱已建立的分类体系，使分类体系能及时反映用户需求和资源的变化，加强类表的适用性。

在中观和宏观层面，应实现分散的档案信息资源的集成、重组。档案网站信息资源已不再局限于本机构的网站内部，网站之间开始进行档案信息共建、共享的尝试。在这一过程中，对于以实体或虚拟方式集中起来的档案信息，应进行合理的分类、重组，使之成为新的信息单元，集中反映一定范围、实践领域、专题或对象的相关信息。

4.3.3　信息描述

档案信息描述是根据一定的描述规则和技术标准，对档案的形式特征和内容特征进行分析、选择、记录的过程，即为档案著录标引的过程。档案形式特征是指档案的物质载体所直接反映的特征，如题名、档号、责任者等。档案内容特征是指通过信息载体传递和交流的具体内容。美国密歇根大学本特利图书馆的档案工作者提出了档案著录的 3 个最主要的目标：

（1）通过著录，对档案信息进行初步的整理，以揭示其来源。

（2）通过著录，揭示档案文件的内容、结构和上下文，以便加强对档案内容的理解。

（3）通过著录，揭示馆藏档案信息的体系和形成环境，理解档案信息的作用。

在网络环境下，由于档案信息资源在类型、结构、形式、描述环境等方面与传统档案信息不同，计算机档案著录问题日益受到重视。1993 年版的《国际档案著录规则》对"档案著录"做出新的定义："档案著录是通过捕获、核对、分析和组织有助于确认档案与说明其上下文和产生该档案的文件系统的各种信息这一过程，形成对所描述单位及其构成部分的准确表述。"这一定义反映了档案工作电子网络化实践的发展对现代"档案著录"概念的积极影响。档案网站信息资源的著录，不仅要满足其表层形式特征描述的要求，而且要满足其深层内容信息智能化控制的要求。

通过档案著录标引，可具体描述每份文件或案卷的特征，揭示其主题内容、科学价值，指明出处，以便于档案人员和利用者了解、管理和利用档案。在方法的选择上，除了元数据、XML、EAD、RDF 等，还可尝试引入本体论等方法，提高著录结果的语义延伸性，加强著录结果间的联系。此外，标准化也是影响信息描述质量的重要问题。目前，我国计算机档案著录标准化建设还处于探索阶段，在遵循国际标准《ISO 2709》和国家标准《GB 2901 文献目录信息交换用磁带格式》的基础上，研究人员正努力寻求不同的解决途径，包括对原有描述标准进行改造和创建新的标准规范。

4.3.4　信息分析

信息分析是通过对信息的整理、评价、分析、预测，揭示已知信息的客观运动规律，为决策咨询服务的过程。信息分析是组织活动的深化，是对信息的高级组织。在知识经济时代，经过简单整理的信息已达不到用户利用的要求，信息管理人员必须在此基础上对信息进行分析，从中提炼出有价值的信息。利用信息分析工具，是进行信息挖掘的有效手段。例如，联机分析处理（OLAP）将数据库中不同信息源的大量相关信息联结起来，给相关人员一个清晰的视图，对用户的请求快速做出响应，还可用多种分析工具算法对数据进行多维分析，具有灵活的可视化工具和良好的扩展性。

随着档案网站信息资源组织功能的不断拓展，组织目标已不再局限于资源的简单序化，而开始注重对信息源进行深层次的加工处理、信息（或知识）再造。档案网站信息资源组织过程中，档案人员通过人工方式或采用信息分析工具，试图将档案所包含的内容信息挖掘出来，通过加工改造、联系扩充、功能放大等活动，建成各种目录数据库、全文数据库，实现真正意义上的资源重组，使信息资源的潜在效能发挥出来，从而充分实现档案信息资源的价值。

例如，档案编研工作作为档案信息资源开发利用的一种重要形式，在充分挖掘馆藏资源的基础上，以专题、年代、人物等为依据，重组相关档案信息，形成的编研成品内容翔实、科学系统、言辞精练，蕴含丰富的知识性，反映了一些事物发展规律，是档案利用由低层次向高层次发展的重要手段。特别是在网络环境下，编研人员可利用自有资源和其他档案部门的共享资源，对大量相关信息进行综合分析、整理、汇编，形成集文本、图像、音频、视频等形式于一体的档案编研成果，提高了编研成果的信息和知识含量。

4.3.5 信息存储

传统的档案整理工作作为档案管理工作的核心与基础，必须符合简洁、便利、高效等管理的基本要求，使整理结果便于保管和利用。网络环境下的档案组织工作仍然是以便于存储和利用为主要目的。信息存储是档案网站信息资源组织过程的重要一环，是档案利用的必要前提。其主要作用是对资源进行集中存储，有利于利用先进的技术对信息进行管理、更新；以信息资源库等形式将信息资源存储起来，可为用户从中检索信息提供极大的方便；进行资源存储，有利于开发高层次的信息产品等。

随着计算机存储体系的发展，档案信息存储系统的功能日趋完善，已发展成为涉及数据备份、数据恢复、备份索引、备份设备和媒体恢复等功能的综合性系统。相关人员应制定合适的存储方案，利用先进的存储设备和技术，将经过筛选、分类、描述、分析的档案信息依次存储在指定的位置，保证其安全性、可靠性、可备份、可管理性、可扩展性等，为档案利用做好准备。

4.3.6 信息检索

信息检索是从已存储的信息资源中检索出与用户提问有关的信息，可以有目的、较系统地获得某一主题的必要信息。传统的信息检索主要分为分类与主题两种。由于网络信息资源的大规模、多样化和快速增长，其检索检方式、方法和技术等都存在很大的不同，产生了一些新的检索方法，如搜索引擎、基于内容的图像检索、超文本检索等。目前，人们致力于研究建立互联网上的智能信息检索系统，以提高网络信息检索的效率。

冯惠玲（2001）在《电子文件管理教程》一书中指出，档案信息检索的任务是正确、全面地分析信息，以有效的方式为用户提供服务，满足其多方面的检索需求（图4-2）。一方面，系统借助一定的方法、工具，将档案中具有检索意义的特征，包括内容、结构、背景等特征标志出来，并组织成为有序的、相关的数据集合予以存储，另一方面，用户确定检索途径，选择检索标志，形成检索表达式并提交给检索系统。

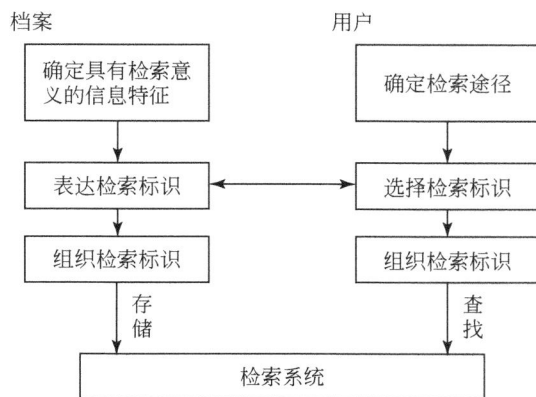

档案　　　　　　　　　　　用户

```
┌─────────────┐              ┌─────────────┐
│ 确定具有检索意 │              │  确定检索途径  │
│ 义的信息特征   │              │              │
└──────┬──────┘              └──────┬──────┘
       │                            │
       ▼                            ▼
┌─────────────┐              ┌─────────────┐
│  表达检索标识  │◄──────────►│  选择检索标识  │
└──────┬──────┘              └──────┬──────┘
       │                            │
       ▼                            ▼
┌─────────────┐              ┌─────────────┐
│  组织检索标识  │              │  组织检索标识  │
└──────┬──────┘              └──────┬──────┘
       │ 存储                        │ 查找
       ▼                            ▼
┌────────────────────────────────────────┐
│                检索系统                  │
└────────────────────────────────────────┘
```

图 4-2　档案检索系统

档案网站信息资源的检索应以建立功能完善的检索系统（或工具）为目标，具备多种检索途径、多种检索方式，实现目录检索和全文检索，通过智能化的检索界面，为用户提供高效的利用平台。未来的档案检索，将会在理念和技术方面取得全面突破，逐步实现信息检索的多样化、智能化、专业化、个性化、可视化，最大限度地满足用户的信息需求。档案部门可从管理入手，引进先进技术，加强档案数据库建设，提供界面友好、功能完善、服务智能的检索系统。同时，可附以丰富的检索建议，帮助用户快速掌握检索工具的使用方法。

第5章　档案网站信息资源组织方法

5.1　网络信息资源组织方法

在网络环境下，信息资源表现出内容丰富、类型多样、分布分散、传递快速等特点，对它们进行高效组织所选择的方法，已远远超出传统的非网络信息资源组织方法所能覆盖的范围。目前，学术界比较关注网络信息资源组织方法的研究，形成了多种观点和见解。经过分析归纳，不难看出学者们大多从两个方向展开，即传统组织方法的改进、应用和新组织方法的研究。

5.1.1　传统信息资源组织方法的发展应用

传统的信息资源组织方法如分类法、主题法等，在一定程度上仍然适用于网络信息资源的组织。

1. 分类法

分类组织法是依照类别特征组织信息对象（包括信息概念、信息记录和信息实体）的方法。在传统文献信息的组织中，分类法以层次明晰、系统性好的优点，成为信息组织与检索的有效途径之一。在网络环境下，分类法仍具有旺盛的生命力，可在很大程度上满足信息组织的需要。应用分类法组织网络信息资源的主要途径有两种：一是实现传统分类法的机编化和机读化，主要用于传统文献和学术性文献的电子版的分类，如美国的 DDC 和 LCC、欧洲的 UDC、我国的《中国图书分类法》等。传统分类法虽然分类体系完整、类名规范、类目合理，但其一维性与网络环境的多元化、交互式、动态性产生了冲突，不能完全适合于网络信息组织的需要。二是在部分应用传统分类体系的基础上，形成符合网络信息资源特点的分类法，包括标题词表、网络目录和网关以及自称为"分类法"的专题工具（如教育技术分类法——taxonomy of educational technology）等。现有的网络信息分类法在分类对象、知识范围、分类标记、功能、编制方法等方面都更符合网络特点，但存在类目设置混乱、类名不规范、体系复杂等问题，必须进行调整，进而编制出一部完善、科学、统一的网络信息分类法。

2. 主题法

另一种传统文献信息的组织方式是主题组织法，它以词语为检索标志，按照主题字顺组织信息，弥补了分类组织法在检索特定事物、特定主题方面的不足。在网络环境下，主题组织法利用词汇关系链揭示相关知识的最大优势得以充分显示，成为组织网络信息资源的一种重要方法。主题法在网络信息资源组织中的应用有如下几种常见类型：①使用关键词法组织网络信息。作为一种自然语言，关键词能直观揭示信息中所包含的知识，而且符合人们的思维习惯，因此在网络信息组织中得到了广泛的应用，各种搜索引擎和数据库大多采用此法。②使用叙词法组织网络信息。叙词法是主题法中较后出现的一种方法，叙词是一种规范化的检索语言，能够较好地适应电子计算机系统的信息组织工作。③使用关键词法与叙词法相结合的方法组织网络信息。关键词法和叙词法在组织信息方面都存在一定的局限性，更现实、更实用的组织和揭示网络信息的方法是将两者有机地结合起来，实现对信息的准确描述和科学组织，即把关键词和叙词同时作为标引词标出，然后建立二者之间的参考关系，或对每个叙词进行多个关键词解释，使关键词较准确地覆盖叙词。

3. 分类主题一体化方法

在网络环境下，多种检索途径的需求更加突出，单纯使用分类或主题的方法来组织信息都满足不了网络信息查询的需要。分类法可给予信息资源一个科学的分类系统，但分类语言体系复杂，不利于用户使用，降低了查全率，主题法使资源中所包含的信息能得到充分揭示，但主题语言夹杂着大量无关信息，导致查准率低。因此，分类检索语言与主题检索语言的融合成为一种趋势。目前，国内外在这方面都进行了大量的研究，提出了多种一体化方案，并编制了许多一体化词表，如 "UNESCO Thesaurus"、《中国分类主题词表》、《社会科学检索词表》等。研究重点已经从意义的探讨、优劣的比较转向了实现技术、自动维护和在网络信息组织上的应用研究。

4. 书目控制法

书目控制本是图书馆和信息领域利用书目对文献资源进行控制，以便准确地描述和获取文献的一种方法。如何实施网络信息的书目控制是研究网络信息组织的一个重要课题。人们普遍认为网络信息资源需同传统文献资源一样进行编目，并提供目录检索，即以传统的编目方法为基础，借助相关技术对网络信息资源加以描述分类，将大量随机无序的网上信息变为有序、可高速传递的信息，以达到组织的目的。从书目控制角度出发，元数据作为组织网络信息的新方法，成为当前研究的热点。目前书目控制主要有两种方式：一是完全书目控制法，即完全由编目人员提供有关网络信息源的书目描述数据，以 USMARC 格式为主，二是部分书目控制法，由信息提供者和信息源管理维护人员等提供，以 DC 为主。

元数据组织法是选用一定数量的通用数据单元来描述网络信息的检索特征，描述结果或以数据库形式存在，或嵌入信息资源之中，其目的在于使网络信息资源的管理维护者和使用者可通过元数据了解并辨别资源，促进网络环境中信息对象的发现、组织和检索利用，为由形式管理转向内容管理进而到知识管理奠定基础。元数据组织法对网络信息进行描述、识别和选择应用，既可以人工完成也可用计算机程序自动处理，具有简练、易于理解、可扩展等特点，这体现了元数据在处理网络信息资源中的先天优势。但元数据种类繁多，没有统一标准，是其在网络信息资源组织中面临的最大问题，所以现在一边要完善各种不同元数据之间的映射机制，如目前讨论颇多的 MARC 和 DC（都柏林核心元数据）之间的数据转换，一边还要抓紧制定颁布有关的统一标准，如"完全按照 DC 元数据的框架结构来制定中文元数据标准"。由于使用权限的限制，此方法更适合于单位内部或同一个系统内部（通过行政命令实现）的资源组织。

5.1.2　基于网络环境的新信息组织方法

在网络环境下，电子信息占主导地位，信息组织的对象逐渐多样化，范围也随之扩大，组织方法不再停留在对文献特征的描述，而是深入到知识单元、信息单元，形成了依照信息的内容属性和依照信息的外表属性进行组织的多种方法。新的网络信息组织方法还处在研究阶段，学者们依据不同的划分标准提出了多种组织方法体系，但存在一定的内容交叉。

1. 按照存储形式组织网络信息

目前，一些学者认为文件方式、数据库方式、超媒体方式和主题树方式是组织网络信息资源的常见方式，它们是结合网络自身特点衍生出的信息组织方式，在现阶段发挥着极其重要的作用，如文件可存储大量非结构化信息，超媒体实现了信息的非线性组织，数据库是组织结构化信息的较好方式。然而，它们自身的弊端也不容忽视。

2. 按照加工层次组织网络信息

按照网络信息的不同层次来研究组织方法，是网络信息资源组织方法研究的一种主流观点，以马费成为代表，徐建华、臧国全等也赞同这一观点。从信息加工角度研究组织方法的学者，在归纳各层次信息组织方法时存在异同。例如，马费成等（2002）认为，网上一次信息组织方法主要有自由文本方式、超文本方式和主页方式，网络二次信息组织主要有搜索引擎、指示数据库和菜单方式。徐建华（2000）认为网络一次信息组织方式有自由文本方式、超文本方式和文件方式，网络二次信息组织方式有机器人搜索引擎、目录指示器、指示数据库等方式。

3. 按照自组织理论组织网络信息

提出按信息自组织理论来组织信息的学者认为：网络信息组织包括宏观和微观两种组织方式，宏观信息组织是信息自组织，属于内因，微观信息组织是人对信息进行组织，属于外因。内因和外因同时作用，使信息由无序到有序，共同完成组织网络信息的任务。这是近年来关于网络信息组织方法的新观点，李宏轩、方平为其代表。李宏轩（2000）认为，传统信息组织方法如分类法、主题法、引文法等都把信息片段视为一个孤立的计量单位，较新的信息组织方法如文件、数据库、超媒体、数据仓库等同样属于微观层面的信息组织方法。因特网信息自组织则是传统信息组织方法的延伸，属宏观范畴，是信息提供个体的自在与自为辩证统一的结果。信息组织与信息自组织对于信息有序化都是必要的，它们之间具有功能互补性。

5.1.3 网络信息资源组织方法在档案学领域的应用

近年来网络信息组织方法的研究在理论和实践上都取得了一定的成果,以上介绍的组织方法是其典型代表,但并未涵盖网络信息组织方法体系的全部内容。除了上述组织方法外,还有其他组织体系划分方式,如主题网关、网络资源指南、联机目录等。目前,网络信息组织方法还未形成统一的组织体系,研究深度不足,存在技术障碍,如何克服这些问题需要进一步研究。虽然网络信息组织方法研究还不成熟,但由于其专业性、科学性和先进性,仍不失为指导档案网站信息资源组织的重要方法论。档案部门可以此为基础,结合档案的特点,进行合理的运用、改进与创新,最终形成自己的方法体系。

5.2 档案网站信息资源组织方法体系的构建

档案网站信息资源组织方法是根据档案本身的特点(属性),按照一定的划分标准,将大量无序、分散的档案信息资源,在网上进行加工、整理、排列、组织所选择的各种工具、方式和方法的总称。组织对象有多少种属性,就可能形成多少种有序化方法。因此,档案网站信息资源组织方法并不是单一的,而是一个系统的方法体系。

5.2.1 档案网站信息资源组织方法

由于档案网站信息资源保持了传统档案信息资源的一些基本特征,传统的档案整理方法(即传统的信息组织方法)在网络环境下自然仍具有一定的优势,因此可结合网络特点,进行优化沿用。与此同时,由于档案网站信息资源拥有网络信息资源的一般特征,那些基于网络环境的新信息组织方法同样可用于组织档案信息。目前,对于网络信息资源组织方法类型的划分还没有统一的标准,众多学者基于不同的理解对这些方法进行归类研究,各有优劣。鉴于此,档案网站信息资源组织方法的划分方式也不是唯一的,从不同的角度可将其划分为不同的构成形式(图5-1)。

显而易见,虽然划分方式不同,但许多组织方法具有极高的重复性。针对档案网站信息资源组织,寻求档案部门广泛认同的组织观念,构建多元化的组织方法体系,是本课题研究的主要目标之一。

5.2.2 档案网站信息资源组织方法体系的基本框架

依照组织方法的基本功能、特点和组织结果形式,本课题组将档案网站信息资源组织方法归类为信息基本分类方法、信息存储揭示方法和信息综合表现方法,三者共同构筑集多元性、集成性、交叉性于一体的组织方法体系(图5-2)。

网络档案信息资源组织方法

依照特征属性划分
- 语法信息：字顺法、时序法、地序法、引文组织法……
- 语义信息：分类法、主题法、分类主题一体化方法……
- 语用信息：权值法、概率法、特色组织法……

依照组织功能划分
- 描述报道：目录、菜单、元数据方法……
- 序化控制：分类法、主题法、题名组织法、时序法……
- 揭示开发：超文本方式、指示库方式、资源导航、搜索引擎……
- 浓缩增值：文摘法、综合法、归纳法……
- 聚焦重组：自由文本方式、主页方式、"文献链"替代方法……

依照发展阶段划分
- 传统方法：分类法、主题法、分类主题一体化方法、时序法、引用法、索引法、目录法……
- 新方法：文件方式、数据库方式、主题树方式、超媒体方式、搜索引擎方式、数字档案馆、档案信息门户……

依照加工层次划分
- 一次组织：自由文本方式、超文本方式、主页方式、数据库方式、文件方式……
- 二次组织：书目控制法（主题目录、网络目录、联机目录）、指示数据库方式、搜索引擎、数字档案馆……
- 三次组织：元搜索引擎、文献指南……

依照加工方式划分
……
- 人工组织：分类法、主题法、文件方式、数据库方式、超媒体方式……
- 自动组织：自动分类、自动标引、自动文摘……

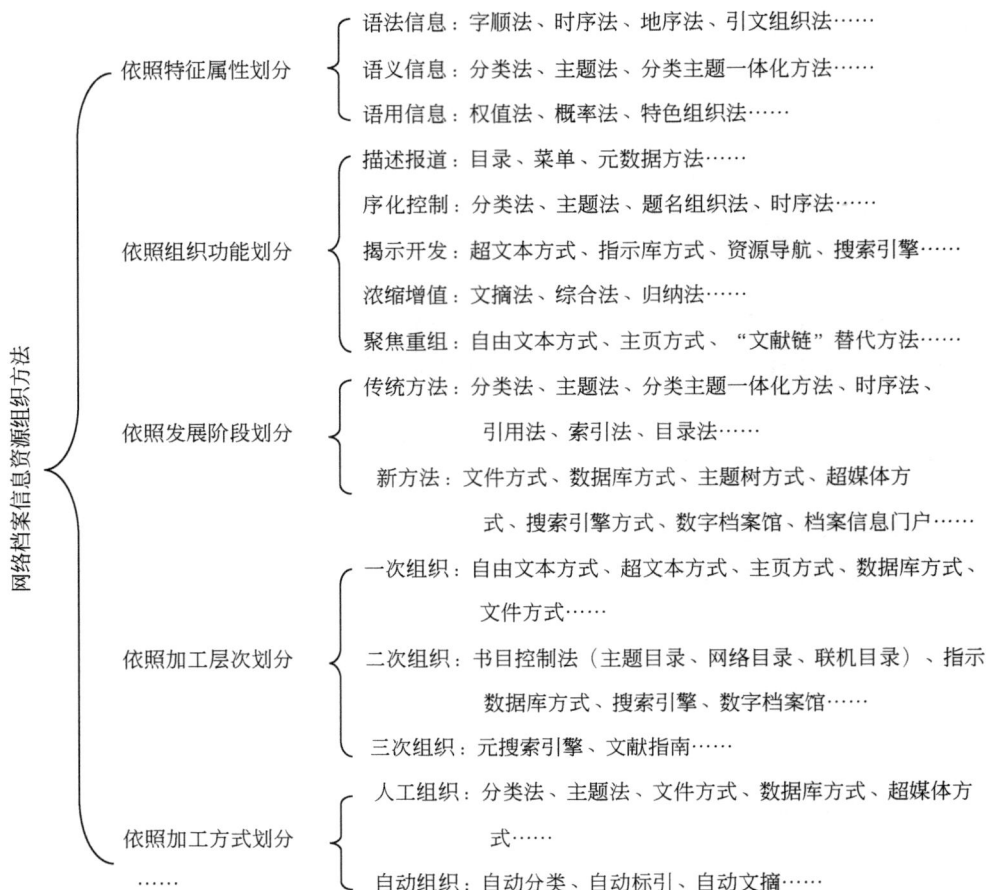

图 5-1　档案网站信息资源组织方法

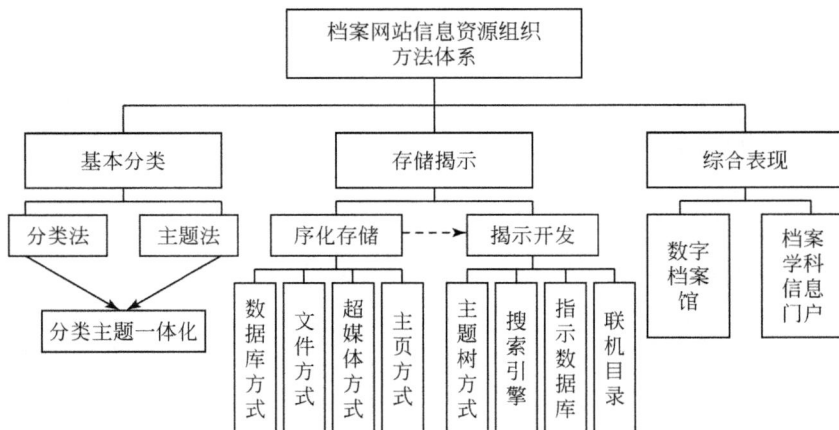

档案网站信息资源组织方法体系

- 基本分类
  - 分类法
  - 主题法
  - 分类主题一体化
- 存储揭示
  - 序化存储
    - 数据库方式
    - 文件方式
    - 超媒体方式
    - 主页方式
  - 揭示开发
    - 主题树方式
    - 搜索引擎
    - 指示数据库
    - 联机目录
- 综合表现
  - 数字档案馆
  - 档案学科信息门户

图 5-2　档案网站信息资源组织方法体系基本框架

在这个方法体系中，组织方法与组织目标相对应，为达到同一目的可采用多种信息组织方法，至于选择何种方法主要根据现有的客观条件决定。任何一种组织方法都有可借鉴之处，如何合理利用各种组织方法进而实现网络信息组织系统功能最大程度的发挥乃是关键所在。网络档案信息组织资源组织方法体系是一个复杂系统，其基本特征表现为：

（1）组织方法的多元性。信息基本分类方法主要包括分类法和主题法，并朝着分类主题一体化方向发展。信息存储揭示层的组织方法依加工程度又可分为存储和揭示两个阶段，文件方式、数据库方式、超媒体方式和主页方式主要体现信息存储形式，而主题树方式、搜索引擎、指示数据库和联机目录则是对存储信息的再组织揭示。档案学学科信息门户和数字档案馆是深层次信息组织方法，其结果形式为信息综合平台。

（2）组织方法的集成性。在组织档案网站信息资源的实践中，通常都是若干种方法一起使用，集成使用合适的方法能提高信息组织工作的效率，更能满足用户的需求。这种集成性主要表现为两种形式：一是组织方法的简单综合运用，它是若干种方法共同作用的结果。二是几种组织方法在共同应用的过程中产生一定的融合，如分类法和主题法的融合就产生了分类主题一体化。

（3）组织方法的交叉性。在组织方法体系中，各种方法并不是完全独立地完成信息组织任务，很多时候它们不仅共同组织信息而且存在一定的交叉。例如，分类法和主题法作为信息类集的基本方法，在建立档案数据库、主题目录、超文本/超媒体检索工具、数字档案馆等方面都有着广泛的应用。这种交叉性，是由组织方法本身的特点所决定的。

当然，随着信息技术的进步，现有的档案网站信息资源组织方法会不断优化，同时也会产生新的方法。本课题所构建的组织方法体系，只是当前比较适合档案信息组织研究的基本方法，并不能涵盖组织网络档案的全部方法，可能还有疏漏之处，需要在未来的发展中日臻完善。

5.3　档案网站信息资源组织方法的系统分析

5.3.1　组织方法（一）——信息基本分类

分类法和主题法，是组织信息的最基本方法，也是传统档案组织方法的典型代表。分类法组织信息不仅要立类合理，归类清晰，更要便于标引，形成逻辑体系。主题法组织信息要对主题词进行合理选择，以有利于用户进行主题检索。在网络环境下，数字档案信息资源的序化和优化同样需要利用分类法和主题法进行信息立类，它是进行资源组织的基础环节，是实现更高层次组织的前提。但是这里所指的分类法和主题法是进行了一定的改进和革新的，更多地结合了档案网站信息资源的特点，并逐步向分类主题一体化的方向发展。

1. 分类法

档案网站信息资源的分类，是指依据一定的标准，以科学的分类为基础，按照档案的形式和内容特征，把性质相同的档案线索汇集在一起，分门别类地组成一个检索体系。它是管理档案的一种工具，也是认识档案的一种方法，在档案科学管理和开发利用中占有重要的地位。

1）分类法的优势与不足

利用分类法组织档案网站信息资源的优势体现在：一是随着网络技术的发展，数字化档案已不再局限于单一文本方式，数值、图形、图像等非文本信息资源所占的比重越来越大，分类法独有的类聚功能和代码标识，为组织和揭示多元化的档案网站信息资源提供了一条行之有效的途径。二是使用分类法能够为用户提供一张"网上地图"，用户沿着这张地图可逐步浏览，随时扩大或缩小检索范围，直至定位到所需的文献信息。三是分类法限定了信息资源的范围，其等级分类结构提供了上下文检索词，可以提高查准率。四是分类法以知识分类为基础，以符号为标识，可作为不同语言之间的转换中介。当然，利用分类法组织档案网站信息资源也存在一些弊端。例如，人们需要经常决定设立什么类目，而网上数量如此庞大的档案信息往往让人望而却步，由此引出自动分类的研究。

2）传统分类法的应用与改进

1987 年出版的《中国档案分类法》是在我国档案历史的渐进深化中，在新技术革命浪潮的影响下应运而生的，是中国传统档案分类发展的集中代表。它由编制说明和中华人民共和国档案分类表、新民主主义档案分类表、民国档案分类表、清代档案分类表组成。在分类标准上，它以职能分工为主要分类标准。同时，也具有一些辅助标准，如学科分类、行业分类和载体分类等，这些分类标准可与职能分工标准结合使用。在分类设置上，以体系分类法为逻辑依据。传统档案分类体系在逻辑结构上是依据体系分类法的原理编排的，层层划分、层层隶属，使之构成具有隶属并列关系、秩序井然的概念等级体系。

《中国档案分类法》是在总结我国档案分类工作丰富经验的基础上，吸收了文献分类的有关理论，并紧密结合我国档案工作的实际而编制的。它代表了我国档案信息分类体系的基本框架，不仅使档案分类走向标准化、规范化，也为档案信息分类的自动化、分面组配化、分类主题一体化的实现创造了条件。在网络环境下，《中国档案分类法》虽然存在明显的不适应性，但仍然是档案网站信息资源分类的基础，能够在一定程度上指导档案分类，在建立网络分类体系过程中发挥重要的参考作用。

3）创建新的分类体系

应该在部分应用传统分类体系的基础上，致力于探求更符合网络特点的分类体系的构建，编制出一个完善的、科学的、统一的档案网站信息资源分类体系。网络环境下的分类法是从用户的角度出发，关注普通用户的一般思维方式、检索习惯和需求特点，以此为依据设置分类标准、体系，以追求"实用、易用、通用"为根本目标。它应具有如下特点：

A. 类名设置规范

类名代表类目所表达概念的内涵和外延，用户也是通过类名来识别和选择检索路径的，所以类名必须科学、简洁、明确。处于各个不同知识、经济和能力层面的社会民众都可能成为档案用户，因此设置的类目名称不应是学术性强、难以理解的专业术语，而是通用的、规范的、内涵外延清晰的自然语言。

B. 分类层次清晰

档案网站信息资源分类体系的类目设置应做到层次清晰、重点突出、浏览方便。在设置各级类目时，应综合考虑信息、技术、用户等因素，建立合理的分类系统，满足用户的总体需求。当然，分类体系面对的是各种类型的终端用户，有时为了满足专门用户的需要，可根据用户的信息访问频率与思维习惯，将某些利用频率极高的档案单独列出，有针对性地进行类分，在这种情况下，为充分反映该类目，应使用有针对性的标准。

C. 组织结构合理

网站信息组织结构要以等级结构为主，继承传统分类法层层划分、从总到分逐级展开的基本思路。在等级结构中，要限定等级结构的宽度和深度，同时，应充分运用超文本技术、超链接技术、数据库技术的立体性、记录性来表现分类法的类目横向关系，实现任意跳转，建构多维的分类体系，以揭示多维知识空间的联系。网络分类体系在结构上呈网状型或立体型，各类目之间没有明确的界限，可以相互结合、相互融合、相互补充。

D. 分类框架灵活

档案网站信息资源分类体系框架应保持相对稳定、有效，各级类目应保持相应的稳定性。但是，由于网络环境下档案信息具有动态性，在分类时应设置一些收容类目或扩容空间，以便保证增加新的信息内容和属性时，不至于打乱已建立的分类体系，同时还为下级信息管理系统在本分类体系的基础上进行延拓细化创造条件，使分类体系能及时反映用户需求和资源的变化，增强类表的适用性。

E. 添加类目说明

用户通常是以对比类名和临近类目，来判断浏览的方向和进一步浏览的类目。档案网站如果为重要类目添加必要的说明和注释，来帮助用户了解类目的含义，可极大地减少用户浏览的不确定性。较常见的内容说明方式有两种：一是通过精练的文字，指明该类包含的内容范围、不包含的内容范围。二是用列举下位类的方式揭示本类的内容范围，或提示重点、热点或隐藏较深的内容。

4）分类法的未来研究趋势

目前，网络档案信息分类主要是以手工方式进行的，它是一项工作量大、技术性强的工作，需要很多专业人员和档案工作者参加。随着档案网站信息资源数量的不断增加，仅仅采用手工方式无法实现全面、高效的分类组织。在这样的背景下，对于计算机自动分类的研究成为必然，它是基于内容的、不需人工干预的自动分类技术。简单地说，就是利用计算机通过对档案标识或正文的统计分析、句法分析、语义分析，进行自动抽词，完成自动主题标引，然后利用机读主题词表的范畴索引表与机读分类表的对应关系，完成分类编目。计算机在档案各项工作中的应用，促成了档案分类自动化的研究与实现，赋予了档案分类法以新的活力。

分面组配分类法（faceted classification）是对体系分类法的进一步发展，是档案分类法的又一发展趋势。它是根据概念的分析和综合原理编制的分类法，将主题概念分解为简单概念或概念因素，并按照它们所属的方面或范畴，分别编列成表。标引时用两个或多个简单概念的分类号的组合来表达一个复杂的主题概念。《中国档案分类法》是以体系分类法为逻辑依据的，其突出的缺陷是存在着集中与分散的矛盾。分面组配法就能很好地克服体系分类法的缺陷，采用散组式的分类标识，利用组配和轮排的方法，从而尊重了事物多向成族的客观性。目前分面组配法还处于研究阶段，但在档案网站信息资源分类活动中拥有广阔的发展前景。

5）分类法的应用前景

分类法是手工组织传统档案的有效方法。尽管随着计算机管理时代的到来，主题词法在计算机检索系统中的应用较之分类法更为广泛，但还不能动摇分类法在档案网站信息资源组织中的重要地位。特别是在仍然以手工检索为主的中国，分类法具有广泛的应用基础。在网络环境下，分类法不仅是信息序化的有效手段，在建立浏览检索、组织非文本档案、超文本检索等方面都具有明显的优势。例如，由于网络档案用户的专业检索水平参差不齐，不可能要求每一位用户都能通过设置专业的逻辑检索提问，查询所需信息。对于非专业用户，浏览检索不失为一个更好的途径。而专业用户则可利用分类法强大的族性检索功能，通过专业分类体系层层浏览，逐步明确信息需求和检索范围。当然，分类法不能一成不变，它必须适应网络环境的需要不断发展优化，才能在未来拥有更广阔的应用前景。

2. 主题法

档案主题法是以规范化的自然语言为检索标识，并用字顺排列标识和参照系统等方法来表达档案主题概念的一种检索语言。主题法系统分为标题法、单元词法、叙词法和关键词法，其中叙词法和关键词法在网络环境中应用更为广泛。

1）参照现有词表组织档案网站信息资源

目前，使用现有主题词表组织网络信息资源的还不多，主要是美国《国会图书馆标题表》（LCSH）和《医学标题表》（MeSH）被一些网络信息检索系统采用。传统档案主题组织采用的是叙词法的原理，其表现形式是档案主题词表。档案主题词表是进行档案主题标引的依据，是将档案主题概念转换成主题标识、编制主题目录、主题索引和建立计算机主题文档的重要工具，它不仅提供标引和检索所需的叙词，而且提供多种查询途径。我国以1988年编制出版的《中国档案主题词表》最具代表性，它是中国第一部通用档案主题词表，也是一部档案叙词表。该表由前言、说明、主表、范畴索引组成，主表（即正文部分）共收录主题词 27 288 条，其中正式主题词 22 759 条，非正式主题词 4529 条。

《中国档案主题词表》具有极强的专业性、综合性、系统性，其参照系统和标引系统都比较完善，在一定程度上同样适用于档案网站信息资源组织和管理的需要，是建立档案网站信息资源主题检索工具的有效参考。但是，由于网络环境下难以单纯采用自动规范用词来组织信息资源，且主题词表的滞后性（需要专业人员事先编制）与网络信息资源动态性强的特点存在一定矛盾，决定了不可能完全依赖现有词表来组织档案网站信息资源，必须采用新的组织途径。

2） 结合关键词法组织档案网站信息资源

关键词法是将信息原来所用的、能描述其主题概念的那些具有关键性的词抽出来，不加规范或只作极少的规范化处理，按字顺排列，作为检索途径的方法。关键词能够深入直观地揭示信息中所包含的知识，符合人们的思维习惯，在组织档案网站信息资源活动中是叙词法的有效补充。当前，国外许多优秀的档案网站都提供关键词检索，国内一些档案网站也已提供关键词检索功能。在对 53 个国家综合档案网站进行检索功能调查时，提供关键词检索的有 18 个网站，占样本总量的 34%，提供主题词检索的网站有 9 个，占 17%。可见，关键词法在档案网站建设中日益受到重视，成为组织数字档案信息的重要方法。

3） 利用主题法组织档案网站信息资源的优势

主题法本身所具有的一些特点使主题法更能适应计算机检索的要求，一般的文本型数据库多采用主题法作为信息组织的主要手段。其优势表现在：主题法可直接采用自然语言作为标识，在表达概念上具有直观性，且这些标识是按字顺排列，任何细小的主题概念都可按字顺检索获得；主题词来源于档案所涉及的具体内容，并可通过组配方法来描述复杂的主题概念，具有很好的专指性；主题法的每个标识都处于相对独立的位置，能比较方便地增删和修改，满足档案网站信息资源动态性的组织要求。但无论是哪一类主题语言（关键词、叙词）都不能完全满足网络档案信息检索的多样化需求。

3. 分类主题一体化方法

分类法和主题法在组织档案网站信息资源中的应用，显示了传统组织方法的强大优势，但也暴露出各自的许多弊端，从而推动了分类主题一体化方法在该领域的研究应用。分类主题一体化方法的基本原理就是将分类法的族性组织检索与主题法的特性组织检索相结合，实现了一个分类系统与一个主题系统的完全兼容，是对传统信息组织方法的优化。用分类主题一体化方法组织网络信息，既可克服分类检索语言单纯以学科聚类的局限，又可弥补主题检索语言单纯以事物聚类的局限，代表了信息组织的一种发展方向。近几年来，档案分类主题一体化研究不断深入，不仅取得了丰富的理论研究成果，而且开始了实践尝试，有一些分类主题一体化词表已编制出版。例如，中国第二历史档案馆已编成《民国档案分类主题词表》，中国第一历史档案馆已编成《清代档案分类主题词表》。全国通用的《中国档案分类法》与《中国档案主题词表》对照索引的编制工作正在进行之中。这些理论和实践成果，为构建分类主题一体化的档案网站信息资源体系奠定了基础。

分类主题一体化方法可同时兼顾信息组织者的管理需要和信息用户的利用习惯。一方面，利用分类主题一体化方法组织档案信息，可优化档案管理工作，提高档案网站自身的效力。例如，档案标引可从分类和主题两个方面同步进行，大大提高了档案著录效率。另一方面，档案网站采用分类主题一体化的组织方法，可改进搜索技术，缩短用户获取信息的时间。用户可分别从分类和主题两条途径检索到同一主题内容的档案，同时保证了查全率和查准率。要实现网络信息真正的分类主题一体化，应做好以下三方面的工作：一是建立一个结构简明的知识分类体系，通过对信息资源的系统分类，实现对网络信息的宏观控制。二是建立一个智能化的控制词表，实现作者语言与用户检索语言的控制和转换。三是建立分类体系与控制词表的系统联系，即将标引语言纳入分类体系，这样既可用自然语言直接检索，也可在任何类目下进行语词检索，从而较好地实现分类与主题的兼容。

分类主题一体化的检索语言是建立未来网络信息分类体系比较理想的选择，为网络档案信息的进一步组织提供了基础。例如，建立档案主题目录就需要综合分类法和主题法的特点；档案联机数据库建设也可通过采用分类主题一体化系统，实现智能检索；搜索引擎在分类检索的同时可添加关键词索引手段，或主题检索的搜索引擎可辅以分类索引功能。至于分类法和主题法的主次地位，则可根据被组织档案信息的实际情况酌情选择。

5.3.2　组织方法（二）——信息存储揭示

网络环境下产生了许多新的信息组织方法，包括文件方式、数据库方式、超媒体方式、搜索引擎、联机目录、指示数据库等。本课题依照组织程度，将这些方法归纳为存储和揭示两个阶段。文件方式、数据库方式，超媒体方式和主页方式是以信息上网存储为基本目标的，而主题目录、搜索引擎、指示数据库、联机指南则是立足于对上网档案的进一步揭示开发。

1. 数据库方式

数据库是数据管理的高级阶段，它是由文件管理系统发展起来的。马丁（J·Martin）给数据库下的定义是：数据库是存储在一起的相关数据的集合，这些数据是结构化的，无有害的或不必要的冗余，并为多种应用服务；数据的存储独立于使用它的程序；对数据库插入新数据，修改和检索原有数据均能按一种公用的和可控制的方式进行。数据库通常分为层次式数据库、网络式数据库和关系式数据库三种。其主要特点是：实现数据共享、减少数据的冗余度、数据具有独立性、数据可实现集中控制、数据具有可维护性等。

数据库方式是将所有获得的档案信息资源按照固定的记录格式存储组织，用户通过关键词和组配查询就可找到所需的信息线索，再通过信息线索找到相应的信息。其优势在于：数据库管理的是规范化数据，信息处理规范；在大数据量的环境下，利用成熟的关系代数理论进行信息查询的优化，信息管理效率较高；用户界面容易操作；数据库的最小存取单位是字段，用户可根据需要灵活地改变查询结果集的大小，从而大大降低了网络数据库传输的负载。但是，利用数据库方式组织网络档案信息也存在许多不足，如对非结构化信息处理难度大；不能提供数据之间的关联；数据库对用户提出了较高的查询要求，要求用户掌握一定的检索技巧，如关键词（组配）的选择等。

国际互联网的信息资源以数据库为主体。作为网络信息资源组织的重要方式，数据库方式在组织档案网站信息资源方面同样具有优势，得到了各国档案部门的青睐。许多国家的档案馆不仅将自身的馆藏按主题、按载体组成各种通用型或专题型的数据库，还将国外的档案资源按地区、按行业、按用户纳入数据库管理中来，实现了异国档案资源的网上查询。

在我国，数据库方式在组织档案网站信息资源的各种方法中占据主流地位，国内大多数档案网站都建立了档案数据库，作为信息存储和利用的主要工具。2002 年，国家档案局中央档案馆印发了《全国档案信息化建设实施纲要》，其中要求："加强档案目录数据库建设"、"积极推进档案全文数据库和多媒体数据库建设"。可见国家十分重视档案数据库建设。但是，当前档案数据库建设也存在许多问题，如缺乏长期规划和统一管理，造成大量重复建设和资源浪费；缺乏明确的建设目标，往往是为追求数量而盲目建库；缺少数据库建设的统一标准；建库与利用脱节，导致数据库建成后利用水平不高。

2. 文件方式

以文件方式组织网络信息资源，即以单个文件为单位共享和传输信息，它传送的文件包括文本、图形、图像、图表、音频、视频等非结构化信息和多媒体、数据库以及可执行的二进制代码文件等。这是最早存储信息、共享信息资源的组织方法，其优点是：组织非结构化信息简单方便、容易处理；计算机查询、加工、处理、传输文件的技术和方法比较成熟；Internet 提供了诸如 FTP 一类的协议来帮助用户利用以文件形式保存和组织的信息资源。但是，文件方式对于结构化信息难以实现有效的控制和管理；以文件单位共享和传输信息会使网络负载越来越大。因此，文件方式只能是组织网络信息资源的辅助方式。

3. 超文本/超媒体方式

超媒体方式是将超文本与多媒体技术结合起来，既保留了超文本灵活、非线性的信息管理优势，又利用了多媒体生动、自然的表现特点，是 Internet 占主流地位的信息组织方法。它将文字、声音、表格、图像、视频等多媒体档案信息以超文本方式组织起来，以节点为基本单位，节点间以链路相连，将档案信息组织成某种网状结构，使用户可从任意节点，根据网络中信息间的联系，从不同角度浏览和查询档案信息。

采用超媒体方式组织信息资源的优势在于：采用非线性方式将能够满足用户检索需求的不同门类、各种载体的档案信息设置为文本中的超链，用户可通过高度连接的网络结构，在各种档案资源库中自由航行，找到任何载体所载的档案信息，符合人们思维联想和跳跃的习惯；用自然语言分析、抽取知识单元，不仅减轻了专业标引人员的负担、而且打破了传统系统线性序列的局限性；节点中的内容可多可少，结构可任意伸缩，具有良好的包容性和可扩充性；可组织各类媒体的信息，方便地描述和建立各媒体信息之间的语义联系，完全超越了媒体类型对信息组织与检索的限制。但是，当超媒体网络过于庞大，就难以迅速、准确地定位于所需的信息节点，容易出现"迷航"现象。

4. 主页方式

主页方式类似于传统档案的全宗组织方式，是将档案机构、人物或项目（事件）的各种档案信息组织在一起进行全面的介绍或综述，通过页面方式集中。主页方式是档案部门进行网站建设和信息组织的重要手段，其资源主要来源于建立主页的机构。国家档案馆往往将各级各类档案馆、各种文献信息机构设置成国家档案信息资源网络中的各个节点，用户点击各个节点就可进入相应机构或部门的主页。

5. 主题树方式

主题树方式，也称为主题目录或网络资源指南，是将信息资源按照某种事先确定的概念体系分门别类地逐层加以组织，用户先通过浏览的方式层层遍历，直到找到所需要的信息线索，再通过信息线索连接到相应的信息资源。主题树方式由人工编制，具有专题性特征，体现了分类法与主题法的思想，主要依靠超文本组织起来。利用主题树方式组织档案网站信息资源的优势主要有：主题树屏蔽了网络资源系统相对于用户的复杂性，提供了一个基于树型浏览的简单易用的信息检索与利用界面；信息检索由用户按照规定的范畴分类体系，逐级查看、按图索骥，查准率高；采用树型目录结构组织信息资源，具有严密的系统性和良好的可扩充性。当然，这种方式也有一定的缺点：所收集的网页数量有限，信息更新速度较慢，查全率低；为保证主题树的可用性和清晰性，该方式要求体系结构相对简单，每一类目下的索引条目不宜过多，从而限制了信息资源的数量。

6. 搜索引擎

搜索引擎是指互联网上专门提供查询服务的一类网站。它是揭示和查找各网站主题信息资源的一种索引工具，主要依靠 Spider 或 Robots 等计算机软件来自动实现。基本上都采用关键词匹配的检索技术，其本质是主题法在网络信息组织中的应用。这种方式的主要特点是非人工构建，自动化程度高，可提供位置检索、概念检索、截词检索、嵌套检索等。优点是所收录的信息量巨大，耗费人力资源较小，信息更新速度快，适合特性检索。缺点是检索结果较为庞大，检准率较低。

7. 指示数据库

指示库是指所建立的数据库从物理上讲并不存储各种实际的信息资源，它存放的是有关网上一次信息的 URL 或 IP 地址这样的信息线索或链接点，可指引用户到特定的地址获取所需的信息。指示数据库方式的优点是入库记录要经过严格选择，具有较强的针对性，检索结果适用性强，常用来组织专题性或专用的档案信息。但是，通过这种方式进行检索时，要首先在数据库中查到有关信息的地址，再在浏览器的地址栏中输入地址进行查找，而不像搜索引擎那样一次检索的结果就是超文本方式，只需直接点击链接便可获得所需的一次信息。

8. 联机目录

由于各国档案网络化进程都存在地区间的不平衡性，也并非所有的档案文献都必须或可以实现全文上网查询，许多国家档案馆都提供馆藏目录网上查询的方式，并按区域、类型或载体对这些目录进行组织。在我国，档案信息化建设就坚持"先目录、后全文"的思路，即首先加快档案目录数据库建设，实现国内档案目录数字化并联网，在此基础上逐步推进部分档案全文的数字化共享。基于这样的现状，采用统一、规范的著录标准，选定一定范围的资源建立联机目录，成为组织档案网站信息资源的有效方法。网络联机编目是根据统一规则和格式对入网档案信息进行编目，将书目数据通过网络进行实时传送和交换，形成逻辑上的书目库，达到书目数据的规范化和大规模生产，从而实现书目信息资源共享的目的。采用这种方法组织档案信息，可避免重复劳动，提高档案工作效率和质量，实现档案馆室际交流与合作，并最终实现档案信息资源共享。联机目录可按区域、专题或类型等特征组织档案信息，其最终目标是由国家档案馆组织实施，建立国家档案联机目录中心，涵盖全国所有数字化档案资源。

5.3.3 组织方法（三）——信息综合表现

现在，主题目录、指示数据库、联机目录等网络档案信息组织方式已成为用户利用档案的有效工具。在此基础上，为了提高档案网站信息资源开发利用水平，增强信息资源的可控性、有序性、易用性和知识性，数字档案馆和档案信息门户的概念逐渐进入人们的研究视野。通过建立数字档案馆或档案学学科信息门户，可为日益丰富的数字化档案提供一个综合展现平台，进一步扩展档案信息组织的深度和广度。

1. 数字档案馆

虽然人们利用文件、数据库、超媒体、主题目录等各种信息组织方法，对档案网站信息资源进行了相对的控制、集中、序化等处理，在一定程度上解决了信息无序分散的问题。但是，由于各档案网站的信息组织大多是独立完成的，导致信息存储、描述、检索等方面都存在一定的差异性，严重阻碍了档案网站信息资源的社会化利用。为迎合人们的需要，数字档案馆日渐成为档案网站信息资源组织的有效形式，受到广泛的重视。

1）数字档案馆的内涵

数字档案馆是以数字化资源为对象，以先进的信息处理技术与计算机设备为手段，以国际互联网为服务平台，对一定范围的档案信息进行收集、开发、管理、存储并提供利用的信息空间。目前，国内学者对数字档案馆的定义还没有统一的认识，各自从不同角度进行了阐述。国内数字档案馆研究一般分为广义和狭义两个层面。从广义的角度讲，数字档案馆是一个存储和利用档案网站信息资源的信息空间，是对一定范围内档案信息的高效组织，具有优化的组织机构、一致的检索入口，实现了档案跨仓储无缝检索。狭义的数字档案馆是与具体实体档案馆相对应的个体数字档案馆，它是建立在实体档案馆基础之上的，代表一种微观的信息环境和具体的基础设施构建。本课题希望在个体数字档案馆建立、发展的基础上，将广义的数字档案馆视为一种有效的分布式信息组织工具来展开研究。

2）数字档案馆的信息组织

数字档案馆以资源共享为基础，以向用户提供知识服务为目标，提供统一信息访问平台，并提供网上参考咨询。张卫东等（2007）指出，与其他信息组织方法相比，数字档案馆在信息组织方面的独特性体现在：一是数字档案馆可集成不同类型、不同语种、不同使用权限的海量档案信息资源，突出特色资源建设，这些信息对象可能并不存储在同一个地方，而可能分布在不同的数据服务器上。二是数字档案馆是一种分布式组织模式，遵循统一的访问协议，可将整个区域内分散的数字化档案信息资源连为一体，组成一个巨大的数字化信息资源库，实现跨平台网络存取。三是数字档案馆需按照统一、规范的著录标准进行信息描述，以便实现数字信息系统间的互操作，支持系统间的无缝交换和共享信息资源与服务，构成集成的信息服务机制。四是数字档案馆提供智能化的信息检索服务。通过为用户提供友好的交互界面，不仅可满足一般的信息检索需求，而且可使用户按照自己的需求目标，设定自己的信息来源、表现形式、网络功能、服务方式，并通过智能检索与推拉服务，达到真正的主导型个性化服务。数字档案馆个性化服务模式，可参见图 5-3。五是数字档案馆应将知识组织系统逐步融入信息组织，针对用户查询请求自动向用户提供知识参考咨询服务。

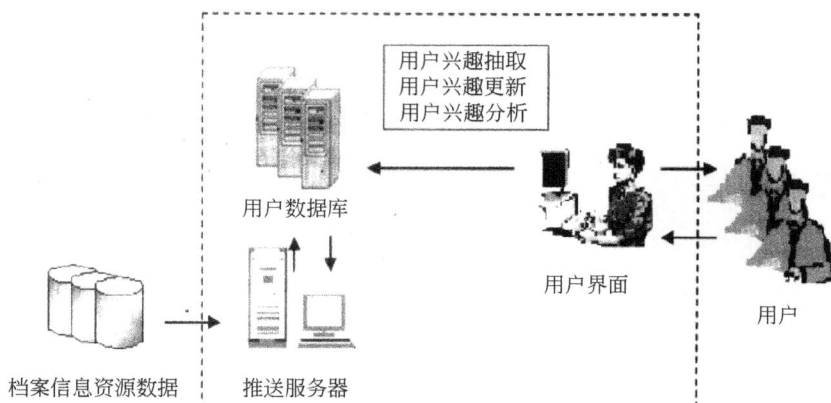

图 5-3　基于数字档案馆的个性化服务模式

3）数字图书馆的信息组织研究实例——美国记忆

我国数字档案馆的产生和发展在很大程度上受到数字图书馆的影响，两者在建设过程中有诸多相似、相通之处。由于数字图书馆研究起步较早，国内外已经形成了丰富的理论和研究实践，其信息组织理论与实践对于我国数字档案馆建设具有重要的启示作用。以当今世界上最著名的数字图书馆项目"美国记忆"为例，至 2009 年已拥有总计 900 万件以上记录美国历史和文化的数字化资料，这些资料包括数字化的历史文本、照片、地图、视频、音频等各种媒体形式。国会图书馆对不同类型的历史资料采取不同的数字化手段和组织方法，提供了各种各样的检索、浏览功能。其信息组织和检索、浏览特色分明，如对于分布式的数字信息资源进行统一的分类，按照统一的标准进行存储和描述，使用统一的界面进行检索、浏览；不同类型的多媒体数字信息资源，都采用符合国际或行业标准的存储格式和编码规范，使同种媒体的数字信息源的格式保持一致；特色信息资源会采用独特的组织方法提供检索、浏览功能，如按照资源所涉及的区域、历史事件的时间、多媒体信息的格式类型等提供检索入口等。

超星数字图书馆创建了数字图书馆多媒体数据存储、检索和网络传输模式，以 TRS 全文检索系统平台和元数据库为支持。它遵循数字图书馆技术对资源描述的元数据标准，科学组织、加工海量资源，形成了有序的信息体系。它根据图书信息资源的特点，制定了一个系统的数字图书馆信息资源建设方案，对各类图书进行统一分类，按照一定的标准进行数字化存储和描述。检索页面提供多种检索方式，包括初级（提供书名、作者、全部字段三种方式进行检索）、高级（适合多条件检索）和分类浏览（采用中图分类法进行学科分类）三种检索方式，还有出版社网页链接、专题和热门搜索等。检索结果可进行卡片式阅读、网页阅读、去网上书店预定纸书或者通过下载专用的超星阅读器免费阅读部分电子图书。除了电子书，还提供学术视频搜索，对视频的组织是以数据库为主要组织方式，可根据标题、主讲人、主讲人单位、字幕等进行搜索。视频搜索还可针对自己感兴趣的名师和高校或者专题进行深度搜索等。

4）数字档案馆的建设实践

我国现有的数字档案馆建设项目多属"内部工程"，各自建设、自建自用的状况占主导地位，近些年建成了深圳数字档案馆、青岛数字档案馆、苏州数字档案馆等。但是，当前数字档案馆建设存在大量低水平重复投资、重复开发的项目，而且数据库、应用系统的标准不统一，通用性和共享性差。近年来，国家档案局将"国家数字档案馆建设与服务工程"列为重点建设项目（http：//weilaiwansui. blog. hexun. com/8467375_ d. html），该项目以国家综合档案馆为建设对象，以分布式档案数据库建设为核心，重点建设涵盖全部馆藏档案的全国性、超大型、分布式、规范化、可共享的档案目录数据库、纸质档案全文数据库和多媒体档案数据库；建立适应国家经济建设和社会发展需要的档案信息资源共享体系；建立适应各级党委政府电子政务建设需要的电子文件归档管理和电子档案接收管理系统。随着国家对数字档案馆建设研究重视程度的加深，现存的问题将会逐步得到解决，数字档案馆将逐步从个体档案馆建设发展成为分布式信息组织系统，这是网络档案信息组织的高级阶段和发展方向。

本课题以深圳市数字档案馆为例，具体分析了数字档案馆的建设情况。深圳数字档案馆是我国第一个数字档案馆，该工程建设项目于 2000 年 5 月正式在国家档案局立项，并列为全国档案事业"十五"发展计划的重要内容。深圳数字档案馆的应用系统包括电子档案信息收集、电子档案信息管理、电子档案信息利用、电子档案信息安全维护四个功能模块。电子档案信息收集模块负责各类电子档案信息的采集并将其输入系统。信息管理模块主要负责对采集到的信息进行整理、分类、管理，使大量无序的信息有序化。信息利用模块负责对数字档案馆管理的海量电子档案信息，运用计算机和网络技术向社会提供超越时空界限的利用服务，真正实现数字档案信息资源的共享。电子档案信息安全维护模块涉及物理安全、信息资源安全和安全保密管理等方面。

2. 档案学学科信息门户

学科信息门户是在主题目录、搜索引擎和指示数据库等组织方式的基础上进一步发展起来的。学科信息门户（subject information gateway，SIG）是将特定学科领域的信息资源、工具和服务集成为整体，为用户提供方便的信息检索和服务入口。国内外围绕学科信息门户建设展开了丰富的理论研究，形成了大量的研究成果，为学科信息门户的实际建立奠定了坚实的理论基础。在我国，国家科学图书馆已建成物理和数学、化学、生命科学、资源和环境科学、图书情报 5 个学科信息门户。目前，国内尚未建立档案学学科信息门户，对该课题的研究还处于理论探讨阶段，有待进一步深化。

1）档案学学科信息门户的内涵

档案学学科信息门户是将档案学这一学科专业的各种载体、各种类型的信息资源进行系统整序、优化组织，并从逻辑上连接起来，按照用户的要求对信息资源进行更有针对性、更深入的揭示，通过专深的信息检索、个性化定制和开放式集成，保证用户获得高质量的资源和一站式的检索。其基本目标是建成一定范围内高质量的可控档案信息资源集散地，实现网上与网下资源相结合（馆藏与电子资源）、各种信息形态相结合、各种技术相结合，使用户只要进入该资源库就可获得与档案学相关的所有信息资源，并在此基础上逐步实现与其他学科门户网站的密切合作。

2）档案学学科信息门户的信息组织特点

档案学学科信息门户是档案学学科专业信息资源和信息服务的门户，提供权威和可靠的学科信息导航，整合文献信息资源系统及其检索利用，并逐步支持个性化定制和开放式集成。它在信息组织方面应具有如下特征。

A. 全面性的资源收录

档案学学科信息门户所收集的资源应尽可能全面覆盖档案学领域核心资源，基本覆盖该学科领域其他资源，选择性覆盖相关学科核心资源。这种全面性不仅体现在收录范围上，还体现在档案信息的内容、类型、时间等各个具体层面。该门户将提供因特网上包括最新资讯、档案数据库、电子公告板、新闻组、机构、档案学专家等有关的档案网站资料，为用户提供权威、可靠的目录导航系统。

B. 科学化的资源选择

在保证范围全面性的同时，档案学学科信息门户所收录的信息在内容上应具有准确性、权威性、客观性、新颖性等特征。即充分结合档案学的学科特点，制定专门的、科学的信息选择标准，通过进行信息筛选，确保为用户提供高质量的档案信息和服务。

C. 规范化的信息描述

应结合档案信息特点，选择统一、规范的通用元数据与标记语言进行信息描述，采用的元数据必须能够容纳档案学学科信息门户中可能出现的任何类型的档案信息。例如，澳大利亚要求学科信息门户全部采用已有的元数据标准，如都柏林核心元数据（DC）、MARC 和澳大利亚政府查找服务（Australian government locator service，AGLS）等。

D. 合理化的信息组织

一方面，所收录信息必须按照一定标准（如档案题名、类型）分类，形成合理的分类目录，成为用户进行信息浏览与检索的工具。在分类法的选择上，可在参照《中国档案分类法》的基础上，形成新的分类体系，使信息完整、准确、清晰地呈现在页面上。另一方面，也可提供一个按字顺排列的主题词表，把全部信息资源描述的主题词按照字顺排列，形成可浏览字顺表，便于用户查找某个特定主题的档案信息。

E. 定期性的信息维护与更新

根据对国内档案网站的跟踪调查数据看，档案网站的数量和内容都不是一成不变的，如每年都有一些新增的档案网站出现。这就要求所开发的档案学学科信息门户具备定期更新功能，既可及时收录新增资源，又可根据变化随时调整现有资源。例如，根据档案用户需求的变化调整分类体系，保证重点突出。

F. 智能化的信息检索

档案学学科信息门户实质是一个专业性的信息检索系统，它将互联网上档案学领域的网页收集起来，作为一次信息，然后对其进行标引，使其具有异构计算机软硬件平台间良好的互操作性，具有跨门户检索的能力，为用户提供界面友好、功能强大、操作简单的"一站式"检索。此外，为了更好地满足用户信息需求的个性化，在提供信息浏览与检索等基本服务的同时，学科信息门户还可跟踪用户需求，主动地为用户提供新资源通报、信息推送与定制服务。

3）学科信息门户建设实例——图书情报学科信息门户

全球图书情报系统资源门户网站（图5-4）是国家科学数字图书馆项目管理中心资助建设的项目之一，该网站通过合理的分类组织与浏览体系，对 Internet 上可直接查询的国内外各学科领域、各类型的重要图书情报系统及其馆藏资源进行搜集、评价、分类、组织和有序化整理、揭示，提供权威和可靠的学科信息导航，整合文献信息资源系统及其检索利用，并逐步支持个性化定制和开放式集成。

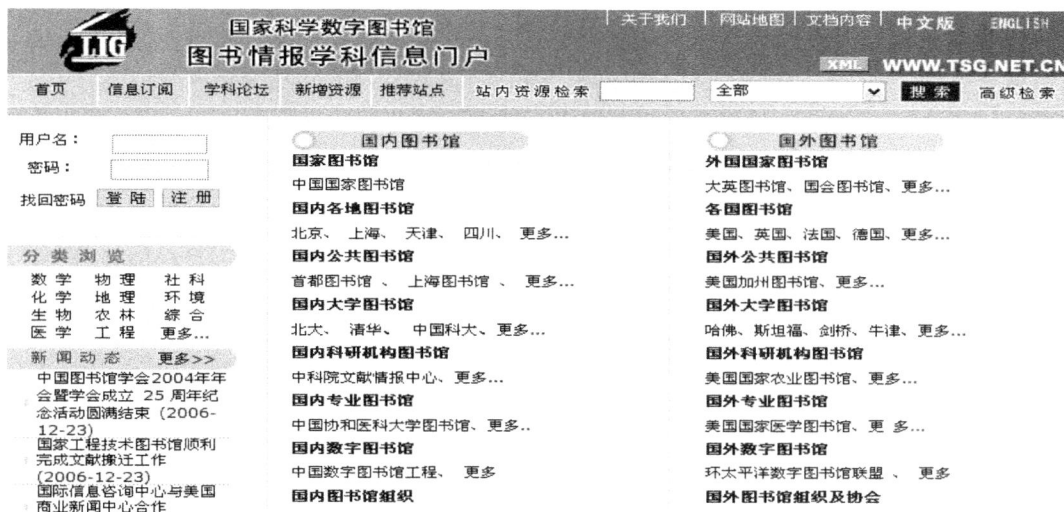

图5-4　国家图书情报学科信息门户主页

图书情报学科信息门户是一个综合性的导航系统，其主要特点：一是由于该门户的目标是让最终用户群可通过本网站获得各图书情报机构的在线信息，因此该门户是对各机构的网站进行描述，而不是对各机构进行描述。二是由于该学科信息门户的描述重点在于图书情报系统，因此对于各系统的馆藏资源只在各系统描述中加以适当链接，并不作具体描述著录。三是管理元数据必须采用资源门户网站制定的规范，而资源类型词汇则是参考化学门户网站的词汇表进行部分修改、删除得出的结果。

　　档案学作为一门重要学科，建立本学科的信息门户是档案网站信息资源组织的更高层次，是该领域信息组织发展的必然选择。通过建立学科信息门户，可更好地满足网络档案用户深层次、宽范围、多样化、高质量的信息需求。已有的学科信息门户建设理论和实践，包括建设的理念、方式、方法和技术等，都是开发档案学学科信息门户的重要参考。

5.3.4　组织方法（四）——新兴方法应用

1. 语义网

　　"语义网"最早是由 W3C（万维网联盟，World Wide Web Consortium，W3C）主席 Tim Berners-Lee 先生于 1998 年提出，并在 2001 年 5 月的 *Scientific American* 期刊的"语义网"一文中正式给出其定义："语义网是对当前的万维网进行扩展、延伸，通过在信息中加入表示其含义（即语义）的内容（在其中所有的信息都具有定义完好的含义），使计算机可以自动与人协同工作（更利于人与机器之间的合作）"。也有中国研究人员对此做出定义，如金海等（2010）将其定义为"以数据的内容，即数据的语义为核心，用计算机能够理解和处理的方式链接起来的海量分布式数据库。"

　　语义网的核心原理是，通过给网络上的文档添加能够被计算机所识别的语义（metadata），使计算机能够更好地理解用户并提供所需要的服务，从而使互联网成为通用的信息交换媒介。它与现存的万维网的区别在于，以计算机语言为对象，以分析文档的具体内容和含义为主要任务，在组织信息资源时，兼顾计算机对内容的理解和文档之间的关系。因此，语义网最大的优势在于能够使计算机自动完成信息的收集、检索、整理、排序和分析工作，节省人工劳动，使网络服务更加智能化和自动化。

　　W3C 组织是语义网的主要推动者和标准制定者。2002 年 7 月 9 日，在意大利召开了第一届国际语义网大会。此后语义网大会每年举行一次，形成惯例。同时，HP、IBM、微软、富士通等大公司，斯坦福大学、马里兰大学、德国卡尔斯鲁厄大学、英国曼彻斯特维多利亚大学等教育机构都对语义网技术展开了广泛深入的研究，开发出了 Jena、KAON、Racer、Pellet 等一系列语义网技术开发应用平台、基于语义网技术的信息集成以及查询、推理和本体编辑系统。

　　我国也非常重视语义网的研究，早在 2002 年，语义网技术就被国家 863 计划列为重点支持项目。清华大学的语义网辅助本体挖掘系统 SWARMS、上海交通大学的本体工程开发平台 ORIENT 都代表了国内语义网研发水平。

　　语义 Web 的实现依赖于三大关键技术：XML、RDF 和 Ontology。XML（eXtended Markup Language）层作为语法层（XML 为标志语言）；RDF（Resource Description Framework）层作为数据层（RDF 为描述框架）；本体层（Ontology）作为语义层（Ontology 为词汇规范的语义网结构）；逻辑层（Logic）提供智能推理的规则；证据层（Proof）支持代理间通讯的证据。目前关于语义网关键技术的讨论主要集中在 RDF 和

Ontology。语义网的体系结构尚在建设中，还没有形成一个严密的逻辑描述与理论体系。

语义网的发展与应用将为档案网站信息资源组织提供更加先进的技术支持，同时也可能改变以往对于档案信息资源著录标引的理解。语义网能通过对档案网站信息资源的具体内容添加标注或解释的方式，构建信息资源之间的有机联系，将用户的检索需求转化为更加能被"机器"理解的语言，从而提供更精准的检索结果。

2. 云计算

2006 年 8 月 9 日 Google 首席执行官 Eric Schmidt 在搜索引擎大会上首次提出云计算（cloud computing）的理念。它的基本原理是，用户所需的应用程序并不需要运行在用户的个人电脑、手机等终端设备上，而是运行在互联网的大规模服务器集群中。用户所处理的数据也并不存储在本地，而是保存在互联网的数据中心。这些数据中心正常运转的管理和维护则由提供云计算服务的企业负责，并由他们来保证足够强的计算能力和足够大的存储空间来供用户使用。

在我国，云计算方式在组织档案网站信息资源的各种方法中属于后来者，目前国内大多数档案网站都还未使用它作为信息存储和利用的工具。云计算在档案网站信息资源组织中的思路是，各档案机构需将本单位的所有数字资源交给选定的云服务提供商，并与提供商签署信息安全协议，档案机构工作人员无需知晓存储的过程、存储所在的服务器位置，便可完成档案信息存储。

云计算系统具有强大的数据存储与数据处理能力，适合存储大规模的非结构化数据，包括所有格式的办公文档、文本、图片、XML、html、图像和音频、视频信息等，能够对多种异质、异构的数字资源进行集成与重组，还能对各种具有检索意义的文档信息资源，如 html、doc、RTF、txt 等提供强大的全文检索能力。用户提交任务请求后，一个云计算系统中的所有计算机会运用各种不同的方法，对系统中的信息资源进行多方面、多层次的集成和整合，从海量的信息中为用户提供尽可能完整的搜索结果。

由于档案这一事物具有"封闭性"的特点，往往会涉及国家安全、信息保密等问题，故不便将所有档案信息全部公开，需要进行挑选、鉴定，在全国档案工作中规划出统一标准，将适宜实现信息资源共享的数据放置于公有云中，直接面向用户提供档案查找、利用等服务。不便于公开的档案信息，则宜置于拥有基础架构自主权的各档案馆私有云中，通过账户身份登录认证方可查询，从而有效地保护信息的安全。

第6章 档案网站信息资源组织方案的设计

档案网站信息资源组织是信息化的一项重要任务,其顺利实施需要系统的方案指导。所谓档案网站信息资源组织方案,就是以用户需求为出发点,以网点建设为依托,以资源序化、优化为核心、以提供利用为目的,科学运用各种档案网站信息资源组织方法,设计和提出档案信息资源在网络环境中合理组织、有效配置、高度共享的规划和建议,具有全局性、科学性和长期性,能够指导组织实践,并为国家制定档案信息化建设相关政策提供参考意见。

6.1 组织理念——以满足用户需求为根本出发点

网络档案用户是指在从事学习、科研、生产、管理等各种活动中通过互联网利用档案信息及其服务的社会主体。为了合理地组织档案网站信息资源,需从信息交流的角度来组织档案信息,利用网状结构进行资源组织,积极建立以用户为中心的信息组织框架。当前,国内许多档案网站已经认识到用户的重要性,并更多地付诸于组织档案网站信息资源的实践中,以不同方式加强与用户互动交流,如苏州档案局网站、天津档案信息网等。经过理论分析与总结,本课题认为坚持以用户为中心组织档案网站信息资源,需要考虑以下几点:

6.1.1 做好用户需求调研

档案部门拥有众多档案信息,做好用户需求调研,了解网络档案用户的各种信息需求,是加强档案信息资源建设,更好地组织档案信息并提供网络利用的重要基础性工作。据不完全统计,档案网站访问量不断增加,从而为全面了解用户需求提供了可能(表6-1)。调研方法主要包括以下三种。

一是用户需求调查。选择特定网络用户群体作为调查对象,通过访谈、发放调查问卷、座谈等方式,了解用户需求,征求组织档案信息资源的意见和建议。

二是对档案网站信息资源利用率的分析。档案网站一般都会定期进行利用率统计,通过分析统计数据,即可获知用户一定时期生产、生活和工作中需要更多地利用哪些档案,预测用户需求状况和趋势,从而合理配置资源,提高利用效率和效果。例如,辽宁省档案局就对现行文件利用情况进行了统计(图6-1),是一个很好的范例,对于组织现行文件资源具有重要的参考价值。

三是关注档案利用效果。一般通过用户利用反馈,了解档案利用活动中存在的问题与障碍,并以此为依据指导档案信息资源组织,提高利用质量。

表 6-1　2004～2012 年度我国主要省级国家综合档案网站用户规模不完全统计*

总访问人次 省档案网站	2004 年	2005 年	2006 年	2007 年	2008 年	2009 年	2010 年	2011 年	2012 年
北京市档案信息网	856 150	—	1 700 461	3 142 898	5 181 464	7354 710	9 533 992	12 706 029	16 046 951
天津档案网	120 950	236 406	411 933	920 933	1 163 958	1 438 935	1 758 262	2 116 865	2 610 588
河北档案信息网	—	—	74 549	91 362	—	—	—	—	—
晋档在线（山西省）	—	—	68 395	—	36 644	51 030	296 006	9 891	30 861
内蒙古档案信息网	—	—	35 791	—	93 766	190 395	313 170	437 755	—
辽宁档案信息网	57 544	19 017	61 730	86 558	116 313	151 432	72 574	11 549	—
黑龙江省档案信息网	—	—	—	252 200	268 748	281 814	2 100 785	6 716	—
上海档案信息网	1 092 132	—	—	5 613 760	8 080 389	10 800 724	13 705 201	16 746 652	20 009 789
江苏档案	—	—	—	—	—	—	—	1 020 580	2 406 350
浙江档案网	—	—	1 328 592	1 755 943	2 131 659	2 780 047	3 349 118	3 965 898	4 613 939
福建省档案局（馆）	—	88 100	842 847	342 179	—	646 743	2 356 821	4 153 296	3 495 890
江西省档案局	24 229	173 922	—	—	—	463 933	1 217 137	2 004 899	3 508 602
山东档案信息网	122 825	—	465 626	49 883	554 764	592 888	647 350	709 637	—
河南档案信息网	—	—	70 402	30 665	3 777	227 287	267 842	487 026	2 061 438
湖北档案信息网	—	—	43 852	84 387	1 807 185	4 952 968	1 911 988	6 220 637	13 816 372
湖南省档案馆	15 660	26 688	17 931	—	207 757	366 838	429 819	468 003	473 530
广东档案信息网	12 849	—	901 538	3 744 152	5 718 953	7 387 277	15 347 564	23 857 531	26 415 841
广西档案信息网	15 895	—	26 798	51 070	147 906	352376	564 018	738 354	950 063
四川档案	28 049	45 840	109 520	201 005	70 426	—	118 805	213 761	1 929 513
贵州档案信息网	5 493	17 127	29 794	44 742	60 310	130 354	138 509	170 342	196 063
云南档案信息网	5 282	22 911	1 278	1 194	1 917	—	—	—	—
陕西档案信息网	24 341	—	—	—	20 095	40 846	78 141	112 003	—
甘肃档案信息网	—	—	67 996	34 322	100 851	194 705	728 828	908 624	1 138 689
新疆维吾尔自治区档案信息网	—	—	—	3 978	18 527	—	—	—	74 793

*数据来源于档案网站提供的访问量统计，因为大多没有标明起始时间，所以访问量是一个相对衡量指标

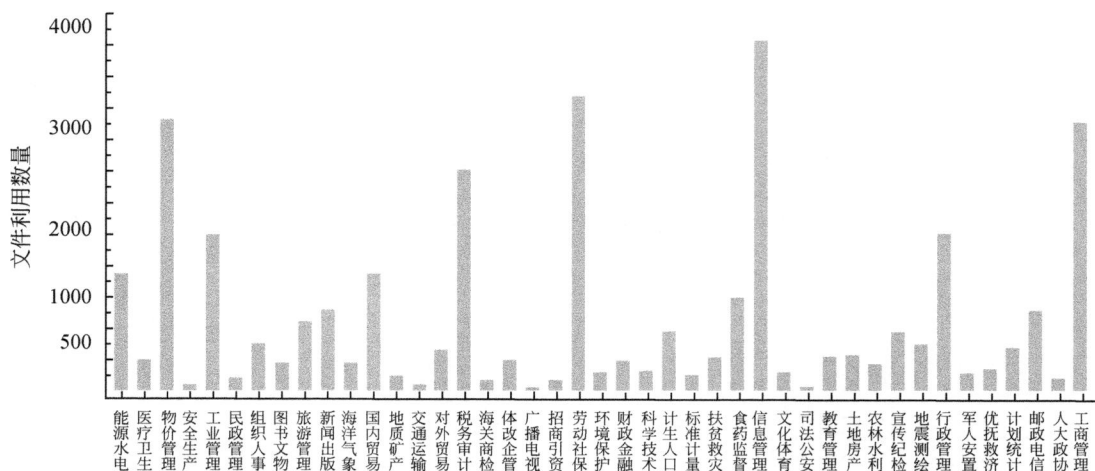

图 6-1　辽宁省档案局（馆）现行文件利用情况统计

6.1.2　坚持以用户需求为导向

　　信息需求是人（主体）对信息（客体）意向、愿望和要求的反映。由于网络档案信息在数量、结构、分布、类型、传递手段等方面都与传统档案有着显著差异，受传统信息利用习惯的影响，用户对档案网站信息资源的了解和利用还存在一个认识、接受和熟悉的过程。用户的信息需求，包括需求动机、需求心理、需求行为等内容。档案网站信息资源组织的结果应注重满足用户两个层面的需求，即一般需求与专门需求。一方面，根据用户利用需求的一般规律和特点，提供综合性强、内容丰富、具有一定知识性的信息产品。另一方面，注重用户个性化需求，向特定用户提供专深的档案信息挖掘服务和个性化的推送服务。此外，还应特别重视潜在用户的利用需求。档案部门可根据用户背景、利用范围、利用目的等，分析出具有潜在利用价值的档案，指导组织实践，使组织产品具有一定的预测性。

　　用户是档案网站信息资源组织的服务对象，如何组织档案网站信息资源，用户应拥有重要的发言权。坚持以用户需求为导向，就是要坚持对用户的知识结构、需求心理、信息行为等进行全面分析，据此确定信息组织方案和组织结构，包括对信息进行逻辑分组并确定各组之间的关系，建立资源导航，优化组织方式等。例如，根据用户认知特征，尝试采用标准化的分类体系。用户的知识结构对当前的认知活动具有决定性的作用。如果档案网站引入统一的分类标准，用户是否可以更快地熟悉并掌握网站内容结构和功能服务，提高查询信息的速度和准确率，档案部门可通过试点就此问题进行调查，明确统一档案网站风格与用户利用效果的关系，以加强网站之间的互操作性，规范网站之间的互通性，进一步减轻用户认知的负担。

　　可以说，以用户需求为中心是组织档案网站信息资源的一个重要理念。随着理论和技术的不断发展，不仅可按用户主题组织各种档案信息，而且可根据用户兴趣实现信息推送和定制。

6.1.3 引导用户主动参与

在社会信息化的趋势下，借助于计算机和网络技术，档案利用服务正向以用户为中心的服务模式转变，档案组织活动自然也要以服务用户为目标。用户是档案网站信息资源组织的服务对象，用户需求的发展变化推动网络环境下档案信息资源组织研究的不断进步。用户既是信息的索取者，也是信息的提供者。新型的档案网站信息资源组织方案应注重向档案用户宣传、推广组织理念，强调用户的主动参与，引导用户成为组织整理档案信息资源，并将其加工成信息产品或服务的参与者，使之在组织实践中贡献自己的专业知识，充分表达信息需求，推动以用户为中心的信息资源组织框架的建立。随着人们观念的进步，用户有了参与信息组织的强烈需求，而技术的发展使这种需求有了实现的可能。用户参与方式多样，如可通过写评论来反馈档案信息利用的效果，对档案信息资源建设与档案信息组织提出意见和建议等。当然，还可利用贴标签、Blog、Wiki 等方式来贡献、分享和管理自己的知识与观点。

6.2 平台建设——建立纵横贯通的全国 档案信息网络框架

这里的平台是指依靠现有的信息基础设施，充分利用国家骨干通信网络和网络交换中心、安全中心等相关的国家设施，协调公共网络、局域网与其他网络的关系，设计档案信息组织网络结构，形成技术先进、体系完整的档案网站信息资源组织网络体系，达到帮助人们创新地、有效地组织和管理档案信息的目的。遵循档案的特点，结合我国档案信息化建设的实际，本课题提出构建全国档案信息网络框架如下（图6-2）。

由上图可知，全国档案信息网络框架是一个纵横贯通的复杂结构，依照组织规模分为宏观、中观、微观三个层次，加上若干节点，共同构成一个多级联网系统，实现全国档案机构之间的互联互通。宏观层面是组织全国档案网站信息资源的中心站点。中观层面是组织一定行政区域或专业范围内档案网站信息资源的站点。微观层面是负责本馆内部信息资源归类组织的单个站点。

6.2.1 宏观层面

随着观念进步和技术发展，档案网站信息资源组织规模不断扩大，其最终目标就是实现档案信息资源的社会化共享。为达到这一目标，需要完善的档案信息网络做支撑，在宏观层面，可先将国家档案局（馆）网站发展为国家档案信息中心站点，并在此基础上研究建设国家数字档案馆和档案学学科信息门户，负责对全国的档案网站信息资源实施战略性管理，即从总量上和结构上组织、协调档案网站信息资源，逐步达到全国性的资源控制。这是一项系统的社会工程，规模巨大、结构复杂，需要一个较长的建设周期，按计划、分

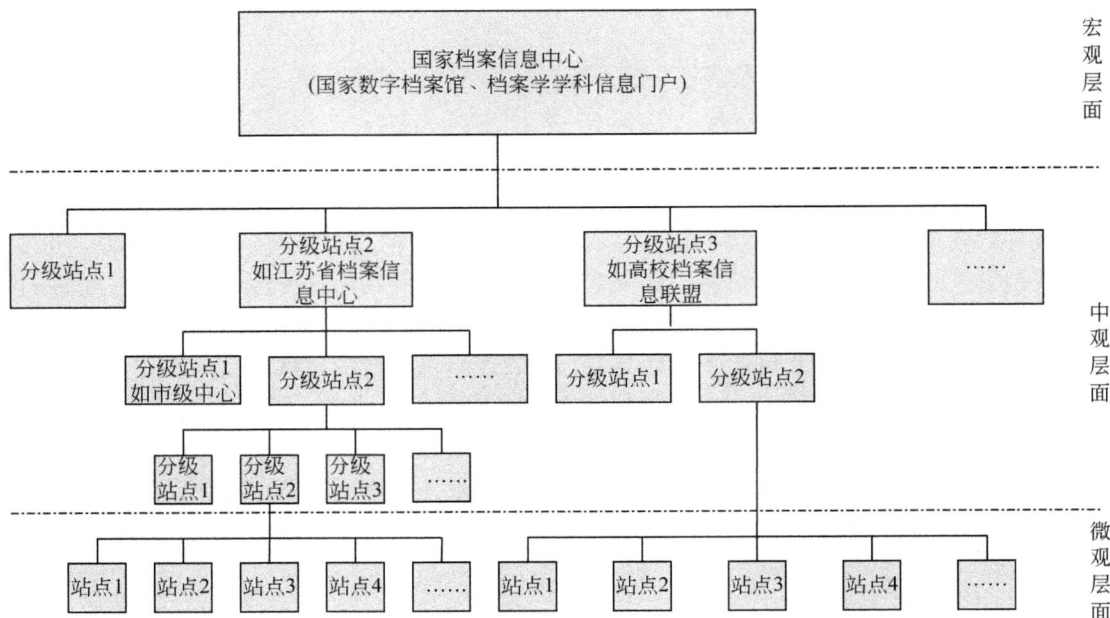

图 6-2　全国档案信息网络框架

阶段、有步骤地向前推进。当前，由于技术、资金、专业人员等各方面条件的限制，国家信息中心节点还处在研究探索阶段。

具体职能包括：一是组织全国档案信息，即对全国各级各类档案机构的档案网站信息资源进行统筹规划、组织和管理，并对外提供档案信息服务，如提供国家档案联合目录、档案网站信息资源导航等。二是组织具有国家重大价值的专题档案，特别是一些非物质文化遗产档案，对这些档案进行具体的统一收集、组织和集成检索。例如，日本的"人间国宝"计划，就是对被列入传承人名录者建立文字、图片、声像等全方位的材料。

6.2.2　中观层面

中观层面的档案网站信息资源组织站点具有承上启下的作用，一般可根据特定范围设置多层信息中心，作为分级网络节点。这些分级中心应既符合国家信息中心的需要，又有利于指导、规划微观层次档案网站信息组织与配置。中观层面的网络节点建设可以是多样化的数字交流平台，诸如中心档案网站（如省级档案网站）、数字档案馆、档案网站集群系统等，负责制定相应的组织策略，组织本区域或专题范围的档案网站信息资源，对资源进行统一的管理和维护，并以良好的用户界面、功能强大的信息检索工具和导航系统，为用户提供高层次的综合档案信息产品，实现高质量、高效率的信息服务，体现本区域、本专题的利益。

依据中国行政区域等级划分，可分为省级站点、地市级站点、区县级站点等，形成不同地域间档案信息交流的分级中心站点，实现各级各类档案部门在网络上密切配合，组织、协调各种资源，互通有无、资源共享。具体建立几层分级站点，则可根据本地区的实际情况决定。例如，仅建立省级站点，即由省级档案部门统一建设该省（市、自治区）中心站点，将省内所有档案网站都集中到统一的服务器上，由省级档案部门进行统一的维护和管理，各地市县级档案部门则只需提供本地档案网站发布的内容，这种情况较适合档案信息资源相对较少、分布集中的地区。

依据档案产生和发布机构划分，可分为高校档案部门、城建档案馆和企业档案部门等分级站点，实现专门档案机构信息资源的广泛传播与共享。与国家综合档案馆不同，高校、企业等专门档案馆专业性强，许多档案不宜向全社会开放，因此在建立网络架构时，建立的分级站点层次相对较少。由于缺乏必要的行政隶属关系，组织这类档案信息资源的难度相对更大。

可见，与宏观和微观层面不同，中观层面的网络节点纵横交错，不仅层级多，且类型各异，除了上面提到的以行政区域或发布机构进行站点划分外，还可根据专题、气代等设置分级站点，组织特定范围的档案信息。

6.2.3　微观层面

基础层站点为单个档案网站，数量庞大，主要任务是合理配置本机构内部的档案信息，实现对无序档案信息的有序化组织和知识挖掘，并为用户提供方便、快捷的服务。随着各级各类档案部门贯彻落实《全国档案信息化建设实施纲要》，依托国家信息基础设施，国内各级各类档案机构都相继建立了档案网站，已经逐步建成了一个相对开放的、便于网民使用的档案网站信息资源传播环境，为档案网站信息资源组织提供了良好的基础平台。由于中观乃至宏观层面的网络节点所组织的信息，来源于微观层面各个站点，其信息组织质量不仅影响本馆组织效果，还影响全国档案信息资源的统筹配置。因此，各个基层站点必须对本馆馆藏档案进行科学归类、合理组织，采用合适的组织方法，使之形成系统化的结构，保证组织质量。

经过几年的发展，我国档案网站建设已成规模，具有数量上的优势。截至 2012 年 12 月 31 日，全国已建成 287 个地市级以上综合档案网站，80 所"211 工程"高校也建立了档案网站。由于我国档案工作存在地域发展不平衡性的状况，在建立档案网站的过程中，采取了分步实施、逐步推广的方针。一些档案信息化程度较高的地区，已率先进行资源组织尝试，并取得了阶段性的成果。应鼓励创新精神，收集组织实践中的先进经验，将其作为范例，以点带面、逐步推广，不断扩大组织实施的范围，最终形成一个全国范围的档案信息资源共享体系。

6.3　组织体系——建立全方位档案
网站信息资源组织体系

在系统理清档案网站信息资源组织方法体系构成和内容的基础上，这里进一步探讨如何合理、有效地利用这些方法，根据馆藏数字化档案、现行文件、特色档案和编研成果四类资源的特点，设计具体的组织方案指导组织实践。在此说明一点，本课题只是针对一般情况进行组织方法应用分析，在实践中必须具体问题具体分析，选择一种或几种组织方法进行资源组织。

6.3.1 馆藏数字化档案的组织方案

馆藏数字化档案是档案网站信息资源的核心组成部分，该类信息数量丰富、类型多样，也是利用率最高的一类档案。如果馆藏数字化档案信息数量丰富、内容全面，其服务的质量和效益就更有保障。

1. 设计思路

组织馆藏数字化档案，首先要对各个档案网站的这类资源进行有效的组织，即在符合档案开放相关法律规定的前提下，力争在形式上包括文本、图像、影像、声音等多种类型，在内容上反映社会生产与生活的各个方面，然后将经过一定组织加工的档案信息纳入一定范围的馆藏数字化档案资源组织体系，从本机构逐步扩大到一定范围乃至全国的数字档案馆共享平台。

2. 组织对象分析

组织档案信息资源首先需要分析组织对象的基本情况，包括内容特征、数量、格式、种类等，为下一步工作做准备。馆藏数字化档案通常包括馆藏档案目录、有较高保存价值的馆藏档案全文、永久保存的珍贵档案典籍、使用频率较高的馆藏档案全文等。它们具有数量丰富、形式多样、来源广泛、时间跨度大等特点，以数字化档案目录为主，全文相对较少，包括文本、图像、音频、视频等多种媒体格式，可谓四类档案网站信息资源中的"重中之重"，自然也是档案部门组织的重点内容。鉴于档案部门现有技术环境、档案保密、档案价值、用户需求等因素，将传统档案馆全部档案数字化并上网是不切合实际的，明确馆藏数字化档案的范围，分阶段、有步骤地加以组织，可避免档案馆重复建设浪费资源，使各机构能够资源互补。

1) 从单一文本到多媒体信息

随着信息社会的进步，档案用户的信息需求已从单纯的文本信息向交互式多媒体信息发展，从单一信息服务向含文本、语音、图像的集成化服务转变，希望既获得文本信息，又能获得直观生动、易被理解接受的多媒体信息，以及实物信息。面对这种用户需求的变化，档案部门需积极应对，利用现代信息技术，大力推进多媒体档案的数字化存储和组织，使具有一定序化结构的文本、图像、视频等多媒体档案信息得以在网络上自由传播与共享。在组织过程中，鉴于档案部门的实际，要想做到多种媒体形式档案信息的同步大规模组织难度太大，必须综合考虑各种因素，优先组织一部分档案。一般来说，按照"文本—图像—音视频"的顺序，逐步扩大组织范围是比较现实的选择。例如，图像图形档案组织比较复杂，就目前档案部门的实际情况看，只能在组织文本档案的基础上，先将一部分图像档案上网，这就需要进行必要的信息筛选，可优先组织价值较高的图像档案，以标准化的格式存储，使用户可以在网上获得直观生动的档案信息。

2）从目录到全文

由于档案信息资源海量丰富，在短期内难以实现大规模的全文组织，优先组织档案目录信息并联网，实现全国档案目录信息共享，是我国档案信息化建设的中心内容。依照我国档案事业发展的特点，组织档案网站信息资源，必须从目录到全文，分阶段、有重点地展开。

第一阶段，组织档案目录信息。《全国档案信息化建设实施纲要》指出：应"充分运用计算机技术，加快档案目录数据库建设，提高档案检索利用服务质量。"档案目录（archival catalogue）是由档案馆（室）编制的，由众多著录条目组成并按一定次序编排的，揭示、报道与查找档案的工具，对用户起着指示和导航的作用，包括全宗级目录、案卷目录、文件级目录、专题目录等，以初步揭示馆藏。目前，档案网站大多能提供本馆馆藏数字化档案目录，但很少能够与其他档案网站实现目录信息联合共享。这是一个渐进的过程，首先需要全国各级各类档案馆建立本馆档案目录数据库，而后在一定范围内（如依区域或专题划分）建立档案联合目录，随着规模的不断扩大，最终建成国家档案联机目录中心，收录全国范围的网络档案目录。

第二阶段，对没有经过加工的馆藏数字化档案原文进行组织，以全文形式直接上网。组织全文上网，能够为用户提供更为详细的信息，国外许多图书馆和档案馆都能提供馆藏资源全文，如密西西比大学图书馆组织其电子资源就设有"全文"类，如果该图书馆某类资源包含50%以上的全文，就包含在"全文"这一类别中。根据2012年度档案网站普查结果，国内提供全文的档案网站较少，仅占调研样本总数的15.3%，档案全文组织亟待加强。实现全文组织，在技术和方法上都有更高的要求，就目前情况看，必须根据档案特点、用户需求、档案价值、开放程度和软硬件条件进行信息筛选，先实现部分档案全文组织，逐步扩大组织全文的数量，最终实现全部档案全文数字化上网。例如，可将数量较少、价值较大的特色资源和数量相对较少、格式规范的现行文件全文，组织全文上网，然后逐步推进到馆藏数字化档案全文的组织检索。

3）从信息收录到信息更新

据调查，国内半数以上的网站不能做到档案信息及时更新，不能为用户提供最新信息，有些网站即使能够定期进行信息更新，周期也较长。这些内容陈旧的网站不是"活"的网站，只有保持内容的时效性，才能吸引更多的用户，才具有更强的生命力。相对于国内，国外档案网站更注重保持信息的时效性，信息更新及时、速度快，有些网站甚至能够做到实时更新。档案网站信息资源组织绝非一劳永逸的工程，而是一个持续的、不断发展的、具有生命力的运动过程。对档案部门来说，组织现有信息资源固然重要，但后期的信息更新也绝不能忽视，档案馆应该指派专人负责此项工作。至于更新周期的确定，对于不同的资源不应"一视同仁"，而是根据信息特点决定更新的时间和频率。例如，馆藏数字化档案的更新周期可与传统档案整理工作的周期相协调。

3. 组织方法选择

档案网站信息资源组织的方法很多，各有优劣，选用组织方法时，必须综合各方面因素，根据馆藏数字化档案自身的特征进行分析、选择。

1）组织文本档案

文本包括语言文字和符号，是对图形的一种再抽象。对于文本信息的组织，经过长期的研究和实践，在组织技术和方法上，已经相对比较成熟，文件方式、数据库方式、超文本方式等都能实现文本信息组织。目前，档案网站大多以提供文本档案利用为主，包括纯文本和格式化文本。今后，文本档案仍是档案网站信息资源组织的主要对象，各个档案机构应做好文本档案信息资源的组织工作，提供网络检索利用。根据文本档案的特点，以下几种方法适合组织该类档案信息。

A. 分类法和分类主题一体化方法

由于馆藏数字化档案一般数量庞大，拥有族性检索特点的分类法自然比主题法更适宜组织这部分资源。对于具有明显主题特征的组织对象，如能在进行分类的基础上，增加主题聚类，逐步实现分类主题一体化，将能为用户提供更便捷的查询服务。通常，可按时间、来源或问题等进行分类（表6-2）。

表6-2　馆藏数字化档案分类简表

按时间分类	按来源分类	按问题分类	……
新中国成立前档案	国家机构档案	行政档案	
历代王朝档案	党派团体档案	诉讼档案	
民国时期档案	企业单位档案	军事档案	……
新民主主义革命时期档案	事业单位档案	外交档案	
新中国成立后档案	……	……	

B. 馆藏数字化档案数据库

组织馆藏数字化档案，应以建立档案数据库为主，文件方式、超媒体方式等为补充，在此基础上建立指示数据库、联机目录等。建立馆藏数字化档案数据库，可在做好需求调研的基础上，参考现有一些期刊或论文数据库的设计原理与方法，结合档案特点，进行设计开发。

第一，按内容揭示程度，档案数据库可分为目录数据库（又可分为全宗目录、案卷目录和文件目录）、全文数据库和资料数据库。

第二，设计数据库结构。结构设计是否合理，将直接影响数据库的整体性能。因此，必须首先确定数据库的基本字段名称（如题名、责任者、全宗号、目录号、案卷号等）、字段类型、字段长度等。然后，将档案信息通过计算机添加到数据库中，以满足新数据库系统的管理。

第三，对于以网页文件形式存在的非结构化信息资源，可通过运用信息抽取技术，对网页文件中的档案信息资源进行主题词抽取，并进行相应的标引，生成结构化的数据添加到数据库中。

第四，进行系统模块设计，如管理模块、检索模块。管理模块可参考图 6-3，它是一个学位论文全文数据库管理平台模块流程图。

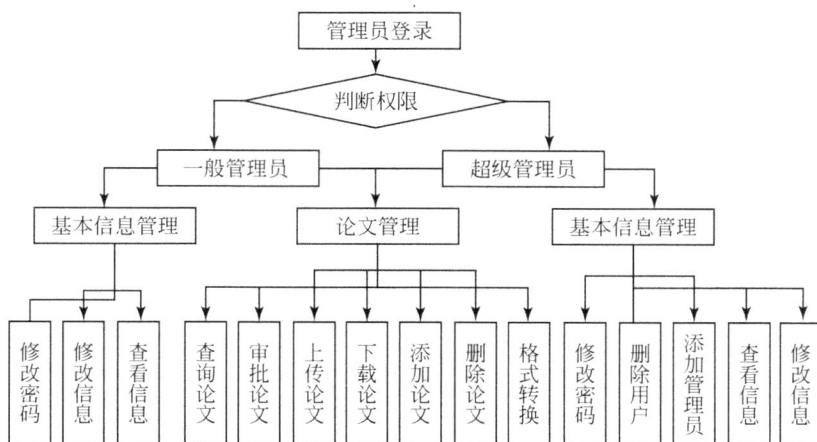

图 6-3　学位论文全文数据库管理平台模块流程

C. 数字档案馆资源组织体系

根据目前档案部门实际情况，可将经过一定组织加工的馆藏数字化档案信息纳入数字档案馆的资源组织体系。档案学学科信息门户作为一种深层次的组织方法，其实现还需要理论与技术的进一步完善。

2）组织图像图形档案

随着多媒体技术的发展，图像图形档案信息的数量快速增长，包括照片档案、工程制图、测绘档案等，对这些非文本信息进行系统组织，并对其进行灵活而有效的管理，是档案网站信息资源组织的重要内容。

在国外，图像档案组织与管理研究备受关注，在理论研究和实践方面都累积了丰富的经验。以欧洲图像档案工程（EVA）为例，其目标就是为终端用户建立一个互动的信息系统，允许用户发现公共档案馆中丰富的相片资源。为了在网络环境下交换信息，图像的资料由 XML 标准格式（eXtensible Markup Language）创建。XML 是独立于数据结构的一种应用程序，能够方便当地档案信息系统和中央 EVA 系统之间的数据交换，每著录一张照片，就生成一份独立的 XML 文件。由于 EVA 系统是建立在关系数据库管理系统的基础之上的，XML 元素必需连接数据库文件。

国内图像图形档案的组织还比较落后，其组织现状与用户图像信息需求极不相符，当务之急是考虑如何将更多的图像图形档案信息组织上网。通常，主题法更为适合组织图像图形档案。建立图像图形档案数据库是组织这类档案的有效方法。其数据库建设的基本原理与文本档案目录数据库基本一致，只是具体的结构有所区别。例如，照片档案目录数据库是最为常见的图像图形档案数据库，其数据库格式设计自然应更符合图像图形档案的特点，其目录数据库结构应在保留基本字段信息的基础上，增加底片号、摄影者、颜色等字段（表6-3）。

表6-3　照片档案目录数据库结构与字段

字段名称	字段名	字段类型	字段长度
档案馆名称	DAGMC	字符型	30
全宗号	QZH	字符型	8
目录号	MLH	字符型	6
照片号	ZPH	字符型	6
底片号	DPH	字符型	20
摄影者	SYZ	字符型	10
颜色	YS	字符型	4
题名	TM	字符型	160
文字说明	WZSM	字符型	254
……	……	……	……

杨辉（2007）曾撰文指出组织图像信息主要有两种方式：一是数据库中只保存图片所在的路径和图片名，但对数据的管理很不方便，且安全性差，二是把图片数据存储在数据库中。本课题组认为组织图像档案信息资源，第二种方式更为适合。

由于图像图形档案数据量大、生动直观、检索难度大，组织这类信息资源的方法和技术更为复杂，当前是根据图像图形档案的外部特征来进行组织，即根据多媒体信息的外部特征进行标引，将其转变成传统的文本信息，然后再根据文本信息所提供的组织方式如题名、关键词等来组织。由于基于外部特征的图像信息组织存在不少弊端，近年来基于内容的图像检索成为新的研究热点。

3）组织音频与视频档案

音频与视频档案的组织，一直是档案网站信息资源组织的难点。国内档案网站极少提供音频与视频档案利用，已有的档案大多采用超媒体方式，描述和建立信息之间的语义联系，进而组织音频与视频档案，通常以主题目录的方式，供用户浏览检索。目前，能够组织音频与视频档案上网的档案网站还很少，即使提供音频与视频档案，由于技术和环境的限制，也只能提供极少的档案，且难以实现精确检索。面对用户对于多样化信息的强烈需求，组织音频与视频档案上网是大势所趋。为了实现规范管理和方便利用，应建立音频与视频档案数据库，但目前规范化的音频与视频档案数据库结构标准很少，仅见重庆市档案局制定的《音、视频档案资料目录数据库结构》（表6-4），我们认为这些标准还是可以为音频与视频档案数据库建设提供参考的。

表 6-4   音、视频档案资料目录数据库结构

序号	著录项目	著录项目在计算机中的表示				
		字段名	类型	长度（字节）	允许空（NULL）	说明
1	档案馆代码	GDM	C	6	否	用于唯一标识一个档案馆的代码
2	全宗号	QZH	C	4	否	记录全宗号
3	记录来源代码	LYDM	C	15	否	记录音、视频档案资料目录数据来源的代码
4	记录来源	JLLY	C	255	是	记录音、视频档案资料目录数据的来源
5	案卷目录号	MLH	C	4	否	记录全宗内案卷所属目录的代码
6	分类号	FLH	C	30	是	记录音、视频档案资料信息分类的分类代号
7	主题词	ZTC	C	60	是	记录在标引和检索过程中，用以表达音、视频档案资料主题的规范化的词或词组，多个主题词之间以半角空格分隔
8	关键词	GJC	C	60	是	记录在标引和检索过程中，取自题名，用以表达音、视频档案资料主题并具有检索意义的非规范化的词或词组
9	盘、片号	PPH	N	5	否	音、视频档案资料的基本保管单位
10	时间	QSSJ	C	8	是	一个录制时间
11	摄录者	SLZ	C	60	是	摄录者为多个时以逗号分隔
12	摄录地点	SLD	C	60	是	记录音、视频档案资料场景反映的地点
13	责任者	ZRZ	C	255	是	记录对音、视频档案资料内容进行创造、负有责任的团体或个人
14	版权	BQ	C	100	是	记录音、视频档案资料的版权信息
15	题名	TM	C	120	否	记录表达音、视频档案资料中心内容、形式特征的名称
16	片长	PC	N	6（2）	是	记录以分钟为单位的播放时间
17	信号源类型	XHYLX	C	20	否	类型代码有：模拟信号、数码信号
18	模拟信号载体类型	MLZTLX	C	20	是	类型代码有：音带、像带、电影胶片等
19	载体数量	ZTSL	N	4	是	指一卷多片的情况
20	数码文件载体类型	SMZTLX	C	20	是	类型代码有：磁盘、光盘等
21	数码文件大小	WJDX	N	10（4）	是	
22	数码文件格式	WJGS	C	20	是	类型代码有：AVI、MPEG、RM、WAV 等
23	副本说明	FBSM	C	1000	是	记录模拟信号数字化副本的载体类型、文件格式、容量、编号、操作者等信息
25	文字说明	WZSM	C	1000	是	记录音、视频档案资料的文字描述，包括事由、时间、地点、人物、背景等的说明
26	……	……	……	……	……	……

在视音频资源数据库建设方面，美国走在了世界的前列。早在 1934 年美国图书馆协会（the American Libravy Association，ALA）就认为图书馆应该承担保存和利用视频资源的责任。国内音视频数据库建设也取得了令人瞩目的成就，2007 年中央电视台音像资料馆完成 8.5 万小时数据编目，系统数据总量达到 26 万小时，成为亚洲最大的视音频数据库，受到世界传媒机构的广泛关注。这些成果都为我国进行视音频档案数据库建设提供研究基础。建立统一的著录标准、主题标引规则、分类法以及深度揭示视音频信息资源的编目规则和元数据集等，都是当前音视频档案数据库建设的研究重点。

4）组织多媒体档案

馆藏数字化档案是集文本、图像、音频、视频等于一体的多媒体信息。组织多媒体档案信息通常采用两种方法：一是每种单一媒体档案信息（文本、声音、图像等），以不同的技术分别处理。二是将多媒体信息有机地组织在一起，共同表达事物，做到可视听信息一体化。下面列举三种主要方式（表6-5）：

表 6-5　多媒体档案组织方法应用

组织方法	说明
文本数据库+文件方式/超媒体方式	将非文本信息以文件的方式存储，并通过指针与相应的文本信息连接在一起
文本数据库+图像数据库+音频数据库……	按照媒体类型，将文本、图像、音频、视频档案信息资源分别存于各种数据库中
多媒体数据库	不管信息属于何种媒体，统一按照其内在联系存储在同一数据库中，是多媒体技术发展的产物

按收录信息类型分，档案数据库可分为单一类型数据库（如文本数据库、图像数据库）和多媒体数据库两种。随着图像、音频、视频等多媒体档案数量的不断增加，信息组织理论和技术的不断进步，收录各种信息的多媒体档案数据库是组织馆藏数字化档案乃至全部档案网站信息资源的发展方向。例如，美国的 ARC 检索系统的检索对象为多媒体档案信息，提供"媒体类型"检索途径，可检索的媒体类型有电影胶片、盘式磁带、光投影幻灯片等 24 种。

4. 组织方案特点

由于馆藏数字化档案信息资源数量最大，组织工作量可能大一些，按照档案的媒体类型选择组织方法，可以更好地结合组织对象的特点，进行科学的组织。尽可能以数据库的格式加以组织存储，后期维护方便，用户检索信息也方便、快捷。

6.3.2　现行文件的组织方案

档案部门作为政府信息公开的一个窗口，提供了大量可公开的党政机关文件，即现行文件。在网站调查中发现，大多数档案网站都提供馆藏数字化档案和现行文件资源，但却不一定提供特色档案或编研成果。现行文件与馆藏数字化档案一样，是档案网站信息资源的主要内容，但占有绝对的数量优势。

1. 设计思路

在国家加强政府信息公开的背景下，大力组织这部分资源上网，实现单个档案网站内部现行文件的有效组织，并在一定区域范围内建立现行文件中心，实现现行文件的公开共享，是档案部门的一项重点工作。

2. 组织对象分析

这一步主要需分析现行文件的数量、格式、属性等。现行文件多为党政机关有价值的文件，与馆藏数字化档案一样也具有数量庞大的特点，但时间跨度相对较小，类型相对单一。在数量上，随着政府信息公开规模的扩大，网络发布的现行文件数量不断增加，远高于特色档案和编研成果；在媒体形式上，这部分信息以文本格式为主，还有少量的图像文件。

与其他组织对象相比，时效性强是现行文件的又一突出特点。时效性是指信息从发出到用户接收、利用的时间间隔及其效率。在时间面前，信息是易碎品。即使是十分真实的、很有价值的信息，一旦失去了时效，其价值也会大打折扣。现行文件多为政府办公文件，必须及时组织现行文件上网，才能保持其时效性，满足用户连续性的信息需求。更新周期应短，可每周更新，技术条件成熟时可实时更新。

3. 组织方法选择

由于格式较单一，组织这部分资源的方法比组织馆藏数字化档案的方法相对简单，但具有一定的相似性，即以建立现行文件数据库为主要方法，以文件方式、超文本方式等为补充。馆藏数字化档案多为建立目录数据库，而现行文件可更多地考虑组织目录和全文上网，作为全文数据库建设的典型代表。

1）分类法和分类主题一体化方法

现行文件具有相当的数量规模，分类法更适宜组织这部分资源，但主题法也可作为辅助方式，以方便用户针对专题进行特性检索。现行文件分类主要有两种分类标准，各档案机构可结合实际情况进行选择。一种是考虑现行文件多为政府机关办公文件，可按部门进行文件分类（表6-6），另一种是按问题进行文件分类，确定相应的层级关系（表6-7）。

表6-6　现行文件职能部门分类对照表

序号	类别名称	类别代码	序号	类别名称	类别代码
1	科技局	KJJ	6	民政局	MZJ
2	劳动局	LDJ	7	农业局	NYJ
3	林业局	LYJ	8	气象局	QXJ
4	旅游局	LYJ	9	人事局	RSJ
5	贸易局	MYJ	10	水利局	SLJ

序号	类别名称	类别代码	序号	类别名称	类别代码
11	司法局	SFJ	16	公安局	GAJ
12	统计局	TJJ	17	规划局	GHJ
13	卫生局	WSJ	18	交通局	JTJ
14	文化局	WHJ	19	财政局	CZJ
15	教育局	JYJ	20	……	……

表 6-7　现行文件问题分类对照表

序号	类别名称	类别代码	序号	类别名称	类别代码
1	组织人事	ZZRS	11	劳动人事	LDRS
2	宣传纪检	XCJJ	12	招商引资	ZSYZ
3	文秘档案	WMDA	13	财政金融	CZJR
4	信访保密	XFBM	14	国内贸易	GNMY
5	行政管理	XZGL	15	对外贸易	DWMY
6	计生人口	JSRK	16	海关商检	HGSJ
7	人大、政协	RDZX	17	旅游管理	LYGL
8	司法公安	SFGA	18	农林水利	NLSL
9	工商管理	GSGL	19	工业管理	GYGL
10	物价审计	WJSJ	20	……	……

2）建立现行文件数据库

针对现行文件的组织，建立现行文件数据库（包括目录数据库和全文数据库）是较为合适的方式。确定现行文件数据库的基本字段名称时，可采用题名、责任者、文号、文件形成时间等。当前，现行文件目录数据库建设已较普遍，为实现现行计算机网络化管理与服务奠定了良好的基础。今后，应在建立目录数据库的基础上，进一步研究建立现行文件全文数据库，提供档案全文查询。

3）建立一定区域范围的现行文件中心

一方面，应先在全国各级各类档案馆建立现行文件目录数据库，而后考虑建立各种联机目录中心，另一方面，加快现行文件全文数据库建设步伐，尽可能实现现行文件全文上网，经过一定的组织加工，逐步建立一定范围的现行文件中心，实现更大范围的资源共享。

4. 组织方案特点

使用数据库和文件组织方式相结合组织现行文件资源，能够很好地兼顾结构化和非结构化信息的有效组织。同时，通过职能划分，根据分类指引，用户可方便地选择所需的分类号进行查询，配合在检索入口输入检索条件，更有利于找到所需要的信息。

6.3.3　特色档案的组织方案

特色档案是馆藏数字化档案的一部分，由于其珍贵的保存价值和特殊意义，大多数档案机构都将其单独组织并在网上呈现，以免这类"优势资源"湮没在档案信息海洋之中。

1. 设计思路

组织特色档案，比较适宜的方向是构建一个全文数据库来统一管理各网站的特色档案，采用统一的信息构建环境，提供统一的信息检索界面和检索结果显示方式。但是，鉴于当前的实际状况，特别是技术条件的制约，如何更好地建立特色档案数据库还有待进一步研究。

2. 组织对象分析

特色档案是档案网站信息资源的独特组成部分，具有"人无我有、人有我优、人优我精"的特点，是档案网站信息资源建设的核心和重要工作内容。特色档案种类繁多，包括历史特色档案、人物特色档案、专题特色档案、区域特色档案等，稳定性较高，从而决定了其更新周期可以适当放宽，如按季度甚至年度更新。通常，特色档案内容隐含的潜在的价值越高，发展与生存空间越大，越容易获得用户与社会的认同。

在网络环境下，努力挖掘特色档案资源，通过建设独有、实用、规范的特色档案资源，能够在更广阔的范围内、更深的层次上满足用户的信息需求，有效地提高服务质量和效率，保证档案网站实体得以"特色"立足、生存和发展。与前两类档案相比，特色档案数量相对稀少，多以图像、音视频等多媒体形式存在。应认真分析特色档案的数据格式，是照片档案、视频档案，还是其他格式，为下一步的工作做准备。

3. 组织方法选择

由于特色档案数量少、格式多，其组织方法也就有所不同。

1）主题法和分类主题一体化方法

特色档案数量较少，且具有较明显的专题特征，多涉及名人、字画、名胜古迹、地方风俗等专题，因此更适合以主题（叙词）立类为主，也可根据实际状况，采用分类主题一体化的方法。

2）以超媒体组织方式为主，建立特色档案数据库

本书主张组织特色档案目前以超媒体方式为主，其他组织方式为辅，随着多媒体数据库理论与实践的不断发展，未来可将数据库方式同样作为组织特色档案的主要方法，即建立特色档案数据库。建立特色档案数据库，可根据特色档案的数据格式，在数据库中分别构建照片档案分类和视频档案分类等，确定相应字段，如名称、拍摄时间、责任者、来源

档案馆等，增加特色档案组织的灵活性。

3）纳入数字档案馆资源组织体系，建立特色数字档案馆

特色档案可作为数字档案馆资源的重要组成部分加以组织，现有的数字档案馆大多提供特色档案利用服务，如深圳数字档案馆。此外，本课题组认为可在未来条件成熟时，建立一个特种馆藏型数字档案馆，专门组织一定区域/行业范围（乃至全国范围）的特色馆藏。

4. 组织方案特点

利用超媒体方式组织特色档案，符合当前实际，在一定程度上满足了用户当前对特色档案的利用需求，未来特色档案数据库的建立，将是大规模组织和共享特色档案信息的理想方法。

6.3.4 编研成果的组织方案

编研成果是就某一专题进行的信息挖掘，是档案工作人员以档案为基础进行的编辑、研究，更多地体现了档案工作者的智慧，具有较高的知识性。

1. 设计思路

对编研成果的组织与特色档案相类似，当前基本上是以网页文件的方式提供用户利用，未来将逐步实现数据库统一管理和检索利用的方式。

2. 组织对象分析

档案部门应注重将知识含量较高的编研成果组织上网。编研成果是以馆藏档案为对象，以满足社会利用档案的需求为主要目的，在反映档案内容的基础上，汇编出版史料、参考资料等。组织高质量的编研成品，实现其网络共享，可以节约大量现有的资源，极大地提高资源的利用效益，促进资源的可持续利用。编研成果的数量相对较少、格式多样，包括汇编、文摘、大事记、组织沿革、年鉴等。编研成果的更新频率应依照成果的内容而定，如年鉴自然应按年度更新。

3. 组织方法选择

1）主题法和分类主题一体化方法

编研成果是围绕某一主题加工的成品，所以主题法更适合对这部分信息进行归类。当编研成果达到一定数量时，也可采用分类主题一体化方法进行组织。

2）利用多种组织方式存储、揭示这部分资源

由于数量有限且格式多样，组织编研成果信息没有太多规律可循，必须根据组织对象

的具体情况选择恰当的组织方法。例如，组织编研成果目录信息或格式化文本，适宜建立编研成果（目录）数据库，进行规范化管理。对于多媒体格式的编研成果全文，则更适合以超媒体方式进行网络存储、揭示，并辅以文件方式等。

3）纳入数字档案馆

数字化编研成果是知识性较强的一类档案信息加工成品，应将其作为网络档案馆资源的一部分，积极纳入数字档案馆的资源体系。

4. 组织方案特点

由于网络上的档案编研成果数量有限，目前更多地采用超媒体组织、文件方式等信息组织方式，并常以目录树的样式提供浏览检索，这样便于用户直观地了解编研成果包括哪些内容。当然，建立规范化的编研成果数据库（包括目录和全文）也是组织这类资源的有效方式。

6.4　界面呈现——提供高质量的档案利用服务

馆藏数字化档案、现行文件、特色档案和编研成果共同构成了档案网站信息资源的主体内容，组织这些档案信息，必须做到一般性与独特性相结合，合理配置各类资源，并在此基础上提供高质量、高效率、智能化的信息服务，真正建成资源丰富、配置优化、服务智能的档案网站信息资源共享体系。

6.4.1　提供强大的检索功能和导航系统

提供方便、快捷、智能的信息利用服务，是组织档案网站信息资源的最终落脚点。实现这一目标，必须依靠强大的检索功能和科学的信息导航，帮助用户找到所需信息。与传统的档案信息检索相比，网络档案信息检索，可实现多用户的同时利用，可实现远程查找。我们必须致力于建立站内（外）检索引擎和针对数据库的专门检索工具，设计人性化、智能化的检索界面，添加选择按钮，确定检索入口名称，最终打造统一的检索平台。

档案网站档案检索原型可看做是一个基于互联网的数据库查询过程，由 6 个部分组成，即用户界面、网络基础、中间部件、检索程序、数据库管理系统、数据。其中，检索程序、数据库管理系统和数据构成的单元在逻辑上是一个完整的单元，这个过程可以归纳为四个逻辑层：界面层、网络层、中间层和资源层，这四个层面相互嵌套，形成了一个完整的检索体系（图 6-4）。

界面层：界面层是档案检索系统和用户的接口，它的基本功能是接受用户查询请求和显示查询结果。

网络层：档案检索系统是构建在网络基础上，其检索过程中数据交换是通过网络传输的，因此网络层既保证用户需求和检索结果的传输，也保证网络完全。

中间层：虽然目前许多档案网站的档案检索系统属于集中式检索系统，但仍有一部分

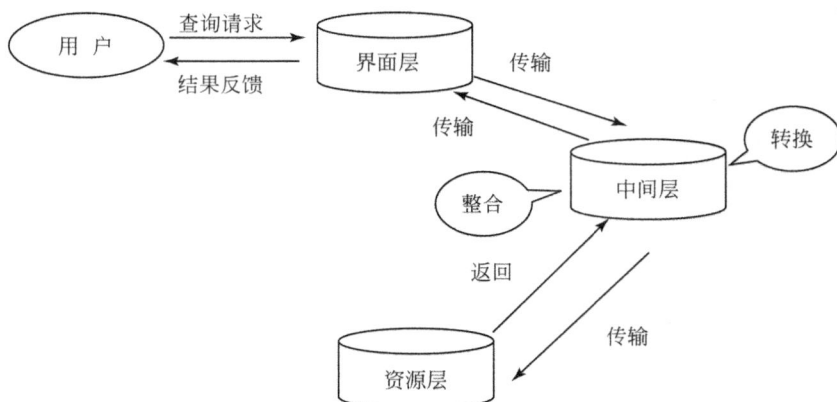

图 6-4　档案网站档案检索流程

属于分布式检索系统，而分布式检索系统也是档案网站检索系统的发展方向。中间层就是在连接界面层和资源层的同时，实现分布式检索系统的查询。具体说，中间层承担的主要是转换功能、检索引擎和整合功能，转换功能即将用户的检索提问转换为各个分布式储存、结构相异的资源层能够接受的表示形式；检索引擎是中间层必须自动通过网络访问所选择的数字化资源存储器的检索单元，并启动检索单元查询资源存储器；整合功能是指中间层具有将检索结果进行规范、去重和重新组织的能力，返回给用户一个有序的结果集。

资源层：资源层是档案网站中档案信息的综合，是检索系统的主体，其基本功能是存储、管理和维护数字化资源，并提供备份、镜像等安全保障。

建立一个功能完善的检索系统，应注意以下几点：

1）应提供多种检索方式，供用户选择

档案检索方式包括浏览检索、单一检索、复合检索三类（图 6-5）。浏览检索是指不提供检索途径，只列出所有条目，用户必须逐条浏览找出所需内容。单一检索是只提供一种检索途径，如"主题词"或"关键词"检索。复合检索是提供两种或两种以上的检索途径，如关键词、题名、责任者、档号等多个检索项。

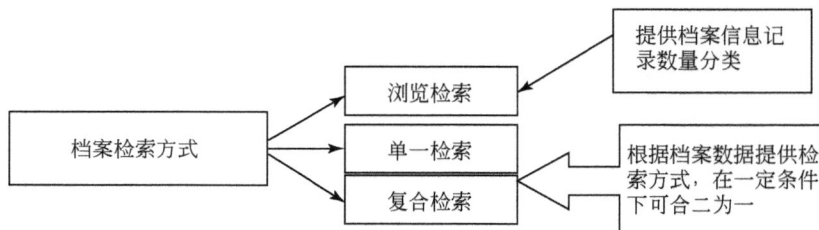

图 6-5　档案检索方式

2）提供科学的检索方法

除了提供简单检索以外，还应提供支持多种信息匹配的方法，如布尔检索、精确匹配

检索等，利用这些方法查找档案查全率和查准率高，但需要掌握专业的检索策略，例如，在检索项之间可进行"与"，"或"，"非"运算选择，所以更适合专业人员使用。

3）科学选择检索项

检索项又称检索途径，是用户检索档案信息的入口。从理论上讲，档案检索信息存入检索系统后，该系统向用户提供的检索入口越多，它被检索到的概率就越高。但是，检索入口越多，也意味着检索系统本身越复杂，不仅影响检索速度，而且成本、技术要求较高。参考国外档案网站检索系统可知，网站一般提供多样化的馆藏数字化档案检索项，其中关键词、时间、馆藏地等几项是各数据库都会提供的检索途径（表6-8）。在我国，考虑到档案的实际状况，我们认为检索项设置数量不宜过多，以三至五个检索项较合适。一般来说，题名、责任者、时间三项较能体现档案信息的基本特征，因此检索馆藏数字化档案可重点选用这三项。现行文件检索可选用文件名、责任者、时间三个选项。特色档案和编研成果则可视具体情况而定。

表 6-8　国外档案网站代表性检索系统的检索项

检索系统	检索途径
英国 A2A	关键词、时间、地点、馆藏地、地区
澳大利亚 Record Search	关键词、时间、馆藏地、参考号（reference numbers）
美国 ARC	关键词（可限定为题名）、著录识别号（description identifier）、时间（包括文件产生的时间和著录的时间）、馆藏地
加拿大 Archives Search	题名、关键词、各级著录号、档案参考号、名字、时间等

4）加深检索深度

检索深度是对用户检索的档案著录级别的规定，也是档案实体管理层次的重要体现。检索深度越深，用户越容易精准地找到所需档案。从调查情况看，国外优秀的档案网站从大到小一般包括文件组合、分组合、系列、案卷、文件等几个级别（表6-9）。国内档案检索系统建设，也应与档案保管单元相一致，逐步加深检索深度。

表 6-9　国外档案网站代表性检索系统的检索深度

检索系统	检索深度
英国 A2A	不分著录级别
澳大利亚 Record Search	Items, Series, Agencies, Persons, Organizations, Use preferences, All
美国 ARC	Record Group, Collection, Series, File Unit, Item
加拿大 Archives Search	Fonds/Collections, Series, Files, Item, Accession

5）提供友好的用户检索界面，实现人性化服务

检索界面是用户访问后台数据库的接口，一个集科学性、美观性、实用性、智能性于

一体的用户界面设计，是档案网站信息资源组织能否成功的关键因素之一。由于用户知识结构、信息技术水平参差不齐，档案检索界面必须在保证检索功能设置完备的基础上，兼顾各类用户的检索习惯和需要。对于那些计算机水平较低的用户，可以其简单化、智能化的检索界面，为用户提供易学易用的检索窗口，对于高水平的专业用户等，则可以其科学、专业的服务界面，成为专业化的档案信息检索入口。

现有的档案网站检索界面主要有两种：单一浏览或查询界面和查询+浏览界面，这两种方式都在一定程度上满足了用户的查询需求。但查询+浏览将前者的"或"变成了"和"，结合了数据库检索的抽象性和目录分类浏览的直观性（图6-6）。用户在浏览分类目录时，如果相关信息资源数量较多，常常会为了查找某一资源而翻阅多页，很不方便。增加了检索窗，用户就可进行精确的查询，从而提高了查询利用档案的效率。

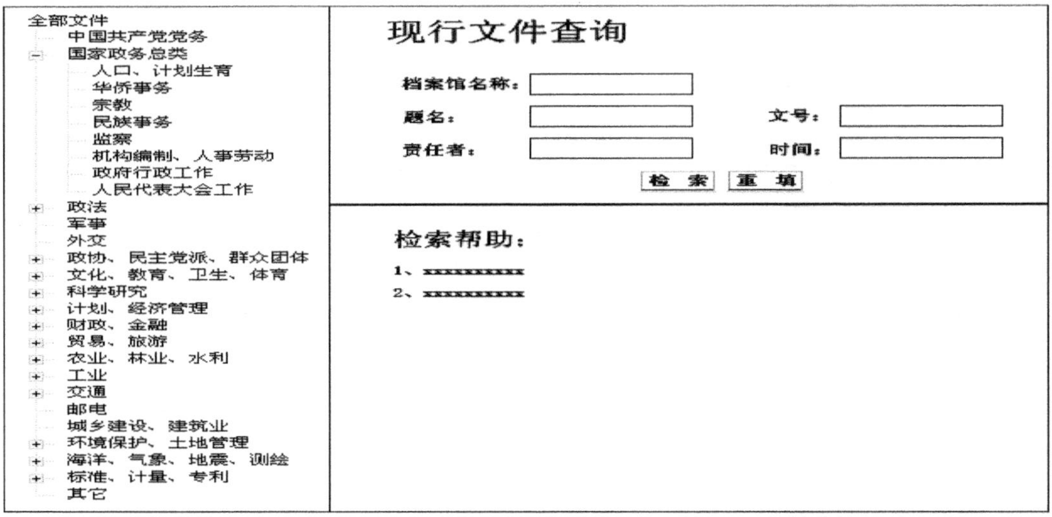

图6-6　浏览检索相结合样式

随着技术的发展，未来可设计分面、多维的检索界面，其基本理念是：①分面的思路，包括时间、空间、类型……②多维的检索、浏览、开拓，即提供多种浏览和检索的可能途径，不只为用户提供一个检索框架或路径。③以档案信息为核心，不过多考虑语种、部门等因素。④不将档案馆内部使用的数据格式和字段强加给用户，结构化的数据只在后台支持检索使用。

6）配有专门的检索说明

国外档案网站经常设有类似Search Tips（检索技巧）、Help with Searching（检索帮助）、Frequently Asked Questions（常见问题解答）、How to Search（如何检索）等链接告诉用户如何进行检索，有些网站检索窗口旁还直接提供生动具体的检索案例，这些辅助信息能够帮助用户快速掌握查询技巧。国内档案网站也应如此，由于档案用户大多是非计算机专业人员，为了让用户快速掌握检索方法，应提供必要的检索说明，包括检索界面说明、检索式的编制、检索途径等，对用户进行相应的培训，提高其检索能力。

7）提供多样化的结果处理

一个功能完善的检索系统，应为用户提供多种检索结果处理方式，包括浏览、打印、下载等，在提供档案目录信息的同时，通过超链接等技术手段，提供档案全文，如 pdf、htm 等格式文件。还可对检索结果进行多种排序（如时间、利用率），提高查询效率。

除了编制多样化的检索工具，还应注重资源导航系统建设。导航系统是用户进入一个网站查找信息的指示性工具，反映信息组织和分类的基本情况。面对档案网站信息资源数量的不断增加，用户获取有效信息的难度也随之加大。即使利用再完善的检索工具，也不能保证绝对准确地找到用户需要的信息，经常是输入一个检索条件，得到大量无关结果，需要用户自己筛选，普通用户很容易产生信息迷航。建立档案网站信息资源导航系统，作为检索工具的有效补充，多层次、多方式地满足社会公众对档案信息的多种需求，已成为提供高质量档案信息服务的重要任务。

6.4.2 注重内容揭示——从信息到知识

国际标准 ISO 9000 将"质量"一词定义为："一个实体的特征的总合，这些特征使它有能力满足它所规定的或隐含着的需要"。档案网站信息资源组织仅凭资源数量上的优势，不能完全满足用户的需求，高质量的信息内容才是优质服务的关键。要促进档案网站信息资源的有效利用，一个可行的方法就是结合用户的实际需要，对资源进行加工和深层次的内容重组，实现信息增值。

1. 重视信息挖掘

档案网站信息资源组织未来的发展方向是：从以"发布信息"向以"揭示信息"为导向的网络信息组织方式发展。要推动档案网站信息资源组织的日趋深化，必须坚持标准化和多样化、专门化和普及化、自动化和智能化结合。档案网站信息资源组织的前期工作是档案序化，即以社会需求作为评价尺度，满足一定用户群或应用环境的需要，通过对内容庞杂、无序的档案网站信息资源进行系统整序、加工，调整档案网站信息资源的分布和流向，优化资源配置，突出特色资源，形成系统有序的档案信息资源集合。同时，这个信息资源集合应具有可扩展空间，可随时进行数据更新。在资源序化的基础上，高质量的组织行为还必须加强对档案内容的挖掘、分析、发布、增值的过程，即注重对档案信息资源的深层组织，深入到知识单元、信息单元，对信息内容之间的关系进行科学的建构、描述和组织，向用户提供具有内在联系的知识链，形成实用的档案信息产品，提供方便、快捷、高质量的信息服务，提高资源利用质量。

2. 做好档案编研工作

在组织数字化编研成果的同时，实现档案信息增值，还可进行定题服务，创建可预见的专题，充分体现资源的丰富性、广泛性、完整性、时效性，即网络档案编研。徐绍敏（2006）认为网络档案编研是指通过以网络为主要媒介来实现档案信息的编研，网络贯穿于选题、查找、加工、提供利用到反馈的整个编研工作全过程。这是一项网络环境下档案信息的开发与利用工作。根据用户需求的不同，图书馆目前已开展的信息增值服务，大致可分为两大类：用于满足用户共性需求的增值服务和为特定用户提供的个性化增值服务。参照哈佛大学图书馆开放馆藏资源计划（open collections program，OCP），确定档案主题的基本标准有如下几个方面：该主题应具有较为广泛的认同度；有关该主题的档案信息资源类型多样，包括文本、图片、视频等；该主题必须有一定的针对性，不能空泛；该主题能够引起用户兴趣，甚至愿意为该主题的馆藏资源建设提供建议等。

　　组织方案不是一成不变的，而是一个随着时代和技术的革新不断变化发展的课题，它涵盖信息组织的整个生命周期。本课题在充分尊重当前组织现状的基础上，提出了档案网站信息资源组织的系统方案。随着组织理论的进步、技术的发展，人们对它的理解也会不断加深，从而不断调整其具体内容。在未来的实践中，组织方法的选择、配合等方面都应进一步完善，使之能更好地适应档案网站信息资源组织的需要。

第7章 档案网站信息资源
组织方案的例证分析

在前一章，结合档案网站信息资源建设现状，提出了档案网站信息资源组织的具体解决方案。究竟能否实现，就需要通过一些生动、具体、直观的案例，来进一步验证方案的可行性。为此，本章从网络结构、资源组织方法应用和检索利用三个方面，选取一些在该领域具有典型性的档案网站，进行详细的例证分析，进而结合所提出的组织方案，进行比较研究。

7.1 构建全国档案信息网络的例证分析

7.1.1 宏观层面

在档案信息资源共享网络建设方面，国外拥有丰富的实践经验。特别是随着技术的不断进步，档案信息网络的建设范围不断扩大。在宏观层面，以美国档案与文件署的"National Archives Locations"专栏为例，该专栏有一个"Locations Nationwide"（图7-1）。将美国多个地区的数字化档案信息资源纳入统一的导航系统，按地区统一管理，实现了多个地区数字档案资源的网上集成检索和利用。事实上，NARA网站早在20世纪90年代中期就建成了全国范围的档案信息导航系统（NARA archival information locator，NAIL），将国内所有数字化档案信息资源，按地区、来源和利用对象分别纳入统一的档案管理网络中，形成联网可检索数据库，从而实现了全美数字档案资源的网上集成检索和利用。原来NAIL仅以数据库为信息组织的方式，近年来，NAIL发展为档案研究目录（archival research catalog，ARC），功能更加强大。

7.1.2 中观层面

在中观层面，国内外也有一些建立组织区域性或专业范围内档案网站信息资源的中心站点的实例。例如，美国西北数字档案馆（http：//nwda. orbiscascade. org/index. shtml）就属于一种区域性档案信息中心站点，它是由来自华盛顿，俄勒冈州，爱达荷州和蒙大拿州的15个档案馆和13个机构的手稿室组成的协会。该协会计划启动一个为期两年的工程，用标准通用置标语言（SGML）编码的档案著录方式，来置2300个检索工具（finding aids），并将其装入一个可在万维网上搜索的数据库。

西北数字档案馆的工作流程是：首先创建检索工具。各机构负责各自全宗的修改、编

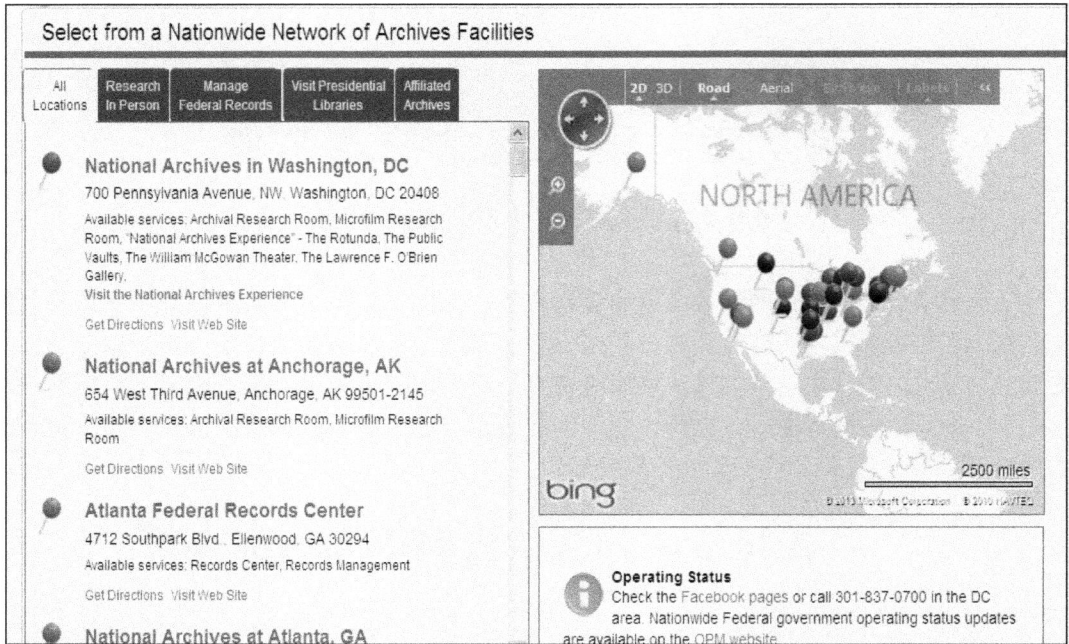

图 7-1　NARA 网站"Locations Nationwide"专栏

码和著录，或创建新的美国机读目录记录，或修改现有美国机读目录中的 856 字段，形成档案编码著录的目录全文检索工具（简称 EAD）和机读目录记录（EAD 检索工具的记录通过专门的软件能够映射到机读目录的记录）。然后是递送目录。各机构编写好 EAD 检索工具和写好机读目录记录后，将它们的检索工具通过一个匿名 FTP 服务器或其他协议递交到一个公共服务器，被整合进该馆网站，为公众提供统一的利用平台（图 7-2）。

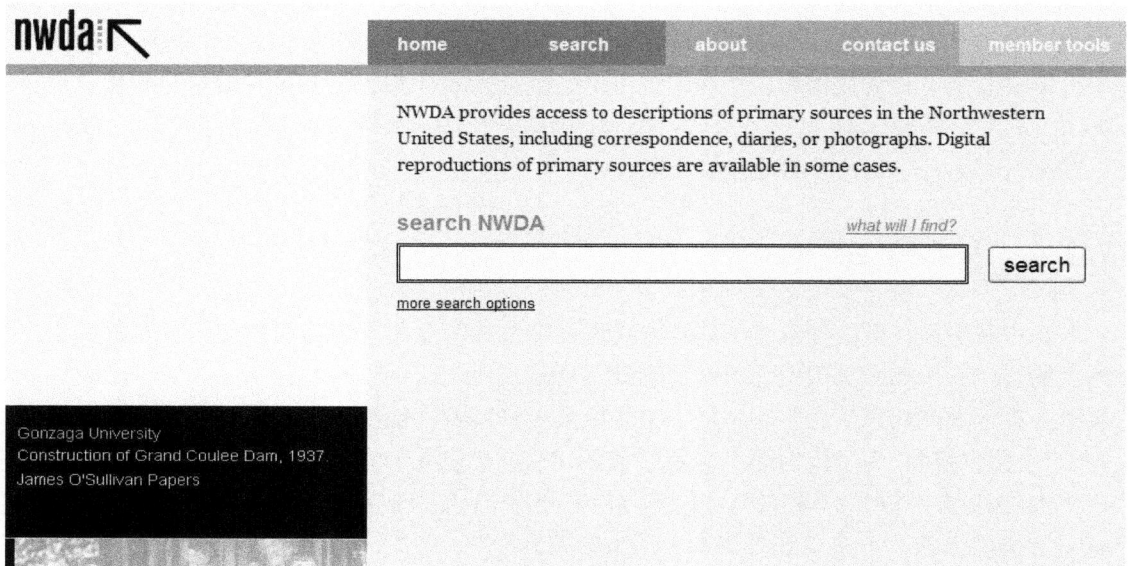

图 7-2　美国西北数字档案馆主页

随着档案信息化进程的不断推进，国内也建立了一些区域或专门性质的档案信息中心站点。全国档案馆工作的重点之一是组织各级综合档案馆建立区域性档案目录信息服务中心，目前在这方面取得了一定的成绩。例如，海南省档案局准备与海南省党政机关实现网络互通，最终通过各级档案馆目录信息联网检索系统，实现馆际之间联网检索，为网上用户提供全面、快捷、准确的检索服务。总体来看，现有的区域性综合档案中心站点还在建设中，多数省级档案网站只提供省内档案网站链接，还没有实际组织本省的档案信息资源。比较有特色的是浙江档案网，它提供了地图导航，并可直接链接到各个网站（图 7-3）。

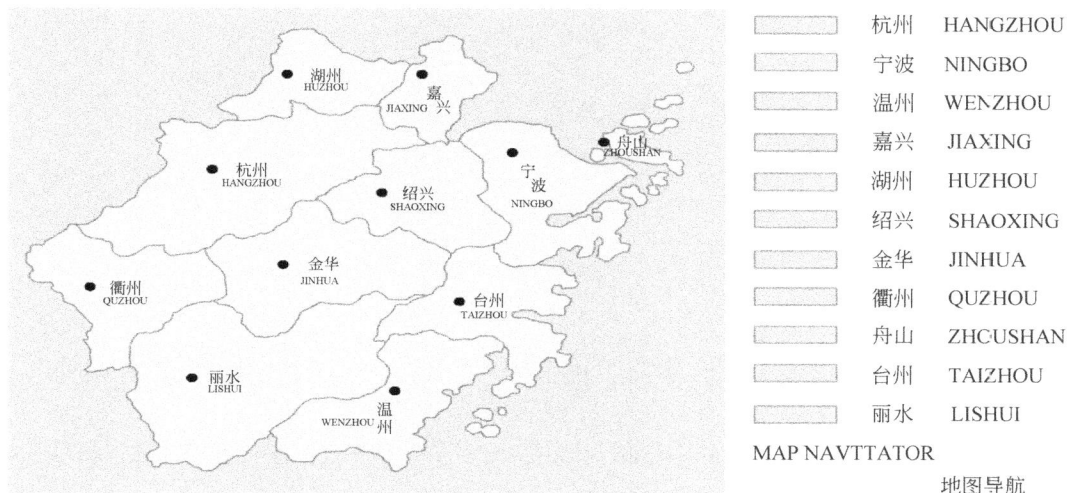

图 7-3　浙江档案网省内档案网站地图导航

国内在专门档案信息中心站点建设方面，也取决了一些成绩。一些城市的高校档案学会建立了本地高校档案信息网，如上海高校档案信息网、天津高校档案信息网等。虽然，目前这类网站以提供学会相关信息为主，但随着网站建设的不断深入，这些站点有可能逐步扩大档案组织范围，成为组织本地高校档案的统一平台。如上海高校档案信息网就建立了上海高校人物档案数据库（图 7-4），对上海档案学会各高校的人物档案数据库进行整合，实现了人物档案的统一组织、存储与检索。

7.1.3　微观层面

在微观层面，通过 2004～2012 年连续几年的中国档案网站普查可知，国内档案网站建设情况良好，数量逐步增加，为中观乃至宏层面档案网站建立奠定了良好的基础。在档案网站建设的同时，许多单位还建立了数字档案馆（如苏州市数字档案馆），与本机构实体档案馆相对应，这是微观层面档案信息环境建设的典型代表。这些个体数字档案馆在建设规模、信息资源建设、信息组织质量、服务功能等方面都具有一定的特色。

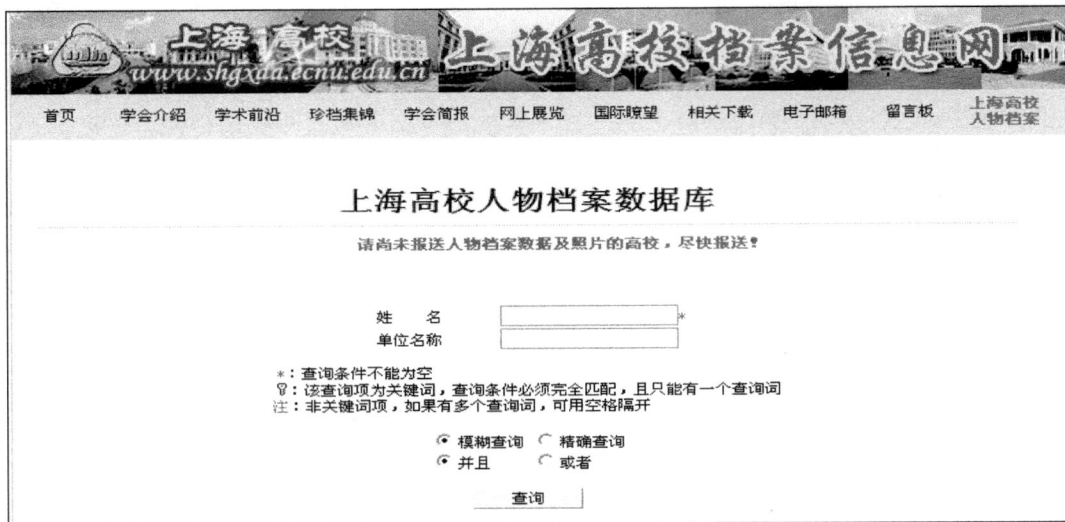

图 7-4　上海高校人物档案数据库

7.2　档案网站信息资源组织方法应用的例证分析

在前一章，针对不同种类的档案网站信息资源，就其组织方法应用进行了具体分析。简单来说，就是结合各个组织对象的特点，选择适当的方法加以科学组织。本章，将通过一些案例，来具体说明一些主要组织方法的应用情况。

7.2.1　馆藏数字化档案

1. 设置分类主题

以广东档案信息网为例，该网站将馆藏数字化档案按照类型、时间和结构三种标准分类（图7-5），用户可自由选择子类，进行快速查询。

又如，苏州市数字档案馆将馆藏档案先按类型分为文书档案、科技档案、专门档案和特殊载体档案四大类，然后再进一步细分（表7-1）。

2. 建立馆藏数字化档案数据库

目前档案数据库的组织方式应该是组织馆藏数字化档案的最基本方式，在前面章节已进行了系统的阐述。本章对几个数据库（包括目录数据库和全文数据库）进行分析，进一步说明如何以数据库方式组织这类档案信息。

1）目录数据库

档案目录数据库是将档案目录信息以一定的组织方式存储在一起的相关数据的集合。

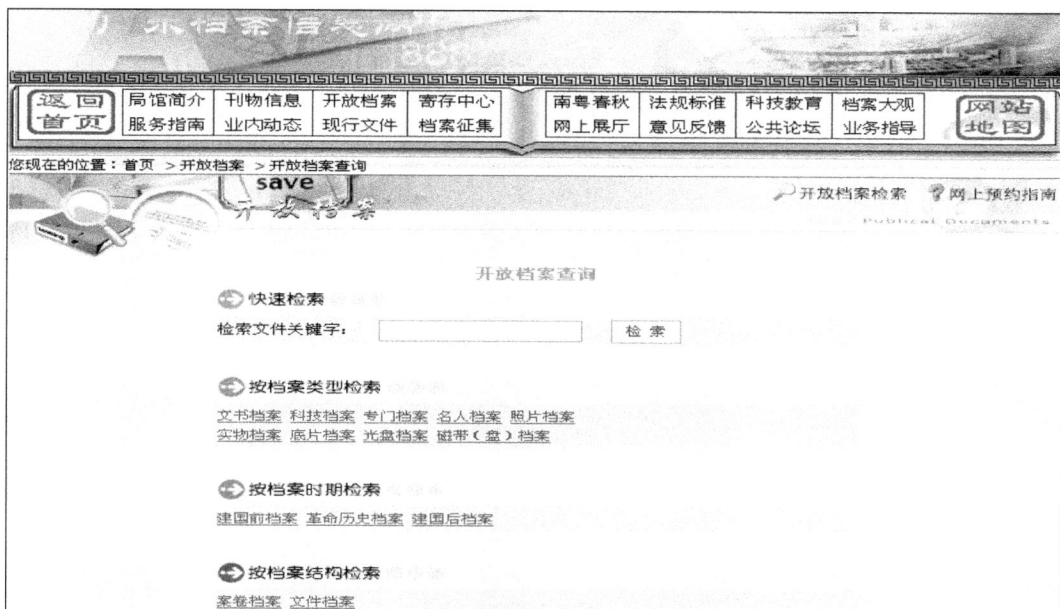

图 7-5　广东档案信息开放档案分类

表 7-1　苏州市数字档案馆馆藏档案分类

📇 文书档案	📇 科技档案	📇 专门档案	📇 特殊载体档案
	▷ 基建档案	▷ 工商登记	▷ 磁性档案
	▷ 产品档案	▷ 公证档案	▷ 照片档案
	▷ 科研档案	▷ 环保档案	▷ 实物档案
	▷ 设备档案	▷ 会计档案	
		▷ 婚姻档案	
		▷ 礼品档案	
		▷ 名人档案	
		▷ 农普档案	
		▷ 人普档案	
		▷ 人事档案	
		▷ 三普档案	
		▷ 审计档案	
		▷ 书画档案	
		▷ 诉讼档案	
		▷ 统计档案	
		▷ 新闻档案	

A. 北京档案信息网档案目录数据库

北京档案信息网主要以建立数据库的方式进行网络档案信息的组织和存储，目前该网站已建成六个馆藏档案目录数据库（图7-6）。

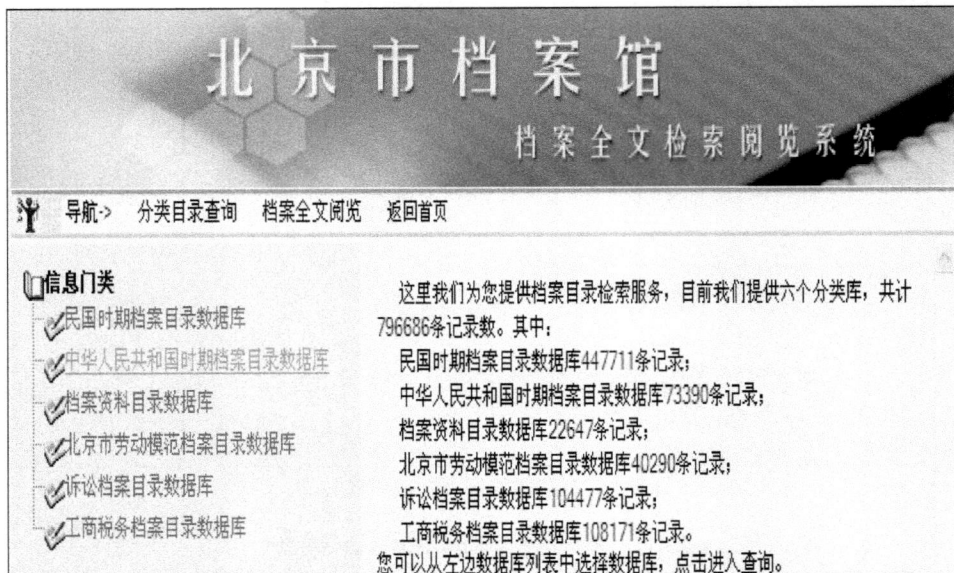

图 7-6 北京档案信息网档案目录检索阅览系统

北京档案信息网的档案目录数据库是参照北京市档案局 2007 年印发的《北京市综合档案馆档案目录数据库结构与数据交换格式》，规定了全宗索引、文书档案、婚姻登记档案、房产档案、照片档案等目录数据库结构、使用说明与数据交换格式。下面列出案卷目录数据库结构表（表7-2）和文书档案文件目录数据库结构表（表7-3）供参考。

表 7-2 案卷目录数据库结构表

字段名称	字段名	字段类型	字段长度
档案馆名称	DAGMC	字符型	20
全宗号	QZH	字符型	6
目录号	MLH	字符型	8
案卷号	AJH	字符型	6
档号	DH	字符型	30
档案复制类型及编号 *	DAFZH	字符型	100
案卷题名	AJTM	字符型	254
卷内文件起始时间	WQS	字符型	8
卷内文件终止时间	WZS	字符型	8
页数	YS	字符型	4
保管期限	BGQX	字符型	4
开放状态	KFZT	逻辑型	2

注：带"＊"的项目是可选项

表 7-3 文书档案文件目录数据库结构表

字段名称	字段名	字段类型	字段长度
档案馆名称	DAGMC	字符型	20
全宗号	QZH	字符型	6
目录号	MLH	字符型	8
案卷（盒）号	AJH	字符型	6
册号*	CH	字符型	6
页（件）号	YH	字符型	4
档案复制类型及编号*	DAFZH	字符型	100
责任者	ZRZ	字符型	100
文件题名	WJTM	字符型	254
文号	WH	字符型	50
文件形成日期	XCRQ	字符型	8
分类号*	FLH	字符型	50
主题词*	ZTC	字符型	200
保管期限	BGQX	字符型	4
开放状态	KFZT	逻辑型	2
密级	MJ	字符型	4

带 "＊" 的项目是可选项

B. 青岛档案信息网照片档案目录数据库

在图像图形档案数据库中，照片档案数据库是最常见的图像图形档案数据库，目前国内一些档案网站建立了照片档案目录数据库，如青岛档案信息网就建立了青岛档案馆照片目录数据库（图 7-7）。青岛市档案目录中心收录了青岛市档案馆馆藏照片档案目录 22 万条，其中 Internet 网络上公布的照片目录 3 万余条。

图 7-7 青岛市档案馆照片目录检索界面

2）全文数据库

在组织档案全文上网方面，国内只有少数几个档案网站实现了部分馆藏档案的全文浏览与检索，且多为文本档案全文数据库。

A. 中央档案馆已公布档案全文检索系统

中央档案馆为建立数据库组织档案全文上网提供了一个很有价值的参考蓝本。中央档案馆是全国规模最大的中央级综合性档案馆，有馆藏档案 80 余万件，资料 80 余万册，内容涉及政治、经济、文化、教育等方面，具有重要价值。目前，该馆已开发档案资料全文检索系统，采用 B/S 与 C/S 相结合的模式，是一套以 ASP 结合 TBS 全文检索服务引擎（JXQ TextBase Server）开发出来的集档案的信息浏览与检索、统计与管理为一体的检索系统（图 7-8）。该系统主要功能包括档案检索、数据发布、内容管理、安全管理等。档案利用人员可制定自己的检索范围，在目录信息中检索，也可在全文中检索。用户输入一个或若干个字、词、句就可从全文库中检索出含有此字词句的全部记录。系统管理员可发布新的档案库，或对已发布的档案库属性进行修改，并能删除已发布的档案数据库。

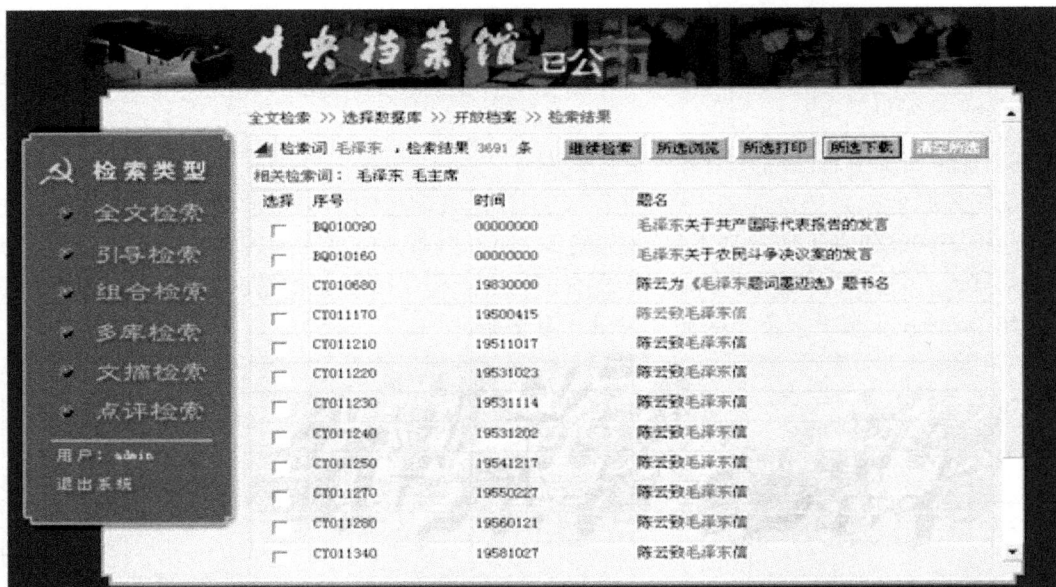

图 7-8　中央档案馆已公布档案查询界面

B. 北京档案信息网照片档案全文数据库

国内也有极少数档案网站可提供图像图形档案全文查询，北京档案信息网的照片档案库就提供关键词检索入口，并可提供全文，走在了国内档案网站建设的前列。这里以"北京"一词进行模拟检索，其结果如图 7-9。

C. 美国 ARC 组织音频与视频档案

在组织音频与视频档案信息方面，目前国内尚无很好的案例，国外的先进经验提供良好的范例，美国 ARC 检索系统以数据库为主要信息组织方式，提供视频和音频档案的部分数字化副本（图 7-10）。

图 7-9　北京档案信息网照片档案模拟检索结果

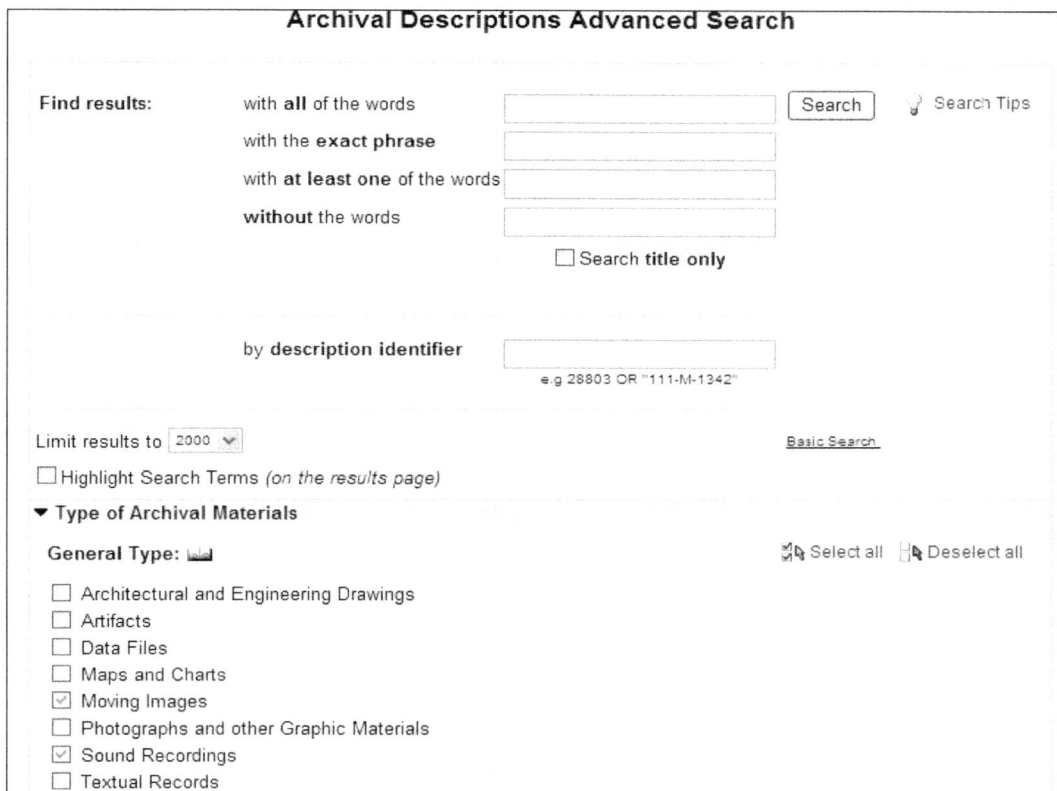

图 7-10　美国 ARC 高级检索界面

D. 广西南宁市档案馆视频档案数据库建设

南宁市档案馆为加快视频档案数据库建设，加大投了入，建立了时长 120 小时的视频档案数据库，为真实记录南宁市经济社会发展打下了良好的视频基础。一是投入 6 万元建立电视信息采集系统，该系统具有新闻自动采集录入、新闻后期剪辑、整理、压缩、格式转换、制作、新闻目录录入、数据库管理、查询、分类刻录等功能。目前，已采集录制了《2008 南宁国际民歌艺术节开幕式》、《南宁新闻》36 期、《直播广西》14 期等视频数据。二是投入 10 万元购买高级摄影器材，用于对重大活动、重要会议、城市建设等方面的拍摄。三是指定专人负责对视频档案资料的采集、拍摄和录制。四是对新闻媒体的视频数据进行采集。虽然该数据库目前还没有提供网络利用，但为建立视频档案数据库提供了很好的实践参考。

3. 纳入数字档案馆

经过一定组织整理的馆藏数字化档案信息，应逐步纳入数字档案馆的资源体系。这里可以英国国家数字化集合档案库为例。英国国家数字化集合档案库（National Digital Archive of Datasets，NDAD）（图 7-11）由英国伦敦大学计算机中心（ULCC）代表英国家档案馆进行管理和运作，旨在保存英国中央政府各部门和机构中大量有保存价值的计算机数据，并在情况允许时尽可能提高其利用率。NDAD 主要功能包括接受、存储、保管政府部门产生的需要永久保存的数据集（比如每年的农业人口普查、犯罪统计、污染土地面积的报告等），并提供利用。NDAD 是一种基于服务信息化的数字档案馆，1998 年 3 月开始被作为一项服务向社会推荐。公众可通过网站访问政府某些部门的第一手数据和背景材料。为了提高服务质量，NDAD 还提供随时报道数据变化和发展的在线新闻服务。

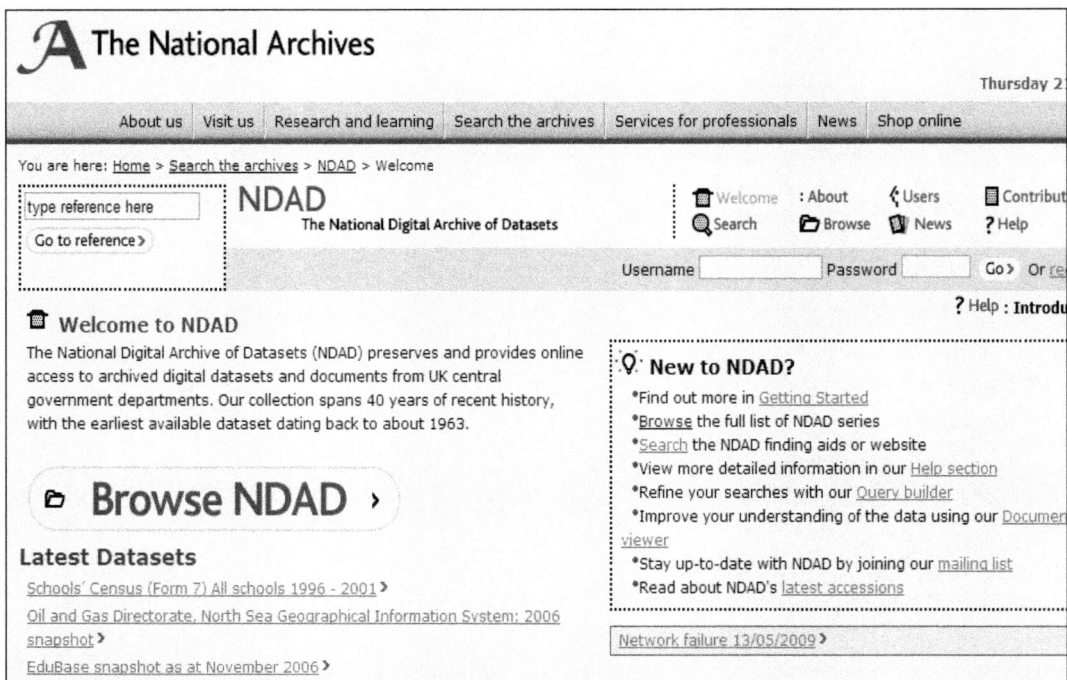

图 7-11　NDAD 首页

NDAD 主要侧重于数字馆藏的信息服务，数据种类相对单一（主要是结构化的数据）。NDAD 中的数字化集合档案以英国不同的政府部门划分，按英文字母顺序排列，目前共有 20 个大系列（表 7-4）。每一系列均有自身的系列目录和文件目录，另外还附有该部门职能和历史由来的相关信息。

表 7-4　NDAD 资源分类

序号	类　　别
1	ⓘ Agricultural Departments(农业部门)
2	ⓘ British Railways Board(英国铁路理事会)
3	ⓘ Countryside Agencies(乡村部门)
4	ⓘ Department of Culture, Media and Sports(文化、媒体和体育部门)
5	ⓘ Department of Trade and Industry(贸易与工业部门)
6	ⓘ Education Departments(教育部门)
7	ⓘ English Heritage(英格兰文化遗产协会)
8	ⓘ Environment Departments(环境部门)
9	ⓘ Forestry Commission(林业委员会)
10	ⓘ Health Departments(卫生部门)
11	ⓘ HM Customs and Excise(英国关税与消费税局)
12	ⓘ Home Office(内政部)
13	ⓘ Lord Chancellor's Department(法官办公室)
14	ⓘ Metropolitan Police(伦敦警察局)
15	ⓘ Museum and Galleries Commission(博物馆与美术馆委员会)
16	ⓘ Nature Conservation Departments(自然保护部门)
17	ⓘ Social Security Departments(社会保障部门)
18	ⓘ Statistical Departments(统计部门)
19	ⓘ Transport Departments(交通部门)
20	ⓘ Welsh Office(威尔士办公室)

7.2.2　现行文件

1. 分类主题设置

现行文件适宜选用按问题或部门两种方式进行分类。组织现行文件可按所涉及的问题分类，如哈尔滨档案信息网现行文件中心对现行文件就是按照问题进行分类的（图 7-12）。

除了按问题进行分类外，也有一些网站从现行文件是政府机关文件的特点出发，按政府部门或职能进行简单分类。例如，宁波档案信息网就是将现行文件按单位部门进行分类的（图 7-13）。

当然，更为理想的方式是将这两种分类主题设置方法结合起来组织现行文件资源，如韶关市电子文件数据中心就是这样做的（图 7-14）。

图 7-12　哈尔滨档案信息网现行文件中心

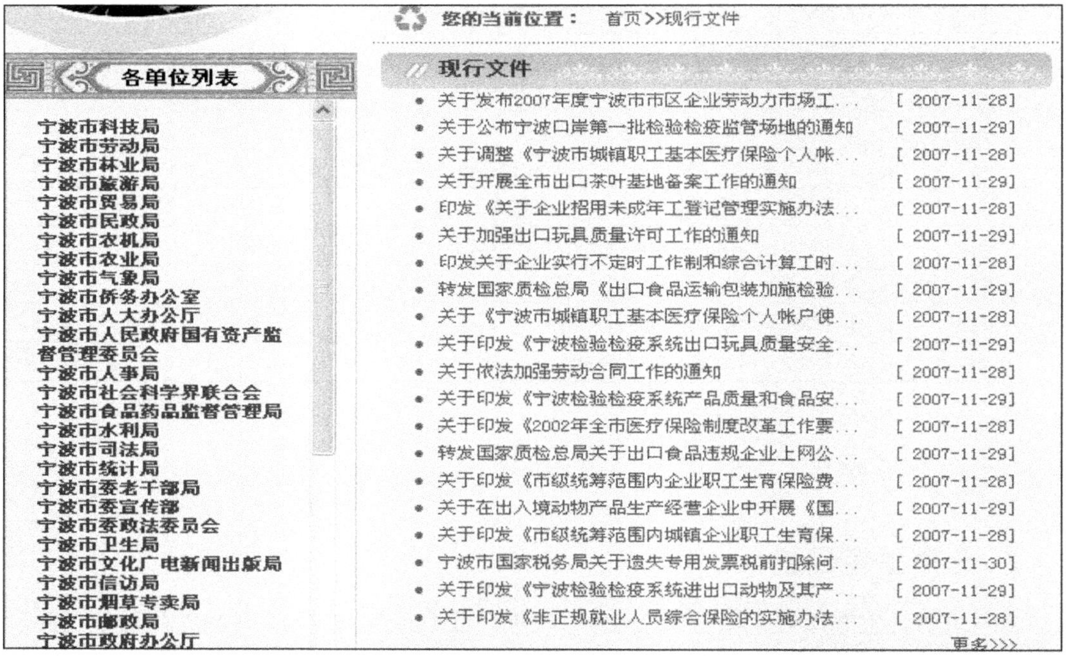

图 7-13　宁波档案信息网现行文件中心

2. 建立现行文件数据库

许多机构在建立现行文件目录数据库的同时，更多地致力于现行文件全文数据库建设

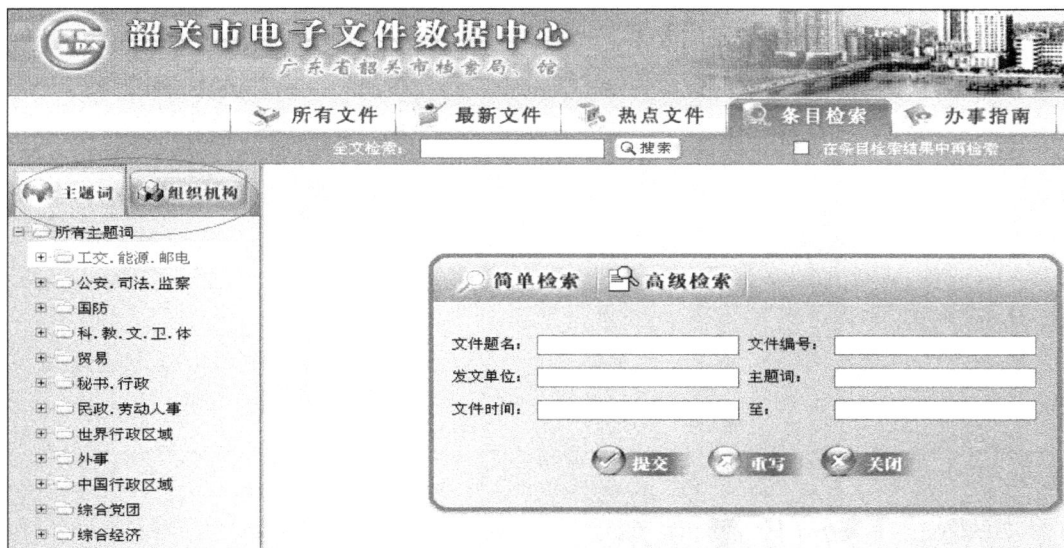

图 7-14 韶关市电子文件数据中心

的研究和实践。在这方面，贵州省档案信息网十分突出，其文件全文以 pdf 格式提供，利用起来较方便（图 7-15）。

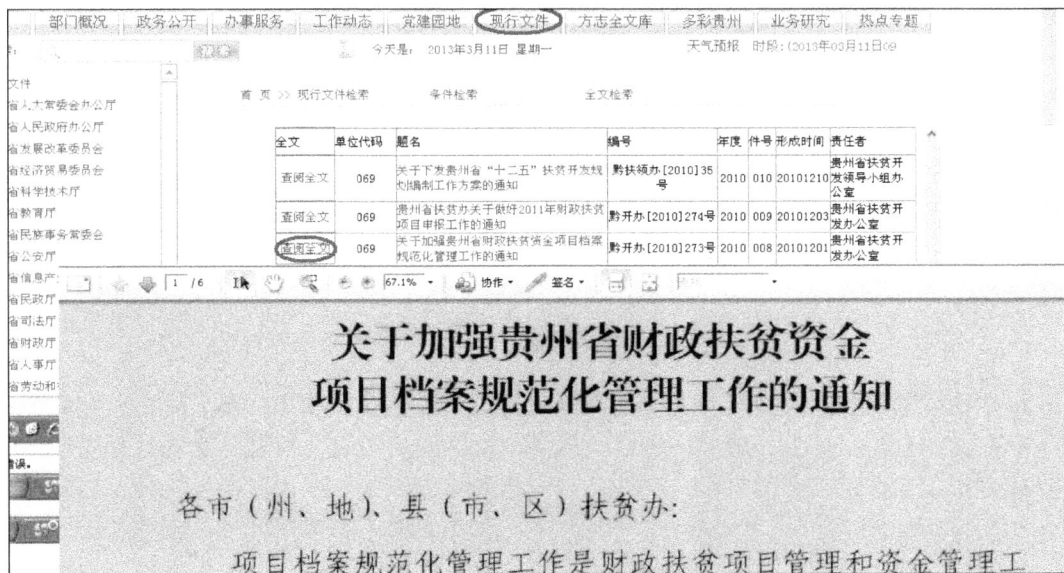

图 7-15 贵州档案信息网现行文件全文检索案例

3. 积极筹建区域性现行文件中心

在组织本馆现行文件目录和全文上网的同时，各级综合档案部门也应加强一定范围内的资源共享。目前，已有一些地区建立了区域现行文件中心，但多是对省直属部门和单位形成的文件实现统一管理、检索。例如，湖南省现行文件服务中心（http：//www.hnsxxwjfwzx.gov.cn/）就是为社会公众提供利用湖南省和中央驻湘党政机关、司法机关、社会团体和事业单位已公开的政策性、法规性、公益性和服务性的现行文件资料。今后，将逐步在市县综合档案馆建立区域性电子文件中心，通过标准化、规范化建设，逐步建成电子文件统一管理共享体系。

7.2.3 特色档案

在组织特色档案方面，福建省档案馆具有代表性，它先按时间组织再按专题分类，如先分为明清档案、民国档案、革命历史档案，然后下设具体专题类目（图7-16）。

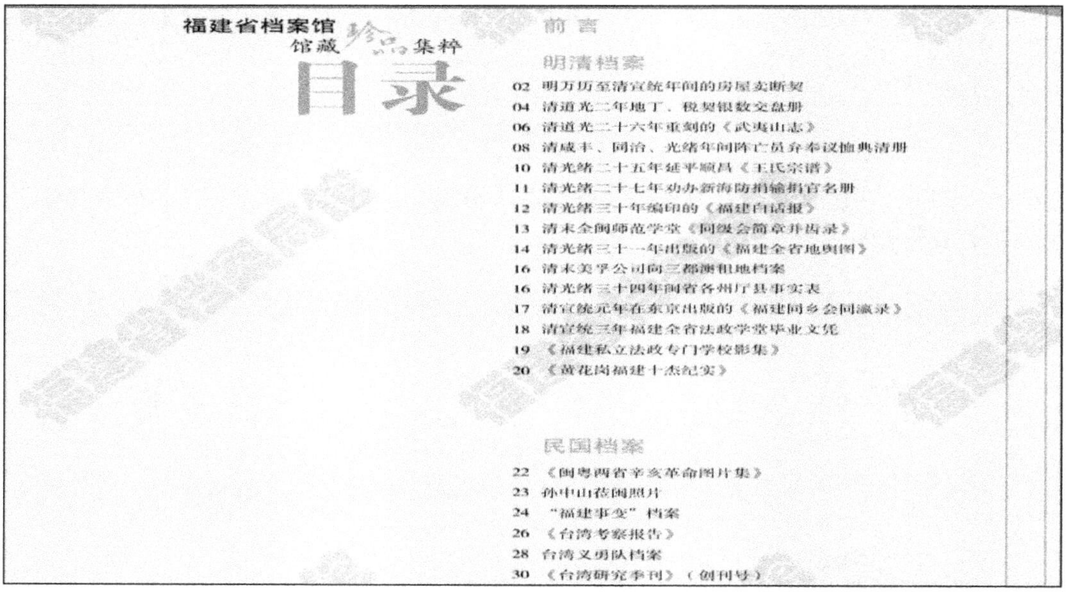
福建省档案馆
馆藏珍品集粹
目录
前言
明清档案
02 明万历至清宣统年间的房屋卖断契
04 清道光二年地丁、税契银数交盘册
06 清道光二十六年重刻的《武夷山志》
08 清咸丰、同治、光绪年间阵亡员弁奉议恤典清册
10 清光绪二十五年延平顺昌《王氏宗谱》
11 清光绪二十七年劝办新海防捐输捐官名册
12 清光绪三十年编印的《福建白话报》
13 清末全闽师范学堂《同级会简章并齿录》
14 清光绪三十一年出版的《福建全省地舆图》
16 清末美孚公司向三都澳租地档案
16 清光绪三十四年闽省各州厅县事实表
17 清宣统元年在东京出版的《福建同乡会同瀛录》
18 清宣统三年福建全省法政学堂毕业文凭
19 《福建私立法政专门学校影集》
20 《黄花岗福建十杰纪实》
民国档案
22 《闽粤两省辛亥革命图片集》
23 孙中山莅闽照片
24 “福建事变”档案
26 《台湾考察报告》
28 台湾义勇队档案
30 《台湾研究季刊》（创刊号）

图7-16 福建省档案馆馆藏珍品集萃

由于档案部门技术条件有限、特色资源数量较少、类型多样等，目前适宜以超媒体方式组织存储特色档案信息，形成主题目录提供浏览检索。例如，西安档案网就是主要利用超媒体方式组织特色档案的。用户在首页点击档案荟萃——老照片，就可看到本馆收藏的图像档案目录（图7-17），它分为四个主题，点击目录即可获得JEPG格式全文。

上海档案信息网也是主要利用超媒体方式组织特色档案信息的，用户在首页点击档案集萃，就可看到本馆收藏的特色档案目录（图7-18），并可进一步获得全文。

7.2.4 编研成果

目前，网络上的编研成果信息多以主题目录方式组织，然后利用超文本方式链接到成

图 7-17 西安档案网老照片目录页

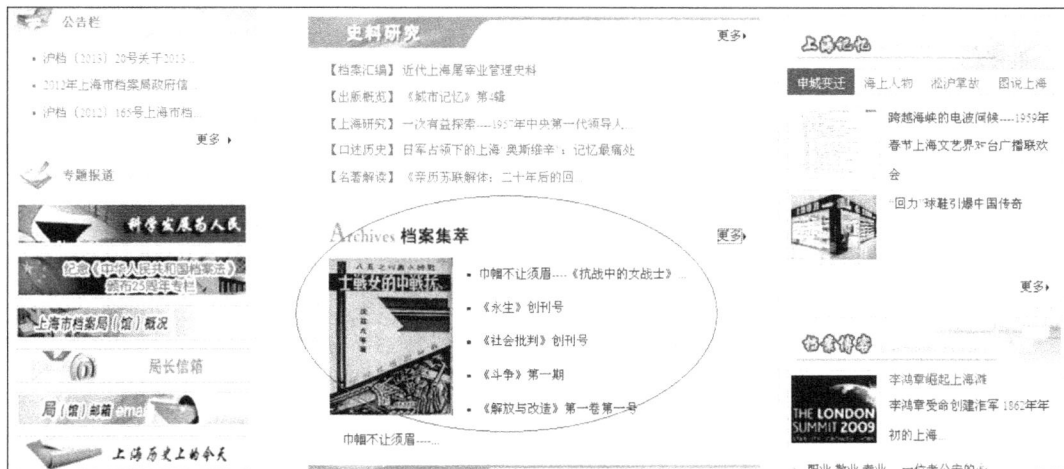

图 7-18 上海档案信息网珍档荟萃页面

果简介甚至全文。苏州市档案局网站提供的编研成果分为苏州名人简介和编研成果两部分，包括苏州商会大事记、苏州商会档案丛编、馆藏名人少年时代作品选、苏州市档案馆指南、苏州商会档案研究论文集、苏州市人民政府工作报告汇编等（图 7-19），这些信息都是以超媒体方式组织的，不仅有文本、图像信息，还有图文并茂的复合信息，用户可通过主题目录进行浏览查询。

从档案网站信息资源组织方案应用的例证分析可知，不同类型的档案网站应选用不同的方法组织信息资源，不同的组织方法其效果各有优劣。对于馆藏数字化档案和现行文件，分类主题一体化和数据库是最有效的信息组织方法。而特色档案和编研成果因具有很强的独立性和体系性，资源类型和格式也比较多样，适合建立主题目录作为不同资源的入

图 7-19　苏州市档案局网站编研成果一览

口，用户可通过目录进入各自的资源库进行访问。表7-5总结了不同档案网站选用不同组织方法的优点与缺点，网站应根据信息组织的对象与建设条件，选择合适的建设方案。

表7-5　各类档案网站信息资源选用不同组织方法的优缺点

档案网站信息资源类型	组织方法	优点	缺点
馆藏数字化档案	分类主题一体化	提高著录和检索效率；提供多种检索入口	对用户检索技能要求高；更新缓慢；不同资源格式组织方法不同
	馆藏数字化档案数据库	信息规范化，信息管理与查询效率高；用户界面易操作，检索结果可变化	目前缺乏统一数据标准；利用率不高
	数字档案馆	数据资源共享，节约资源	建设成本高，理论与技术有待提高
现行文件	分类主题一体化	满足用户按专题检索要求；分类方法明确易行	现有主题字段不能满足检索需求
	现行文件数据库	数据库字段与文件著录字段相符，便于建库；提高检索效率	全文数据库有待建设
	现行文件中心	扩大资源共享范围	建设水平不平衡；安全问题有待保证
特色档案	超媒体主题目录、数据库	增加资源描述信息，满足用户检索需求；增加灵活性	对档案资源著录标引工作要求高
编研成果	主题目录方式	灵活多样；减少建设成本	仅适合编研成果较少的档案网站

7.3 档案网站信息资源利用服务例证分析

在档案网站信息资源利用服务方面，选择了 NARA 的 ARC 检索系统、湖北档案信息网档案检索系统和南京大学档案馆信息查询系统三个案例，不仅兼顾了国内外的情况，也兼顾了综合档案网站和高校档案网站不同的特点。这三个档案网站的检索服务功能较为全面，颇具代表性，下面对其检索服务进行详细分析。

7.3.1 美国国家档案与文件署 ARC 检索系统

档案研究目录系统（archives research catalog，ARC），于 2002 年正式启用，是美国国家档案与文件署（NARA）提供的重要检索工具之一，是一个针对 NARA 馆藏档案信息进行检索的网络在线目录，收录的资源约占 NARA 馆藏的 63%，多是利用率高或有特色的档案。ARC 的检索对象是 NARA 所辖档案机构所拥有的全国性档案馆藏（非电子文件）的目录信息与部分全文、照片、地图、图片、录音、录像等的数字副本。

1. 检索方式

ARC 提供单一检索和复合检索两种方式，不提供浏览检索。在 NARA 首页点击 ARC 专栏，即可进入 ARC 的关键词查询界面（图 7-20），直接进行关键词查询。一个检索途径往往涵盖若干著录项，前端途径十分简洁，后端由系统完成复杂的处理工作。如关键词途径，利用者输入提问词后，系统并非针对某一著录项进行匹配，而是遍历题名、主题、范围与内容等十余个著录项找出匹配记录。

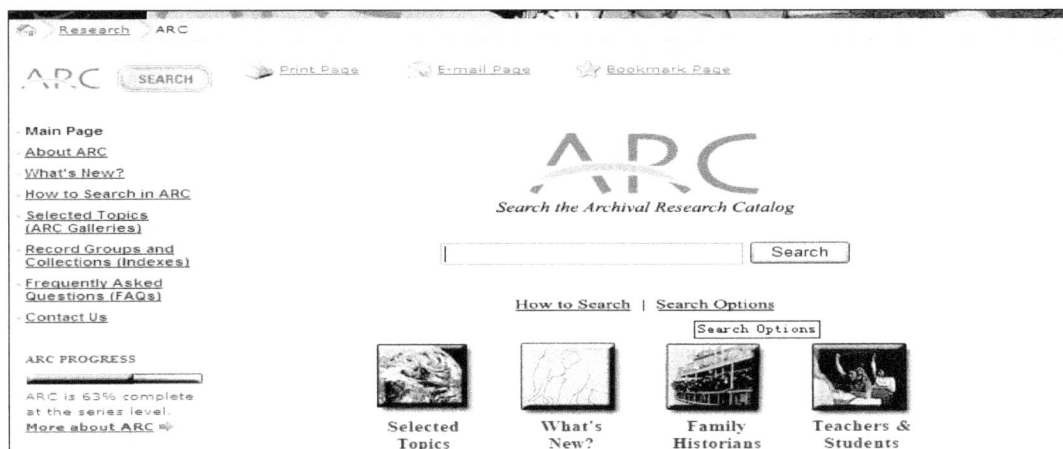

图 7-20 美国 ARC 检索界面

ARC 提供的高级查询即复合检索方式，用户可在高级检索界面，输入多个检索条件，进行档案查询，有效地提高查准率（图 7-21）。

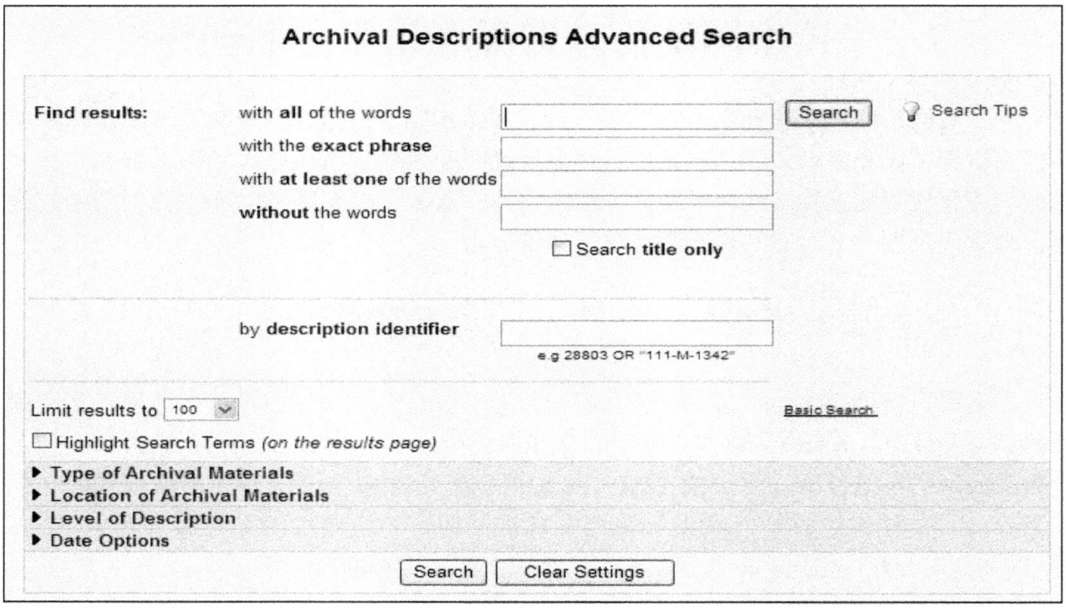

图 7-21　美国 ARC 系统高级检索界面

ARC 提供的检索方法包括简单检索、布尔逻辑检索、通配符检索等。例如，通配符检索是计算机检索特有的技术，输入提问词时"＿"代表一个字母，"％"代表一串字母，这项功能大大提高了查全率，同时体现出技术管理因素在档案工作中的比重日渐增强。

2. 检索项

检索途径包括关键词、档案类型、馆藏位置、档案著录级别、时间等，多检索途径可提高检索结果的精确率。每个检索大类下面，又分设多个检索项，以档案类型为例，下设八个选项，如移动图像、声音记录、文本记录等（图 7-22）。

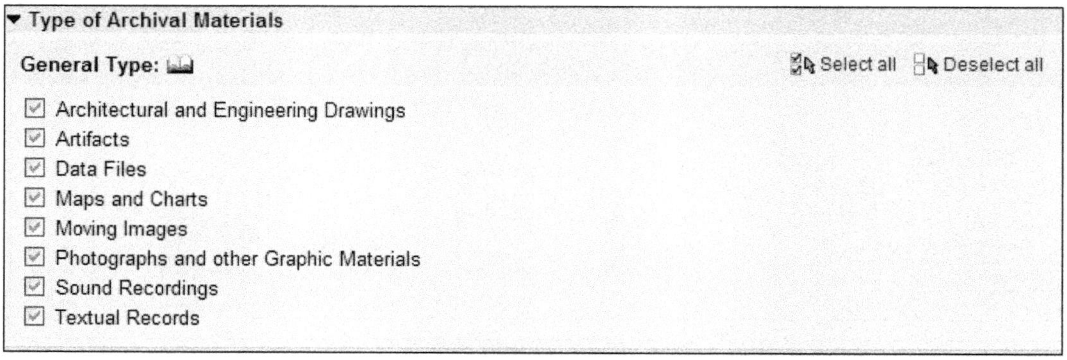

图 7-22　美国 ARC 系统档案类型检索

3. 检索深度

ARC 采用多级著录，著录级别涉及文件组合 record group（类似我国的全宗）、文件汇集（collection）、文件系列（series）、案卷单元（file unit）、文件（item）各个层次，实现了多维化、立体性和完整性，保证了档案的有机联系。

4. 检索界面

ARC 的检索界面属于查询界面（图 7-17），不提供档案浏览。界面简洁美观，利于用户使用。但是，这种过于简单的界面也存在一定的弊端，如不利于希望通过浏览方式查找信息的用户使用。在检索界面设计方面，可参考国外一些数字图书馆、博物馆，它们的检索界面融入了一些分面、多维的设计理念。如史密森尼博物院"有线历史"检索界面（History Wired：A Few of Our Favorite Things）（图 7-23）。

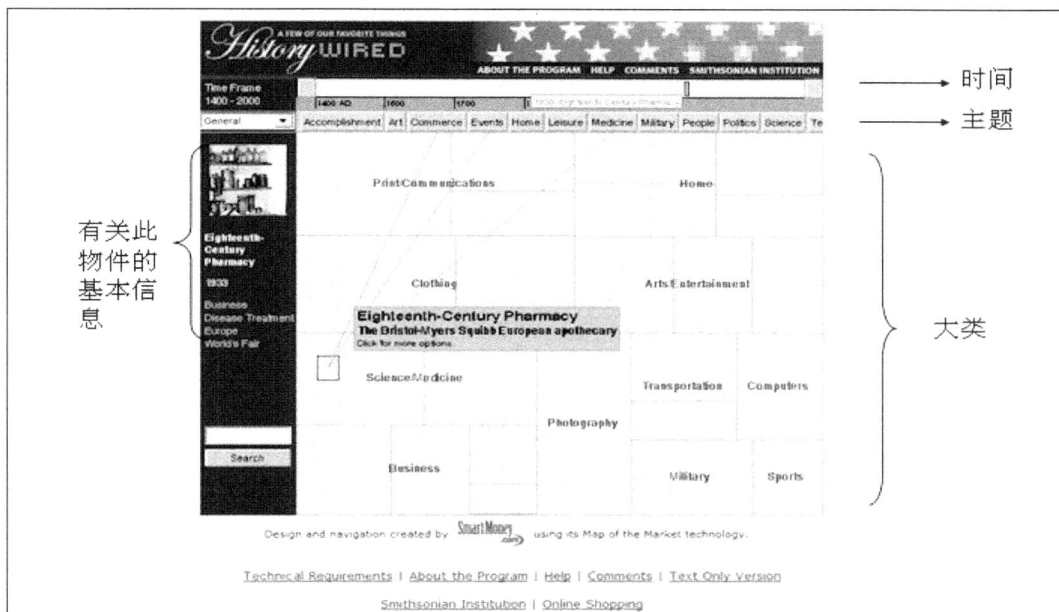

图 7-23　史密森尼博物院"有线历史"检索界面

5. 检索帮助

ARC 提供详细的检索帮助，即"How to Search in ARC"，对 ARC 检索页面的基本功能进行了详细说明（图 7-24），有效指导用户选择利用。在这方面，给国内档案网站建设也提供了很好的参考。

6. 结果处理

ARC 可自动实现检索结果排序。因为 ARC 采用新型网络检索技术，用标准通用置标

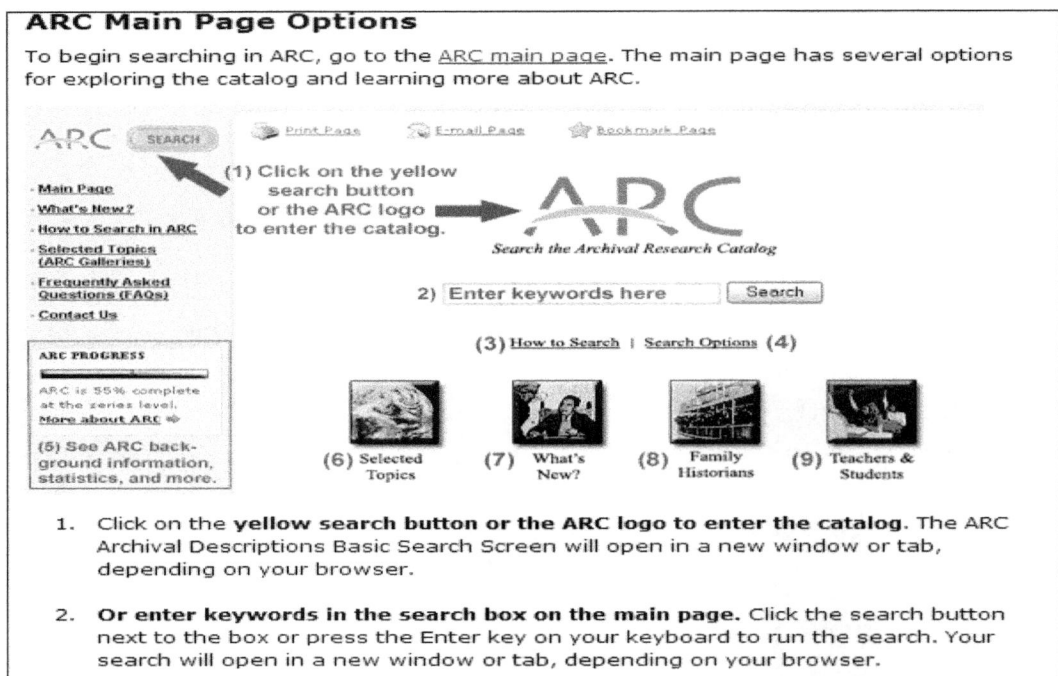

图 7-24　美国 ARC 系统检索页面说明

语言描述文本，所以检索结果可按相关日期、形成者、所存机构、所属全宗等不同方法进行排序，方便了对结果的阅读和理解（图 7-25）。

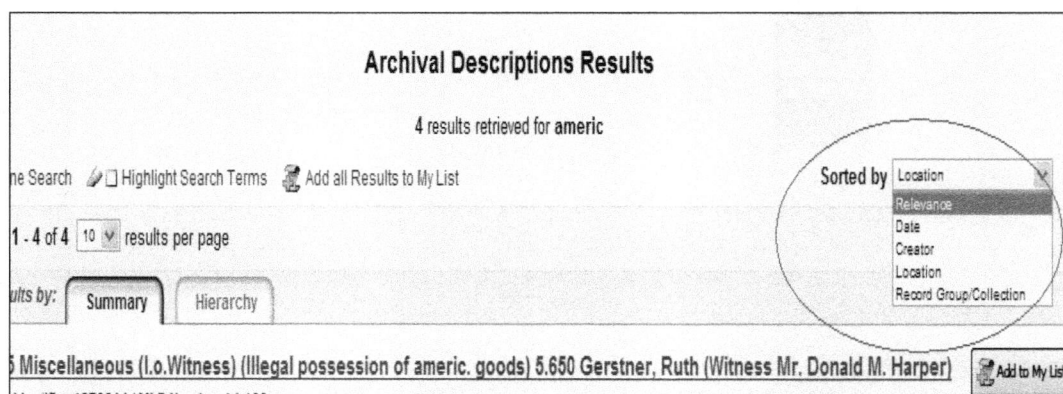

图 7-25　美国 ARC 系统检索结果排序

　　利用 ARC 检索系统，用户不仅可获得档案目录信息，通过超媒体链接，还可链接全文、照片、录音、录像，可链接文件形成者、文件中涉及的人名、地名、机构名，还可看出每份档案在各个著录级别的著录情况，由此了解一个全宗内档案间的联系，进而链接到其所属的类别乃至全宗，查看该类别和全宗的其他档案。

7.3.2 湖北档案信息网档案检索系统

湖北省档案信息网提供馆藏四个档案资料数据库的开放目录、四个专题数据库目录、民生档案的全文检索和现行文件的检索服务，内容涉及清末至二十世纪七十年代湖北政治、经济、军事、社会和文化等发展演变的档案资料，是社会各界研究、了解历史，查找相关凭证、依据的一手资料。进入湖北档案信息网首页，点击"档案检索"，即可进入检索界面（图7-26）。

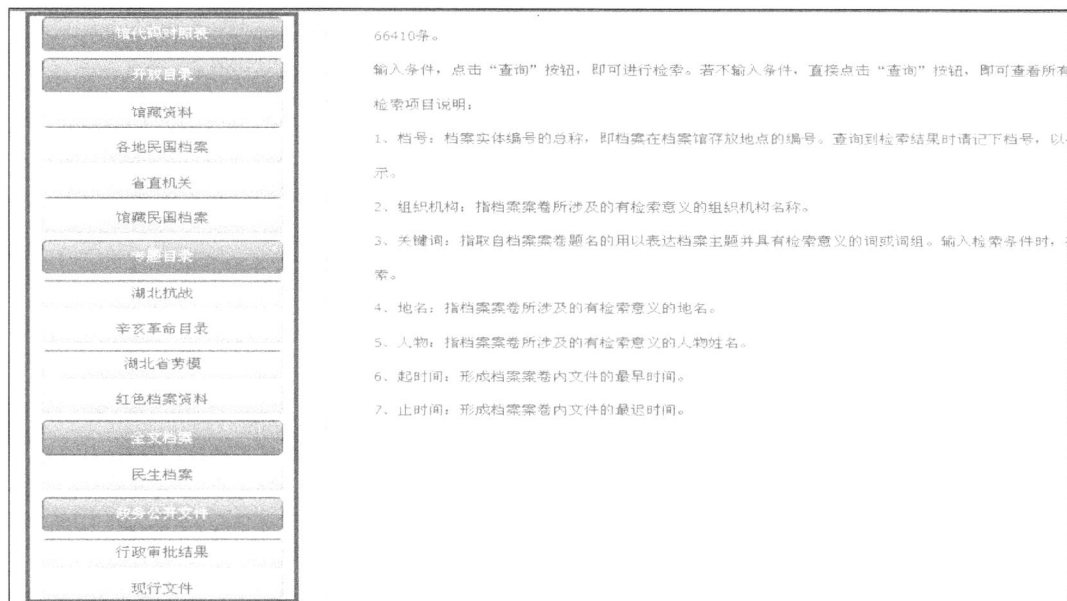

图 7-26　湖北档案信息网档案检索界面

从图7-26可知，该网站将档案分为开放目录、专题目录、全文档案、政务公开文件四个大类，用户需首先选定档案类别，从而可在一定程度上缩小检索范围，节约检索时间，提高查准率。

1. 检索方式

该网站提供多种档案检索方式，包括浏览检索、单一检索和复合检索。在查询界面，用户如果不输入任何检索条件，直接进行查询，可得到全部档案目录列表，并可逐条浏览。它虽然提供浏览检索，但大多数用户如果不知道可以直接点击查询，那么这一浏览功能就不能发挥作用，这一点在以后的界面设计中应加以考虑。它可输入一个检索条件，也可输入多个检索条件进行复合检索。例如，在省直机关类，输入题名"湖北"+起时间"1949"，即可得到如下结果（图7-27）。

图 7-27　湖北档案信息网档案模拟检索结果

2. 检索项

该网站的检索项设置比较全面，它针对不同类别的档案，给予不同的检索项，并配有具体的检索项目说明，这一点值得同类网站学习。例如，馆藏资料提供题名、责任者、起时间等检索项，各类民国档案更提供馆代码、全宗号、目录号、案卷号等八个检索项（图7-28）。

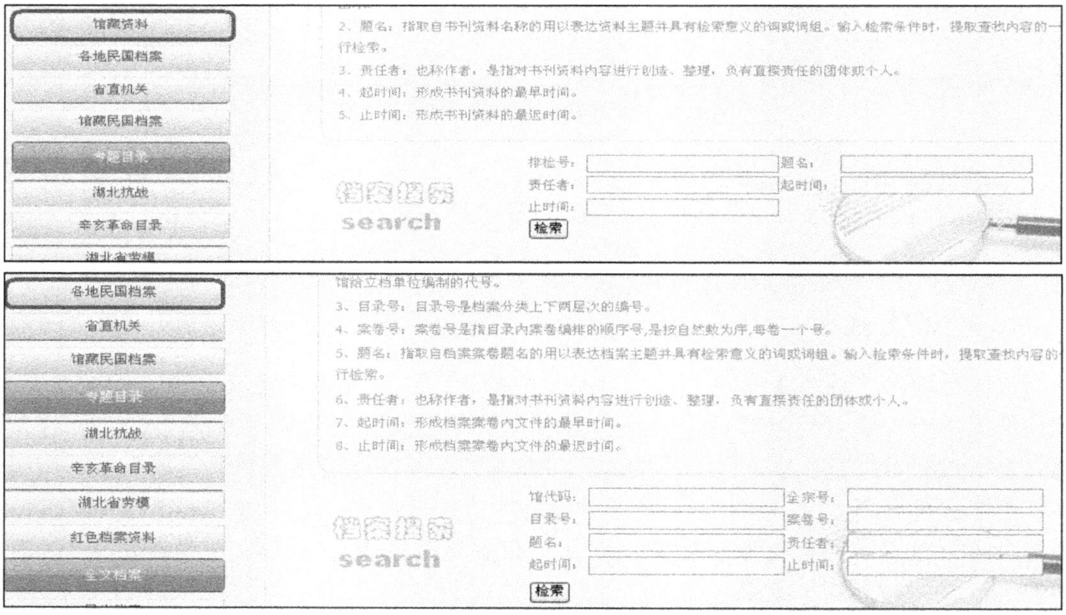

图 7-28　湖北档案信息网档案检索项对比

不过，该网站提供的检索项目有些可进行适当的调整，如数量可调整到三至五个，以便尽可能提高检索时间。例如，民国档案检索项中，全宗号是一个专业代码，许多没有到实体档案馆查阅档案的用户不太可能获知待查档案的全宗号，因此此项可考虑不列入检索项。

3. 检索深度

该网站提供档案目录和全文查询，这一点优于许多仅提供档案目录的档案网站。但其档案全文数量有限，仅提供了"民生档案"，数据共计 1441 条，也不多。

4. 检索界面

该网站检索界面简洁、美观，只提供查询界面（图 7-29），点击"查询"才能浏览检索界面（图 7-30）。今后，可在完善查询+浏览检索界面的基础上，考虑提供分面、多维的检索界面。

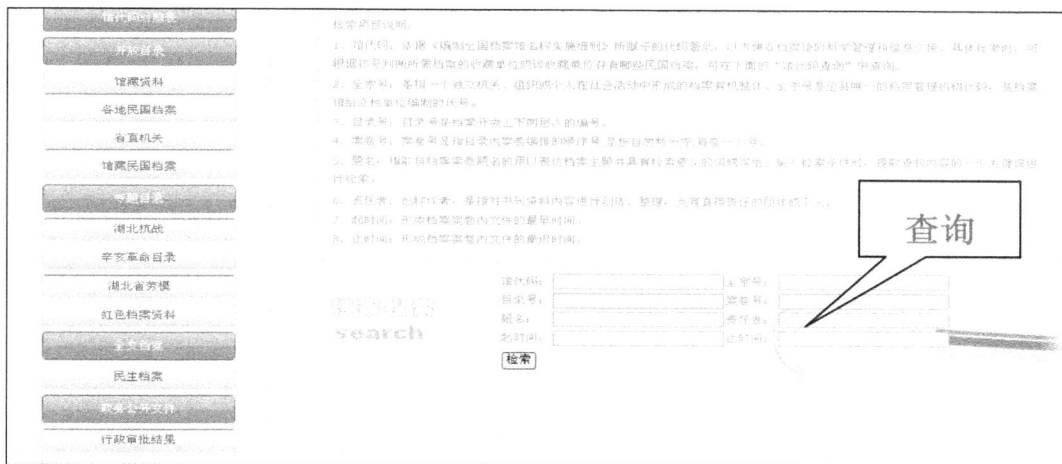

图 7-29　湖北档案信息网档案查询界面

图 7-30　湖北档案信息网档案浏览界面

5. 检索说明

该网站提供简单的检索说明（图 7-31），帮助用户快速掌握检索方法。今后，可考虑增加一些模拟检索案例，更便于用户快捷、准确地查询到所需档案。

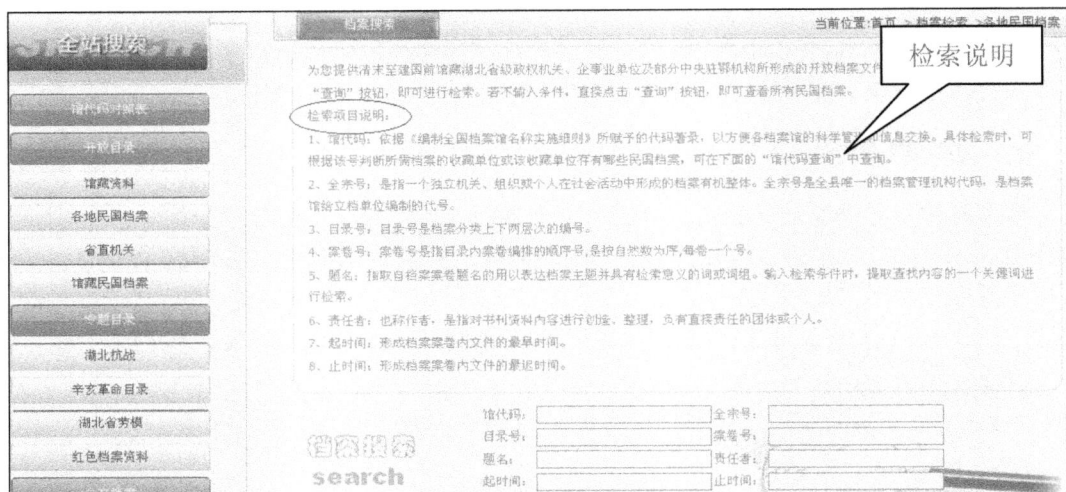

图 7-31　湖北档案信息网档案检索说明

6. 结果处理

对于检索到的档案目录信息，该网站主要为用户提供浏览、复制两种结果处理方式，不能进行下载、打印等操作。对于检索到的档案全文，网站提供浏览、下载等处理方式，为用户提供 Tag 图像文件格式的档案原文。但该网站不提供检索结果排序。

7.3.3　南京大学档案馆信息查询

南京大学档案馆网站利用现有计算机，实现了部分馆藏多媒体档案数字化、档案信息管理数据库化，先后建成了 20 多个机读档案全文和档案目录数据库，向计算机内录入 20 多万条档案信息，扫描照片 3 万多张，采集视频 200 多部，并通过建立网站实现了档案信息查询网络化。在网站首页，用户可看到"信息查询"一级类目（图 7-32），根据需要选择相关档案类别进行查询。

1. 检索方式

该网站提供浏览检索、单一检索和复合检索三种途径。但并非所有类别的档案都提供这三种检索方式。其中，南京大学专利档案（图 7-33）、科研成果信息查询和南大历届毕业合影三个类别的档案提供浏览检索、单一检索和复合检索三种方式，其他类别的档案（如各类学籍查询，图 7-34）只提供单一检索和复合检索两种方式。这种设计方式充分考虑了检索对象的基本特征，值得同类网站借鉴。例如，学籍档案涉及学生的一些个人信息，如提供浏览检索，可能被泄露。

— 136 —

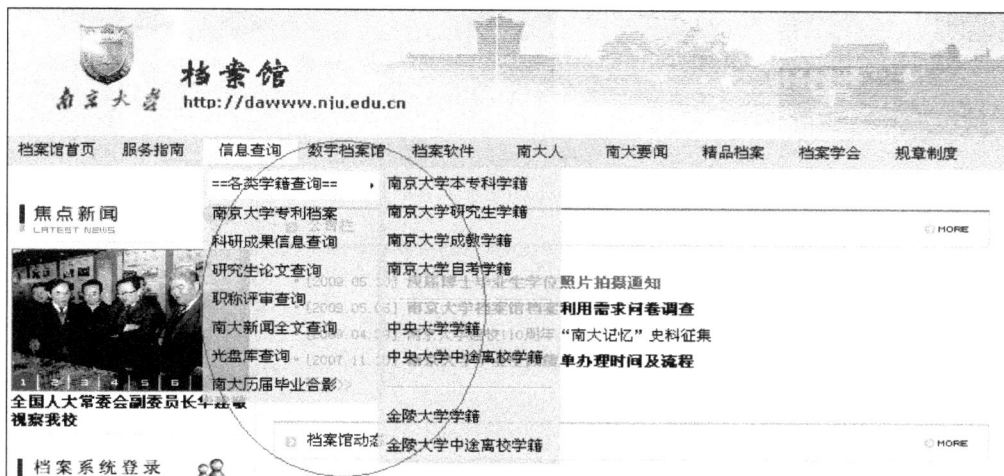

图 7-32　南京大学档案馆网站首页

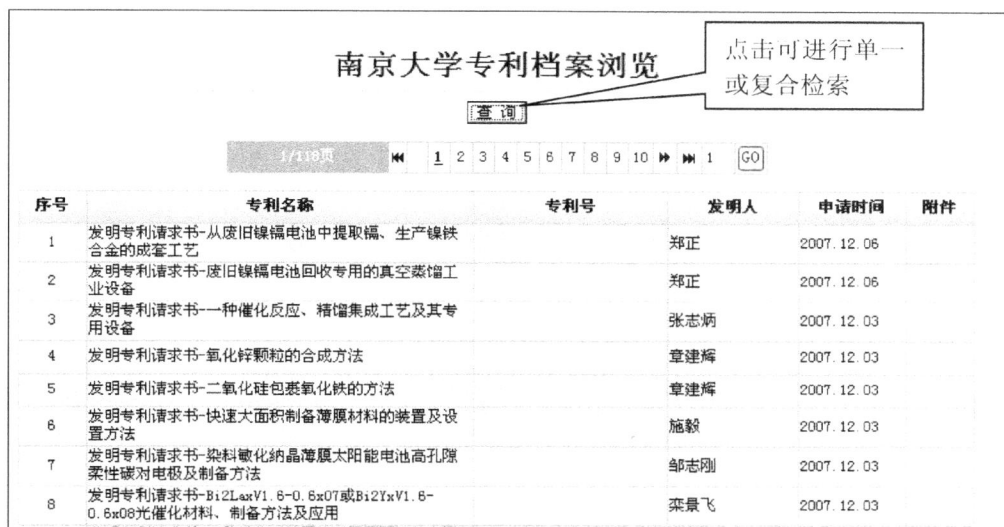

图 7-33　南京大学专利档案浏览界面

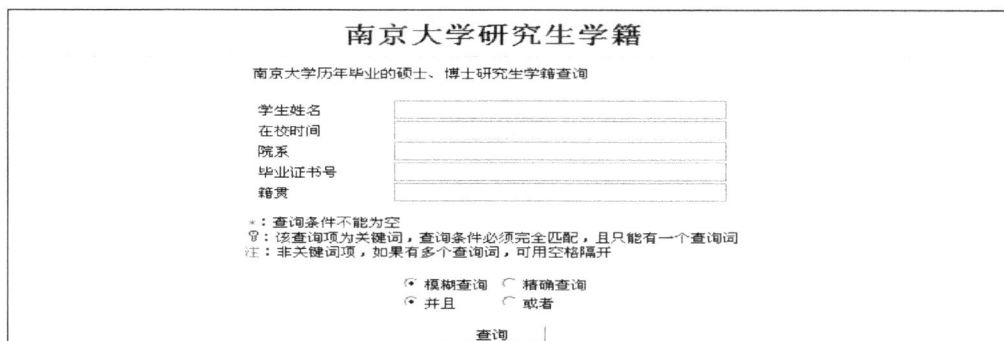

图 7-34　南京大学研究生学籍查询界面

2. 检索方法

该网站提供模糊查询、精确查询等检索方法，支持布尔逻辑检索，同时配有简单的查询说明（图7-35）。

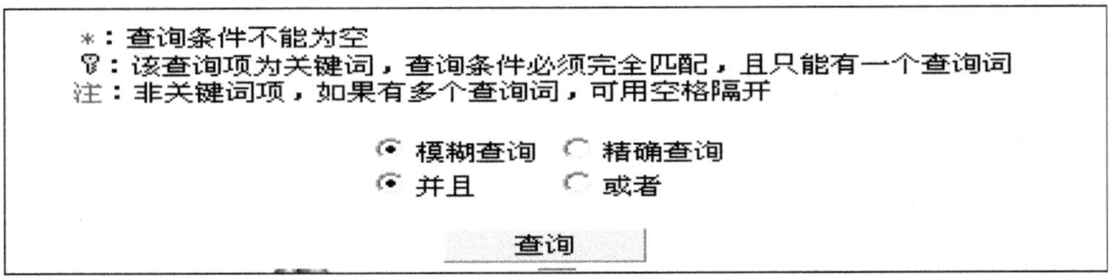

　＊：查询条件不能为空
　♀：该查询项为关键词，查询条件必须完全匹配，且只能有一个查询词
　注：非关键词项，如果有多个查询词，可用空格隔开

　　　⦿ 模糊查询　　○ 精确查询
　　　⦿ 并且　　　　○ 或者

　　　　　　查询

图 7-35　南京大学档案馆信息查询说明

3. 检索项

该网站的检索项设置比较科学，根据档案类别特征设置专门的检索项（表7-6）。而且检索项设置数在2～7个，也比较合理。

表 7-6　南京大学档案馆网站信息查询检索项设置

档案类别	检索项设置
各类学籍查询（以南京大学研究生学籍）	学生姓名、在校时间、院系、毕业证书号、籍贯
南京大学专利档案	专利名称、专利号、发明人、申请时间
南京大学科研成果奖状	成果名称、第一作者、合作者、院系、获奖名称、获奖时间、获奖等级
南京大学研究生论文	论文题名、论文作者、导师、完成时间、作者所在院系、论文摘要
南京大学职称评审	姓名、单位、职称
南大新闻全文	新闻题名、新闻全文
档案馆光盘目录查询	文件名称、内容简介
南京大学历届毕业生合影	毕业照名称、系别

4. 检索深度

该网站提供档案目录和全文查询，但只提供南大新闻的全文阅览，其他仅提供目录信息。例如，查询研究生学籍，输入学生姓名"××"，即可获得如下信息（图7-36）。

5. 检索界面

该网站的检索界面比较简洁，但只是提供单一的查询或浏览界面，而没有查询浏览相结合的界面。如能提供查询浏览相结合的检索界面（图7-37），会是一种更适合用户利用习惯的设计。

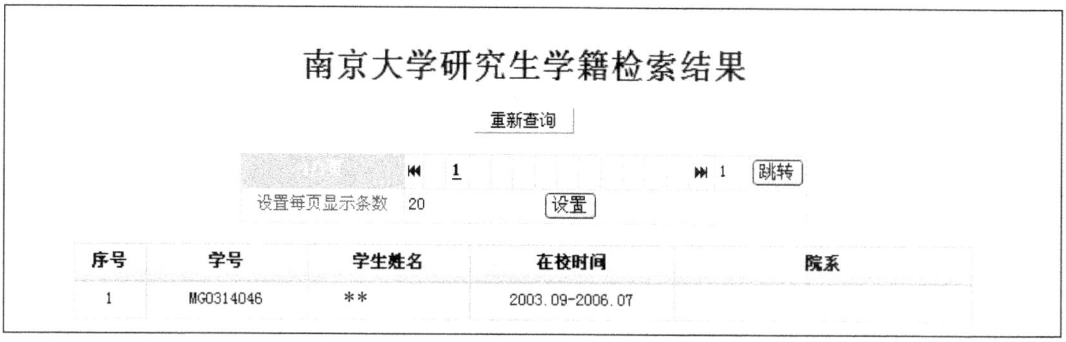

图 7-36 南京大学研究生学籍模拟检索结果

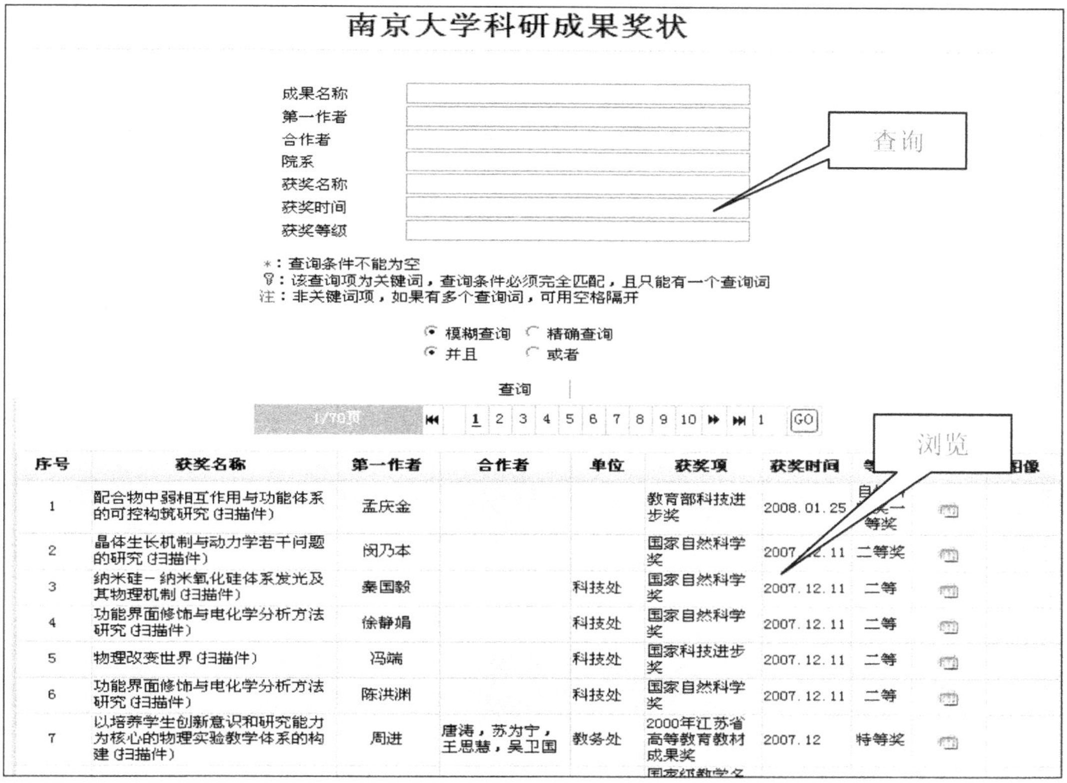

图 7-37 南京大学科研成果奖状"浏览+查询"界面

6. 结果处理

该网站提供目录和全文信息浏览，但不能进行下载、打印等操作。对于南大新闻信息，该网站可利用超文本方式为用户提供全文。档案目录检索结果可按照一定的规律排序，例如科研成果信息是按时间自动排序的，毕业生合影是按系别排序的。

第8章　档案网站信息资源组织机制

档案网站信息资源组织是一项复杂的系统工程，单纯依靠科学的组织方法难以保证组织实施的进程和质量。在现在的组织活动中就暴露出许多问题，如管理部门缺乏协调配合、相关组织技术不到位、管理制度有缺陷、缺乏标准规范、人员知识结构有局限等。为此，有必要综合分析影响档案网站信息资源组织的相关因素，认真审视现存问题，为组织顺利实施保驾护航。

8.1　档案网站信息资源组织机制的基本内涵

1. 概念界定

《现代汉语词典》将"机制"一词定义为：泛指一个系统中，各元素之间的相互作用的过程和功能。该词多用于自然科学，mechanism 指机械和机能的互相作用、过程、功能等等。社会科学也常使用，可以理解为机构和制度。机制在众多工作中起着基础性、根本性的作用。对档案网站信息资源组织来说，有了良好的机制，可以确保组织方法、方案的有效实施，顺利实现组织目标。

所谓档案网站信息资源组织机制，是指在档案网站信息资源组织中，分析影响其过程和功能的相关要素，理清各要素之间的关系，使之协调配合，最终形成参与、指导、规范、管理组织工作的基础性体系。从系统论的角度出发，档案网站信息资源组织机制涉及管理体制、技术支持、制度保障、标准化建设和人才培养五个方面，它们共同构成档案网站信息资源组织的保障体系，如图 8-1。建立、完善这一体系，是对组织过程进行有效管理、规范和调控的重要保证。

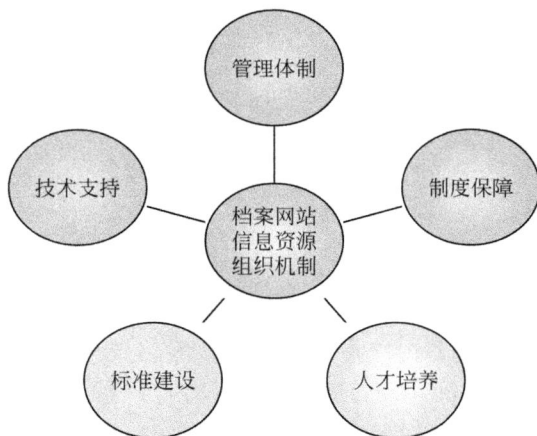

图 8-1　档案网站信息资源组织机制构成要素

2. 宗旨

构建档案网站信息资源组织机制的根本宗旨是：通过建立科学合理的组织机制，服务于档案网站信息资源组织活动的全过程，为组织工作顺利实施提供体制、技术、制度、标准、人才保证，以机制的先进性确保组织工作的先进性。

3. 原则

档案网站信息资源组织机制的研究构建，是实现良好性能的信息组织、利用的重要基础和保证，必须遵循以下原则：①科学性原则。档案网站信息资源组织机制的构建，必须在遵循档案的内涵、特征、管理、利用等要求的前提下，采用科学的方法，确立机制构成要素和内容，形成等级严密、结构合理的组织体系，保证其在辅助组织实施过程口，不出现偏离。②系统性原则。机制的构建是一项复杂的系统工程，档案网站信息资源组织机制内部包含管理、技术、制度、标准、人员等要素，它们之间不是孤立的，也不能简单地以"1+1＝2"来解决。必须明确各要素的地位和作用，处理好各要素之间的相互关系，使各要素从不同层次、不同侧面互相呼应，相互补充，共同服务于组织活动。③实用性原则。档案网站信息资源组织机制的内容设置必须强调可用性，以能够真正推动组织实施为前提。组织机制不仅要内容全面，更重要的是精炼实用。④发展性原则。档案网站信息资源组织的观念与技术均处在不断发展变化之中，特别是技术的先进性在不断改变着组织的范围和方式。与之对应，组织机制也应随着组织理论和方法的进步而迅速做出反应，不断调整具体内容，坚持与时俱进。

8.2　档案网站信息资源组织机制的内容分析

8.2.1　管理体制

1. "统一领导、分级管理"的档案管理体制

《中华人民共和国档案法》明确规定："档案工作实行统一领导、分级管理原则"。一方面，全国档案事业应由党和政府统一领导，按照中央和地方权力隶属关系的不同，在中央一级设置国家档案管理部门（国家档案局和中央档案馆），作为党中央和国务院的直属机构，履行国家档案行政管理和档案保管利用的职能。另一方面，设立地方各级（县级以上）档案管理部门（档案局和档案馆），履行档案行政管理和档案保管利用两种职能。在"统一领导、分级管理"原则的指导下，一切国家机关和组织形成的档案，必须按照国家的规定，定期向本单位档案机构或者档案工作人员移交，进行集中保管，任何个人不得据为己有。这种管理体制显示出独特的优越性：能够保证档案法规在全国范围内贯彻执行；可使各档案机构之间建立起横向的业务联系或协作关系；有利于维护档案的完整与安全；避免各档案馆馆藏资源的重复建设；有利于档案信息资源的开发和利用；有利于有计划地实现档案现代化管理等。

在网络环境下，档案本身发生了巨大的变化，加之新的档案门类的出现，使"统一领导、分级管理"这一原则具有了新的时代意义和内涵。一方面是档案组织结构的变化。现在多以建立网站的方式提供利用服务。这种信息传递方式的改变，使档案管理组织结构也发生了一系列变革。另一方面是档案管理职能的转移。数字时代使得图书、档案、资料等一体化管理成为可能，许多图书馆都兼具档案管理的职能，这些数字化资源被图书馆采用统一的著录标准、管理流程和检索机制进行组织和管理。这样可以更好地借助图书情报管理领域强大的理论指导和技术手段支持，提高档案网站信息资源管理的技术优势。例如，在美国许多相关机构中档案管理职能和图书、资料管理职能都隶属于一个统一的管理机构即图书馆。总之，在新的环境中组织档案网站信息资源，必须加强体制建设，推动档案部门之间的合作，从国家和地方多个层面入手，形成完整、协调、合理的档案网站信息资源组织管理体制。

2. 档案网站信息资源组织管理部门设置

在我国，组织档案网站信息资源，需要国家和地方有关部门的大力支持，需要档案部门自身的不懈努力，需要社会各界的积极配合。其中，档案部门是组织活动的主要实施单位，尤为关键。在设置管理部门时，可参照国家信息化建设工作机构设置原则，建立工作机构、咨询机构和协调监督机构，形成从中央到地方全方位、多层次的管理机构体系（图8-2）。

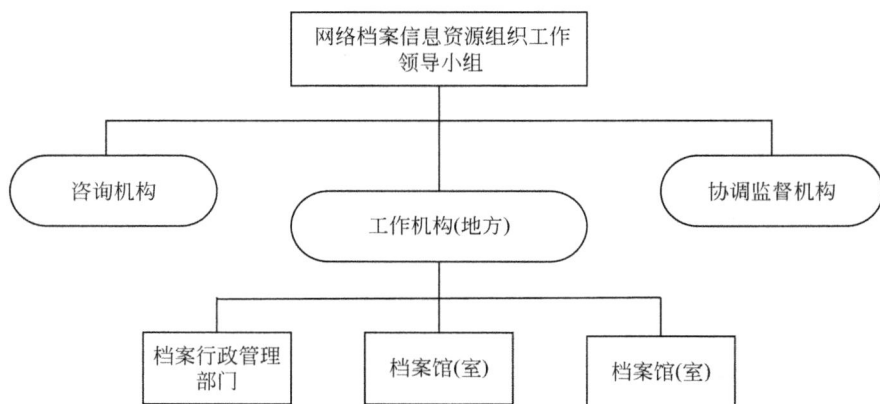

图 8-2　档案网站信息资源组织管理部门设置

1）工作机构

在中央设立决策机构，作为开展档案网站信息资源组织工作的最高领导机构。可由国家档案局牵头成立专门领导小组，坚持"统一规划、分步实施、分工合作"的基本思路，协调国家和各地方档案网站的信息资源组织工作，负责制定整体规划、战略目标、实施策略、制度规范等，运用行政手段对全国各级各类档案馆（室）的组织活动进行宏观调控与指导，以保持档案网站信息资源配置平衡，实现区域间资源协调与共享。

在地方设立执行机构，负责具体实施档案网站信息资源组织的相关工作。一般可由档案馆（室）和信息技术部门共同承担。地方各级各类档案部门立足于业务实际，将领导部门下达的决策变为指令性信息，提出档案网站信息资源组织的具体计划、方案、实施步骤等，并具体实施。信息技术部门则根据组织活动的需要，建设各种信息化基础设施和应用系统，提供信息化的技术保障。

2）咨询机构

在档案网站信息资源组织活动中，会遇到各种各样的问题，需要建立一个专业化的科学研究部门，针对问题提出解决策略，并为日常组织活动提供有效指导。国家档案局可联合多家相关单位，成立专门的研究中心，对档案网站信息资源组织的相关流程、技术、方法等进行分析研究，为组织实践提供理论和技术指导。该中心隶属于国家档案网站信息资源组织工作领导小组，对地方执行部门没有直接指挥和监督权。

3）协调监督机构

设立协调监督机构，即对档案网站信息资源组织管理机构及其管理活动进行协调、监督、检查的职能机构。该类机构辅助工作机构开展各项工作，确保组织工作的合法性、计划性、效益性，使相关工作人员照章办事、忠于职守。

3. 加强馆际协调

目前，我国档案网站信息资源组织缺乏统筹规划，部门之间各自为政的现象严重，从而造成资源的严重浪费。档案网站信息资源组织，特别是中观和宏观层面的组织，不是一个部门、一个网站可以单独实现的，而需要多机构、多部门、多环节平行式分工协作。即通过对组织活动进行整体规划，在系统与系统之间、地区与地区之间、部门与部门之间建立资源共享协议，最大限度地开发各个馆藏资源，发挥全国档案信息资源的整体优势，实现真正意义上的资源共享。各档案部门在组织活动中，既要科学组织本部门的资源，又要摒弃"自有资源"的观念，在国家档案部门宏观政策的指导下，积极探求部门间合作的途径与方法，具体解决档案网站信息资源组织中的各种问题，推动档案社会化共享的实现。可以说，引导档案部门联合协作，是实现档案网站信息资源社会化共享的前提和基础。

8.2.2 技术支持

社会在不断进步，信息组织的技术和工具也在不断演变和发展，技术的先进性在很大程度上决定了档案网站信息资源组织的规模与水平。档案网站信息资源的合理组织需要不断应用新的技术手段，如网络技术、计算机技术、多媒体技术、数据仓库、数据推送、元数据等。

1. 常见的信息组织相关技术

组织网络信息资源，涉及的相关技术种类繁多且发展迅速，每天都可能有新的技术革新，也有一些落后的技术被淘汰。在此简单介绍几种常见技术。

1）数据仓库技术

数据仓库（date warehouse）概念起源于 20 世纪 80 年代中期，而后被誉为"数据仓库之父"的 Prism Soultion 公司副总裁 W. H. Inmon（2003）将其定义为："数据仓库是支持管理决策过程的、面向主题的、集成的、随时间而变的、持久的数据集合。"数据仓库有别于数据库，后者以多种方式支持在线事务处理（OLTP），而前者主要支持在线分析处理（OLAP）。数据仓库在技术上根据工作过程分为数据的提取技术、存储与管理技术、数据的表现技术和数据仓库设计的技术咨询四个方面。数据仓库技术在多数据源信息的获取，对所获取到的大量信息的组织与存储，从数据库中查询信息、挖掘信息，将所获取的信息用适当的形式展现给用户等多方面，都比传统数据库技术有了实质性的突破和提高。

数据仓库技术本身在数据挖掘、知识发现、组织、分析等方面有着巨大的潜力，应用于档案领域具有广阔的发展前景。以建立实体仓库为例，就是将参与组织的档案信息资源的数据装入其中，把不同数据结构的内容转换为相同的数据格式，用单一的检索引擎检索所有的资源。对不同数据源进行集成，构建新的数据仓库后，用户可通过数据仓库提供的统一检索入口进行查询。这种方法可用来组织多个馆藏数字化档案数据库和现行文件数据库，也可用来组织多个网站零散的档案信息资源，如特色档案、编研成果等。当组织多个数据库时，一般可通过计算机、数据库技术来完成数据的转换、导入。组织零散非结构化档案信息资源时，则可采用信息抽取或人工建库的方法，以保证数据的准确性和全面性。

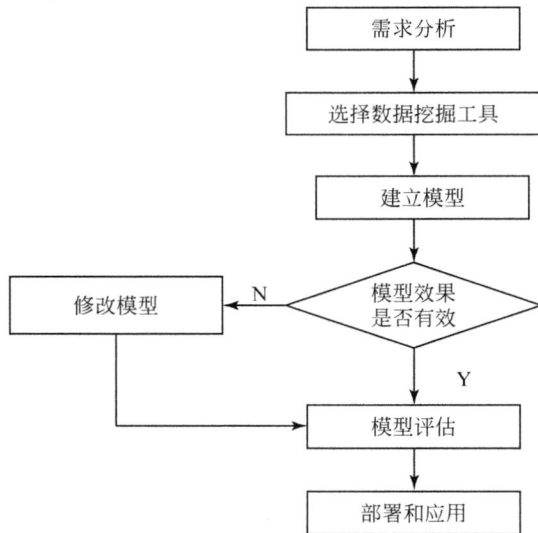

图 8-3　数据挖掘步骤

2）数据挖掘技术

高丹（2004）认为数据挖掘（data mining）是建立在信息源的基础上的，重在发现隐藏在大量原始数据深层中对人们有用的信息。目前，数据挖掘基础技术（如海量数据收集、多处理技术、数据挖掘算法等）已经成熟，在信息咨询、电子商务个性化服务等方面有很好的发展前景。黄华（2009）分析了在组织档案网站信息资源的过程中应用和实现数据挖掘技术的步骤（图 8-3）。

a）需求分析。确定用户的需求，明确所要解决的问题属于哪种应用类型，如关联分析、分类、聚类与预测，然后确定数据挖掘的目标和计划。

b）选择数据挖掘工具。数据挖掘主要有五种任务：分类、估值预测、关联规则、聚集、描述。前三种属直接数据挖掘，是应用可得到的数据建立模型，后两种属间接数据挖掘，没有单一目标变量，是在所有变量中发现某些联系。

c）建立模型。建立模型是选择合适的方法和算法对数据进行分析，得到一个数据挖

— 144 —

掘模型。一个好的模型对未来数据应有较好的预测，需考察哪个模型对所需解决的问题最有用，如决策树模型、聚类模型，都是将一个事件或对象归类。

d）模型评估。验证模型的有效性、可信性和可用性，从而选择最优的模型。

可将数据中的一部分用于模型评估，来测试模型的准确性，模型是否容易被理解、模型的运行速度、输入结果的速度、实现代价、复杂度等。

e）部署和应用。将数据挖掘的知识归档和报告给需要的群体，对数据挖掘发现的知识采取必要的行动，消除与先前知识可能存在的冲突，并将挖掘的知识应用于应月系统。

如在档案信息组织中应用这一基本工具，可从海量数据中分析出事物之间的关联，挖掘出隐藏其中的规律信息，挖掘档案信息中隐含的深层次知识，为用户提供可能的知识服务，促进档案网站信息资源向知识服务的方向转换。一方面，利用数据挖掘技术，通过运用关联、分类、聚类等方法，按照相关专题进行挖掘、分类、加工、整理和有序化重组，可构建出各类有特色的专题档案信息库，另一方面，可利用数据挖掘方法从大量档案网站信息资源中检索出与某一专题相关的文献信息资料，分类、整合后补充现有档案数据库信息量的不足。

3）数据推送技术

"推送"技术可根据用户的需求，按照一定的技术和标准，有目的性地按时将用户感兴趣的信息主动发送到用户的计算机中。它不仅能对有用信息进行分类和管理，而且能按用户的要求主动将信息传递给用户。目前常用的推送技术有频道式推送和邮件式推送两种方式。利用推送技术，向用户传递所需档案信息，可提高档案信息服务的主动性、准确性和可靠性。但就目前情况看，这主要还是一种理论研究，在技术实现方面尚待深入研究。

档案网站作为用户与档案信息资源联系的纽带和桥梁，应该运用推送技术为用户提供信息服务。在此，以王博等（2007）提出的一个基于客户代理模式的推送服务系统工作模式（图8-4）为例，说明该技术在档案信息利用服务中的实现。

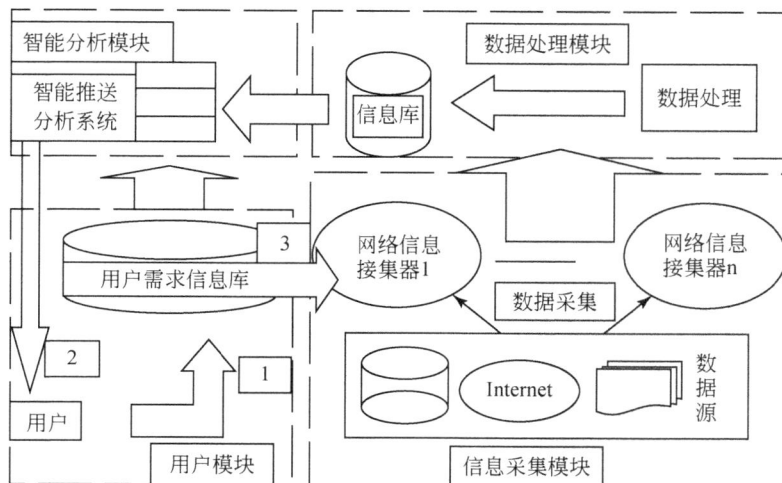

图 8-4　基于客户代理模式的推送服务系统工作模式

该系统分为四个模块：一是信息采集模块。该模块中的网络信息采集器对数据源（档案数据库、Internet 信息、电子文档等）进行查询、采集，并把所采集的信息发送给数据处理模块。二是数据处理模块。负责接收到信息后，对信息进行评价、筛选、分类等组织处理，并把处理过的信息存储到信息库中。三是智能分析模块。该模块是整个系统从技术层面实现推送服务的核心，其工作流程主要分为用户信息需求的表示、文档表示、相似匹配、信息安全检查四部分。四是用户模块。用户可在此提交个人需求信息或反馈意见给用户需求信息库，需求信息库同时把用户需求发送给网络信息搜集器，进行信息采集并按系统流程提交所需的信息给用户，用户在此可即时获取系统推送的信息。

4）元数据技术

贾宏（2006）将元数据定义为：提供关于信息资源或数据的一种结构化的数据，是对信息资源的结构化描述。它是因特网上组织信息的重要工具，在数字资源组织方面的主要功能有：①描述，对数字对象的内容和位置进行描述，从而为信息对象的存取与利用打下基础。②定位，根据元数据包含的数字资源位置方面的信息，确定资源位置之所在，促进网络环境中非实体信息对象的发现和检索。③搜寻，在著录的过程中，将信息对象中的重要信息抽出并加以组织，赋予语意，并建立相关关系，使检索结果更加准确，从而更有利于用户识别资源的价值，发现真正需要的资源。④评估，用户根据元数据提供的有关信息对象的题名、责任者、形成时间等基本属性，在无需浏览信息对象本身的情况下，就能对信息有基本的了解和认识，并参照有关标准对其价值进行必要的评估，作为存取与利用的参考。⑤选择，用户根据元数据所提供的描述信息，参照相应的评估标准，结合使用环境，做出对信息对象取舍的决定，选择适合自身需要的资源。

5）指引库技术

所谓指引库是指所建立的数据库中，从物理上讲并不存储实际的信息资源，但对其进行访问却可检索到有关数据库的实际资源，即指引用户到特定的地址获取所需信息。简单地说，就是把因特网上与特定档案主题相关的节点进行集中，按照方便用户检索的原则，用专门的语言组织起来，以提供这些资源的分布情况，指引用户查找。

6）搜索引擎技术

搜索引擎产生于 20 世纪 90 年代中期，是因特网上的一种在线服务方式，是用于帮助用户查询网络信息的一种检索工具。它以一定的策略在互联网中搜集、发现信息，对信息进行理解、提取、组织和处理，然后为用户提供检索服务，从而达到信息导航的目的。目前，搜索引擎已成为快速检索网络信息资源的主要工具和手段。

2. Web2.0 的信息组织技术

Web2.0 是相对于 Web1.0 的新一代互联网的总称，是各种技术、相关的产品与服务的集成。在 Web1.0 阶段，信息存储在服务器上集中提供给使用者，缺乏创造性和真正的信息个性化。而 Web2.0 的信息活动是围绕用户开展的，是以用户为核心的互联网。用户在互联网上不再是被动的客体，他们参与内容创造、贡献、传播内容，并提供这些内容之间的链接关系和浏览路径，从而更好地变革互联网的内容组织和信息传播，创造关联性和社会性。

Web2.0 直接应用于信息组织的主要技术包括：Blog、RSS、Wiki 和 Tag 等，它们都为网络用户提供了创建、组织、发布、更新和共享信息的开放式技术平台，在管理信息方面呈现出各自不同的特色（表 8-1）。

表 8-1 Web2.0 的信息组织技术

信息组织技术	核心	功能
BLOG	共享和交流	创建、发布、更新个人网页，共享和交流网络信息
RSS	聚合内容	将不同信息汇集到单一页面，不同站点间共享内容
WIKI	开放和协作	实现多人共同对网站内容进行维护和更新
TAG	分众分类	用户自由选择关键词，对信息进行协作分类

以 RSS 为例，RSS 技术起源于 1996 年 PointCast 公司的新闻标题服务系统，是一种基于用户需求的网络信息组织技术。RSS 技术使用"推"而不是"拉"的方式，其特点是：①获取信息便利。用户可通过阅读器"一站式"地获取信息，而不必通过浏览器辗转于各个网站之间查找信息内容。②信息更新及时。通过 RSS 阅读器可设置信息的更新周期，定时从网站获取最新的信息，并按更新时间排序。③个性化定制。RSS 可及时向用户"推"送个性化、高效信息。用户通过选择网站提供的 RSS feeds，来定制个性化信息频道，可在不打开网站的情况下获得最新的个性化信息内容。④有效屏蔽广告。基于 RSS 的工作原理，弹出式广告等将得到有效屏蔽，展现在用户面前的是一个真正绿色的浏览器。

RSS 技术已开始在档案网站中尝试应用，辽宁省档案网站档案工作新闻订阅器（图 8-5）、江苏档案信息网等就是新技术与数字档案馆融合的典型案例，RSS 应用于档案领域的优势为：

1）跟踪专业动态

应用传统的浏览器方式，用户必须打开网站查看是否有信息更新。而 RSS 可跟踪信息的实时变化，及时向用户"推"送高效信息。基于这一特点，RSS 技术已被图书馆采用，用以跟踪专业动态。2005 年 2 月，西雅图公共图书馆向用户提供 RSS feeds，用户可从图书馆目录中跟踪他们关注的作者或学科的动态。目前，也有一些档案部门采用 RSS 技术跟踪档案专业信息，服务档案学研究。

2）聚合信息资源

通过 RSS，档案部门可收集某个相关主题的信息，为宏观档案网站信息资源组织的实现提供一条有效途径。图书情报界已有了较为成功的案例，如中国高等教育文献保障系统（CALIS）的"重点学科导航库"就是利用 RSS 技术聚合信息的典型。

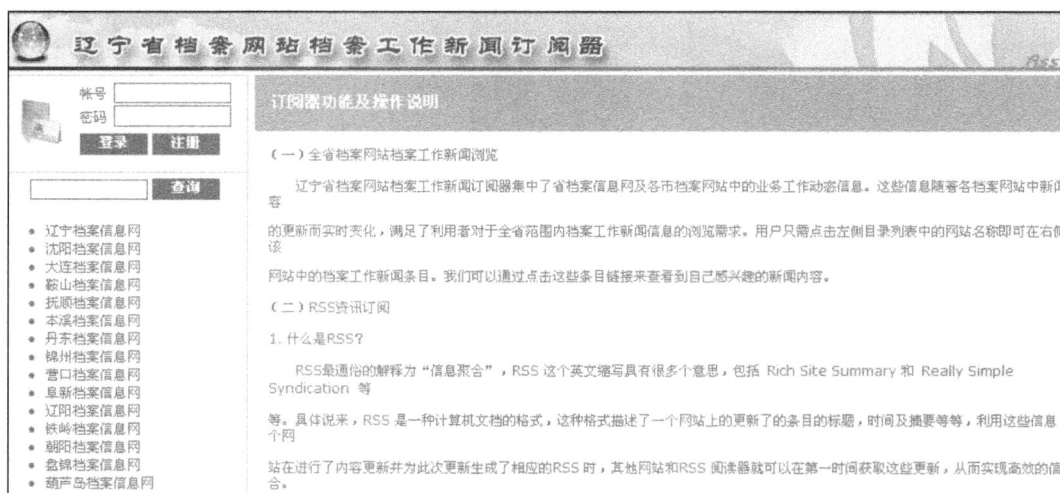

图 8-5　辽宁省档案网站档案工作新闻订阅器

3）"推"送个性化信息

档案是社会实践的记录和产物，其用户可能来自于社会各界。档案用户的复杂性，决定了其利用需求可能存在极大的差别。"人性化"的档案信息组织，必须在满足用户普遍需求的同时，尽可能满足用户个性化的信息需求。RSS 技术即是实现信息个性化推送的一种有效方式，用户可通过信息定制，获取符合个人专门需求的档案信息。随着网络通信技术的发展，个性化信息甚至可直接发送到用户的手机等移动通信设备，提供令客户满意的服务。

3. 档案网站信息资源组织的技术环境建设

档案作为一种重要的信息资源在社会的信息系统中占有特殊的地位和作用。利用先进的技术，组织档案网站信息资源，可使档案的信息功能得以充分发挥。但是，考虑到档案部门的实际状况，在技术利用上必须有所选择，不能一味求全求新，而要建立符合档案部门特点的组织技术环境，才能成为组织档案网站信息资源的有效工具。先进技术在档案领域的普及应用已成为不可逆转的发展潮流。利用先进技术组织档案网站信息资源，是一种必然选择，其优势体现在：可实现各个档案数据库之间的数据连通和数据交换，扩大资源共享范围；可使档案管理人员摆脱大量的重复性劳动，提高档案利用的速度和准确率，减少人工差错的可能性；可在提高档案利用效率的同时，降低资源管理成本；可提高档案组织效果，按照用户设定的各种条件提供在线查询结果，并自动控制形成各种统计分析报告；可实现数据及时动态更新等。总之，先进技术的应用为档案网站信息资源组织活动注入了生机与活力。

当然，技术引入应综合考虑档案部门的实际状况，特别是档案基础设施建设程度、档案信息资源建设水平、档案人员素质等相关因素。随着档案信息化建设步伐的不断加快，各级各类档案网站纷纷建立，信息技术被广泛应用于档案网站信息资源的组织与利用活动中。但是，也应该看到我国档案信息化建设还处在较低水平，需要一个较长期的建设过程，远不能做到与技术发展同步。因此，技术应用必须综合考虑现阶段建设的实际，选择档案人员可掌握的技术，只有这样才能真正发挥技术在档案部门的特点和优势。如果盲目引进先进的技术，而不考虑实际状况，将造成人力、物力、财力的大量浪费。

8.2.3　制度保障

建立规范化的管理制度，指导档案部门的组织活动，是实现全国档案信息资源联网的必要保证。在汉语中，"制"是外在的规约、束缚、局限，"度"是内守中庸之节、自持。制度则有两重含义：一是要求大家共同遵守的办事规程或行动准则。二是在一定历史条件下形成的政治、经济、文化等方面的体系。加强制度环境建设，就是要以科学、技术和实践经验的综合为基础，由专业人员制定和完善相关的法规、规范和规章，并以某一特定形式发布，作为共同遵守的准则和依据。

1. 法律法规

目前，中央和地方出台的一系列与档案信息化建设相关的法律法规，都是规范组织活动的重要指标，如国家在"十五"期间发布的《档案管理软件功能要求暂行规定》和《电子公文归档管理暂行办法》。但是，我国档案信息组织法律法规建设还处于初级发展阶段，存在多处空白，亟待涉及理论、技术、管理的各类法律法规的补充和完善，进而来指导、约束组织工作。今后，不仅应出台综合性的法律，更应注重关键领域和关键环节立法，构成一个健全的体系，并确保已有政策、法律、法规得到严格的执行。下面就以权限设置和信息安全为例，分析组织活动中有关管理制度的制定。

1）档案利用权限设置

明确保密与开放，是网络环境下组织档案信息关注的焦点内容之一，与此相关的法律法规的研究制定，一直是档案学界的研究热点。档案与其他社会信息不同，它是社会各项实践活动的原始记录，内容涉及政治、军事、科技、文化等各个领域，其中有许多内容不宜向社会广泛开放，这一点与网络高度开放、平等共享存在矛盾。利用法律手段规范档案的利用权限，是解决这一矛盾的有效措施。

在档案网站信息资源组织过程中，必须符合中华人民共和国的法律法规，协调处理好《政府信息公开（条例）》与《保密法》、《档案法》的关系，处理好档案公开与保密的关系。档案部门可通过形成相关的法律、法规，对档案网站信息资源内容公开的范围、程度、时间加以控制，特别是通过访问控制、权限设置的方式维护档案的机密性，来平衡档案网站信息资源开放与保密的关系。例如，美国《阳光下的政府法》既规定了政府文件和合议制会议必须公开，又规定了要将涉及国防和外交政策的信息列为豁免公开的第一理由，从而被称之为"一号免责"。又如，英国的联合王国数字档案馆将用户区分为注册用户和非注册用户两类；通过 Web 页面提供所收藏材料的存取服务。该馆的设计和建设情况是面向所有人开放的，但馆内的数据表或在线文件只对注册用户开放。

2) 档案信息安全

由于敏感信息的泄露、计算机病毒的泛滥、黑客的入侵等，网络信息资源组织结果面临着巨大的安全风险，信息安全问题越来越引起人们的关注。解决信息安全问题不仅要从技术着手，更应加强信息安全法制建设，形成一套综合性的制度规范。法律是约束人们行为的准则，利用法律来维护网络信息安全是信息社会的必然选择。各国已纷纷制定了维护网络安全的相关法律和政策。1973 年，瑞士通过了第一部保护计算机的法律政策。1975年，美国制定了《联邦计算机系统保护法》。我国结合实际已颁布了《计算机软件保护条例》、《中华人民共和国计算机信息系统安全保护条例》、《关于维护互联网安全的决定》、《中华人民共和国保守国家秘密法》等法规。

档案作为国家机构、社会组织和个人在社会活动中形成的原始记录，对于安全性和保密性的要求较高，档案部门应与信息技术部门和法律法规部门加强合作，从技术和制度上共同构筑档案信息资源的立体化安全防护体系。其中，制定和完善一系列相应的法律法规，推动档案信息安全立法，是维护网络环境下档案信息安全的重要制度保障。例如，在现有的法律规范中，应补充规定国家、公民和组织在档案信息资源利用、保护信息安全方面的权利和义务，明确破坏档案信息安全责任追究和惩治措施等。

2. 制度规范

在制定法律法规的同时，各级各类档案部门也应重视建立科学的制度、规范，使档案网站信息资源组织的日常工作规范化、系统化、程序化。制度规范虽然不具备法律法规的强制效力，但同样具有规范指导作用，而且多涉及组织活动的具体环节，是法律法规的有效补充。这些制度规范内容详细、具体，涉及范围全面，如组织机构的日常管理制度，本单位档案信息的共享使用制度，档案网站信息资源配置、协调相关制度等。总之，档案部门应与法律法规部门加强合作，从法律和规范上共同构筑档案信息资源的立体化制度保障体系，发挥制度优势，指导和规范档案网站的信息资源组织活动。

8.2.4 标准化建设

随着互联网应用技术的快速增长，互联网信息对国民经济和社会各领域的发展起着越来越大的推动作用。由于互联网信息的获取和利用，很大程度上取决于对网络信息的组织和处理水平，为了规范网络信息组织，信息产业部科学技术司于 2001 年 12 月 5 日正式批准成立了"网络信息组织标准工作组"。标准工作组是我国网络信息组织技术（标准）应用领域负责标准制（修）订工作的技术组织，其主要任务是研究网络信息组织技术领域的国内外标准化现状和发展趋势，根据市场和产业发展的需要，制定有关网络信息组织技术标准。可见，标准化建设是关乎网络信息资源共享和有序化的重要工作，受到了国家的高度重视。

1. 标准化建设现状

档案网站信息资源产生于各项社会实践活动，又服务于社会公众，因而同样需要建立统一的信息组织标准，来实现信息的社会化共享。目前，档案标准化建设已取得一定成效，在"十五"期间，出台的档案信息化建设国家标准包括：《电子文件归档与管理规范》（GB/T 18894—2002）、《纸质档案数字化技术规范》（DA/T 31—2005）、《公务电子邮件归档与管理规则》（DA/T 32—2005）、《明清档案目录中心数据采集标准、明清档案机读目录数据交换格式》（DA/T33—2005）。这些标准都与档案网站信息资源组织有一定的关联，可有效地规范、指导组织实践。

但从目前总体状况看，我国档案网站信息资源基本上处于条块分割、各自为政、无序发展的松散状态，档案数据库存在重复建设问题，组织和管理标准化程度低，缺乏统一的标准指导，严重阻碍了数据的交换和共享，给档案信息的社会化共享带来了一系列问题。例如，目前许多地方都出台了本地的档案数据库建设格式或标准，如《江苏省文书档案文件级目录数据库结构与数据交换格式》、《辽宁省文书档案目录数据库结构与交换格式》等，但这些标准缺乏统一性，造成数据库格式不统一，影响了资源共享。

2. 建立档案网站信息资源组织标准化体系

只有建立和健全标准化体系，才能实现档案信息资源的互联互通，最大限度地实现档案信息资源共享。建立高质量的全国档案信息网络系统，必须以统一标准、规范管理为前提。即在充分调研的基础上，结合国内档案信息化建设实际，在借鉴已有国内外信息组织标准和规范的基础上，就档案资源标志、描述、存储、查询、交换、管理和利用等建立兼容并包的组织标准体系，为组织实践提供专业指导。档案网站信息资源标准化体系包括档案数字化标准、档案分类标准、档案著录标准、档案信息安全标准等，是从多角度、多层次、多阶段规范档案组织行为的有效工具。从内容可分为总体标准和具体标准，具体标准又分为技术标准、管理标准和工作标准。从类型分，应以推荐性标准为主、强制性标准为辅。从级别分，应以国家标准为主，以行政标准、地方标准为辅。从形式分，应以标准为主，标准化指导性技术文件为辅。

3. 实例——档案计算机著录标准化

在网络环境下，档案计算机著录问题日益受到重视，特别是著录标准化问题。采用统一的信息描述标准和规则是解决目前网络档案信息种类繁多、格式多样、结构复杂等问题的一个可行办法。目前，我国计算机档案著录标准化建设还处于探索阶段，研究人员都在努力寻求不同的解决途径，包括对原有描述标准进行改造和创建新的标准规范。

1）档案计算机著录框架格式

美国是制定计算机著录框架格式标准最早的国家，1996 年美国国会图书馆就制定了名为"MARCI"的机读目录格式，经过修订，1971 年被美国国家标准学会批准为国家标准《ANSI Z 39 文献目录信息交换用磁带格式》。为了适应机读目录数据交换的需要，国际标准化组织将该格式修改为计算机著录的框架格式国际标准——《国际标准 ISO 2709》，在最高层次上对所有目录信息著录时所采用的通用的总体结构做出了规定。国内在遵循国际标准的基础上，也制定了两版国家标准——《GB 2901 文献目录信息交换用磁带格式》，规定框架格式必须由头标区、目次区、可变长数据区和记录分割符构成，与国际标准相一致。

具体到档案计算机著录框架格式，国内学界将档案著录标准从层次上，分为数据值标准、数据内容标准和数据结构标准。首先，数据内容标准规定了检索信息数据库中包含哪些数据元素，针对同样的数据元素，必须使用相同的名称。目前，已颁布的内容标准包括《国际标准—档案著录规则（总则)》、《档案著录规则 DA/T18—1999》（中华人民共和国行业标准）等。其次，针对同一数据元素的数据值可能存在多种不同的形式，数据值标准规定了如何表示这些可能存在的数据值。已颁布的数据值标准包括《档案主题标引规则DA/T19-1999》、《档案分类标引规则 GB/T15418-94》、《中国档案主题词表》和《中国档案分类法》等。最后，建立在内容标准上的数据结构标准，规定数据元素之间的逻辑结构，如数据库的结构，EAD（Encoded Archival Description）即置标档案著录，是档案检索工具网上传输的著录标准。

2) 档案计算机著录执行格式

档案计算机著录执行格式是根据国际标准 ISO 2709 和国家标准 GB 2901 所规定的框架格式，对一条机读目录记录的各项数据进行标准化编码标志后所形成的具体格式，又称为机读目录格式。在档案领域，许多国家都制定了与国际和本国国家标准相兼容的执行格式标准，如《美国档案机读目录格式（MARC AMC)》、《加拿大不列颠哥伦比亚省的档案机读目录格式》。国内也有许多研究学者在这一领域积极探索，遵循已有国际和国家相关标准，充分借鉴国外执行格式标准建设的经验，试图建立一种通用的执行格式，为我国档案信息化建设提供标准化支撑。例如，《中国档案机读目录格式》（GB/T-20163—2006）已由国家质量监督检验检疫总局和国家标准化管理委员会发布，自 2006 年 10 月 1 日起实施。该标准规定了与国际和国家相关标准互相兼容的档案计算机机读目录格式，适用于档案目录数据库的建立和档案目录数据库的处理与交换。

在美国，起源于 1993 年加州伯克利大学图书馆的伯克利检索工具计划，发布了档案编码档案著录标准 EAD，对档案检索工具的各个结构化元素及其相互关系进行了定义，是网络环境下处理档案资料的一种新的元数据标准，后经不断修订和改进，于 1998 年被正式发布为 EAD 1.0，在美国得到普遍应用，并逐渐扩展到英国、德国、法国、新西兰、南非、中国台湾等国家和地区。EAD 的优势一是支持多层次著录，可进行不同层次的信息检索，为用户提供丰富的检索字段和入口，二是它具有通用性和灵活性，既可将原有著录格式输入为 EAD 格式，也可将 EAD 格式输出为 html 或 pdf 格式，用于浏览器或档案管理系统。EAD 是专门为档案工作建立的著录标准，因此对我国的档案著录规则很有借鉴意义。目前，我国在小范围进行的 EAD 实践尝试显示出，在提升我国档案著录与检索效率方面还是有很大潜力的。

8.2.5　人才培养

档案网站信息资源组织是一项十分复杂的工作，对档案工作者来说，不仅是工作量的大幅增加，还有对知识水平的更高要求。为此，应建立新型档案专业队伍，积极发挥他们的主观能动性，为组织活动提供人才支撑和智力支持。

1. 强化档案人员的专业素质

网络化的冲击使档案人员的地位受到来自专业技术人员的威胁。每一位档案工作者都应有学习和掌握新技术的紧迫感，努力提高专业素质，成为知识结构合理、能力突出的信息工作人员，使其他专业的成员分享他们对有效的文件管理利用独具慧眼的专业见解，以高质量的服务为利用者提供快捷、翔实的档案信息资源。档案工作人员应充满自信，以坚定的信念和扎实的专业基础，服务于组织活动，使组织之后的信息产品凝聚他们对档案信息资源的认识。

2. 提升组织理念

理念是行动的指南、指路的明灯。档案网站信息资源组织的有效实施，理念是先导。应通过各种途径，加深档案工作人员、相关技术人员对组织的理解，使他们认识统一、方向明确，能够更好地发挥机制效能，保证组织工作的顺利推进。具体措施可包括：①开展理论宣传。使人们充分认识进行档案网站信息资源组织的重要性、必要性和紧迫感。②通过专业培训，向相关人员传授档案网站信息资源组织的相关内容，包括组织技术、方法、策略等。③邀请相关专家进行专题讲座，通过专家的引领、名师的指点，使人们从理论层面对组织工作有准确的理解和把握，提高在操作层面的实施效果。④定期召开交流研讨会，为各档案机构、人员提供一个沟通的平台，使大家能够就组织实施的先进经验和发现的问题进行讨论，推动理论研究的不断深化。

3. 采用合作化的工作方式

信息网络是一个分布结构处于无序状态的复杂系统，在这样的环境中组织档案信息，仅仅依靠档案人员是难以实现的，因为很多专业技术已超出档案人员的知识接收能力。为了完成组织任务，坚持合作化趋势是比较可行的解决途径，即加强档案工作者与计算机技术人员的相互配合，将受过训练的专业技术人员纳入档案网站信息资源组织体系的建设中。掌握丰富专业知识的档案工作者技术水平相对不足，而网站设计人员较难把握档案信息的特点，二者必须相互配合，用各自良好的专业素质服务于档案信息组织。

4. 改变用人机制，实行人力资源管理

当前，全国出现了一个由传统人事管理向现代人力资源开发转移的新趋势。传统的人事管理体制僵化、缺少流动，越来越不能适应迅速变化的信息和知识密集型社会和快节奏的经济生活。而现代人力资源开发理论把人力资源视为社会的第一资源，并通过市场进行开发和配置。档案部门应顺应潮流，启用新的人才管理机制，提高在人员录用、任期、工资和其他人事管理环节上的灵活性，如以工作成绩为依据的绩效工资制，强化人员的流动等。通过变革用人机制，可优化人才结构，调动工作人员的积极性，使组织工作充满活力。

5. 落实相关责任

体制再合理，制度再健全，执行人员的水平低，组织实施还是不到位。档案部门应顺应潮流，重视人的因素，明确相关人员的岗位责任制，规定组织实施过程中的相关职能和责任，规范工作行为和工作程序，以保证各项组织活动有秩序地进行。

同时，应定期对工作完成情况进行绩效考核，根据考核结果进行奖惩，以保障组织工作的有效落实。一方面，建立激励机制，充分调动工作人员的积极性，使组织工作充满活力，另一方面，加大责任追究制度，对于未按规定执行而影响组织实施的，要严肃追究有关部门和人员的相关责任。当然，在明确责任的同时，也要保证相关人员的合法权益受到保护。

8.3　组织机制研究的积极意义

档案网站信息资源组织的挑战，不仅来自海量丰富的档案信息资源本身，来自用户不同层次的需求，来自不断发展的组织方式、策略，也来自于复杂的信息组织机制。开展组织机制研究，是组织工作顺利开展的重要保障，具体体现为：①提供体制保障。在网络环境下，应将传统的档案管理框架进行一定的调整，对档案部门设置、职能等进行优化，建立适应档案网站信息资源组织的管理体制，是组织实施的根本前提。②提供技术支持。完善的组织机制可提供组织所需要的各项技术手段，如网络技术、计算机技术、多媒体技术、数据仓库、元数据等，不但能使组织结果更为有序、有效，而且能提高档案在整个网络环境中的资源竞争力。③提供制度/标准规范。通过建立组织机制可使各项制度、标准、程序、规则真正落实到组织工作中，有助于组织实施的规范化、标准化。④提供智力支持。在组织机制中，人才培养是重要的内容之一。提高档案工作人员的素质，并加强与技术人员的合作，可优化人才结构，调动工作人员的积极性，使组织工作充满活力。

第 9 章　结　束　语

20 世纪时，尼葛洛庞帝（Nicholas Negroponte）在《数字化生存》一书中，就向人们描述了数字时代对我们的生活方式、工作方式甚至思维方式带来的各种冲击，现在人类文明已经迈进 21 世纪，数字化信息时代的大潮正向我们扑面而来。数字时代将许多新的研究课题带到人们面前，人们需谋求解决之道，档案网站信息资源组织即是其中之一。

档案网站信息资源以其独特的价值活跃于网络环境之中，对它们进行合理组织、优化配置，是其价值实现和转化的重要前提。随着国内外网络信息资源组织理论的日趋发展成熟，其先进的组织理论、技术和方法为网络档案信息（知识）的有效组织提供了可能。本课题组通过理论研究和实际调查，在不脱离实际的前提下，将更多科学的、先进的、符合档案特点的信息资源组织理论和技术引入了档案网站信息资源组织，形成了档案组织的特色。主要研究成果包括：①界定了档案网站信息资源及其组织的基本概念。②通过现状调查，对国内外组织情况进行比较分析，总结出我国档案网站信息资源现存的主要问题及其成因。③探讨档案网站信息资源组织的基本理论问题，为档案网站信息资源组织研究提供理论导向。④构建档案网站信息资源组织方法体系，提供方法论指导，实现档案资源的合理组织、优化配置、高效利用与价值增值，满足网络环境下档案用户开放性、多样性、集成性的信息需求。⑤基于用户需求与档案部门的实际状况，研究设计了档案网站信息资源组织方案，分析了科学运用各种组织方法，指导档案网站信息资源组织实践。⑥为保证组织活动的顺利实施，研究档案网站信息资源组织机制，从管理体制、技术、标准、制度、人才等五个方面展开全面讨论，为行政管理部门制定档案网站信息资源相关建设标准与规范提供了建设性意见。

本课题组多年来一直跟踪调查档案网站及其资源建设情况，但由于档案网站信息资源组织问题的研究本身就是一项长期而艰巨的系统工程，覆盖面广、涉及多个分支领域、发展过于迅速、知识结构复杂，会不断有新的问题出现，有些问题尚待深入研究，如：

（1）档案网站信息资源组织研究涉及的知识面非常广泛，本课题未能从技术角度深入研究，而是从理论和技术应用的角度展开研究。

（2）主要以例证分析的方式来验证组织方案的可行性，今后可进一步从实证角度探讨该问题，以便更好地检验、完善研究成果。

（3）虽然提出要以用户需求为中心组织档案网站信息资源，但由于研究时间有限和技术条件的限制，仅提出了调查用户需求的方法，未做大规模的调查，在以后的研究中，需要继续关注。

（4）现状调查重要的研究基础，在数据采集过程中，由于调查人员在判断上有一定的主观性，档案网站建设各异，档案网站信息资源本身又具有分散、多样化等特点，很难确定统一的调查指标，从而给调查、统计、分析带来了一定的难度。在后续研究中，需不断对调查方案进行修改完善。

　　档案网站信息资源组织是档案信息化建设过程中的前沿性研究课题，涉及的知识面非常广泛，许多问题还没有很成熟的解决方法，而且也不可能存在一劳永逸的解决方案。尽管本课题对档案网站信息资源的方法、方案进行了分析研究，但将其大范围地推广应用，还有待进一步深入研究与检验。

参 考 文 献

柏鹏英 . 2002. 传统信息组织方法在网络环境下的运用 . 情报资料工作,（5）：54-56.

北京金信桥信息技术有限公司 . 2009. 中央档案馆已公布档案全文检索系统 . http：//www. tbs. com. cn/ web/case082. asp［2009-04-10］.

北京市档案局 . 2007. 北京市综合档案馆档案目录数据库结构与数据交换格式 . http：//www. bjma. org. cn/ staticfile/publish/pxzx08/wljx/shuju. doc［2009-4-10］.

卞昭玲 . 2007. 网络环境下档案信息管理服务研究 . 北京：中国档案出版社 .

曹广英 . 2006. 数字图书馆网络信息资源组织的新模式——网格技术刍议 . 中国教育技术装备,（7）：66-68.

曹锦丹 . 2007. 多视角信息组织模式研究 . 吉林：吉林大学 .

曹树金 . 2000. 信息组织的分类法与主题法 . 北京：北京图书馆出版社 .

曹树金 . 2004. 国外数字图书馆的信息组织与查询研究 . 图书馆论坛,（3）：3-7.

常青 . 2007. 面向用户的图书馆网络信息资源组织 . 情报科学,（3）：411-414.

陈娟 . 2002. 网络环境下信息组织工作的新特点 . 情报杂志,（12）：44-45.

陈朋,黄如花 . 2006. 智能代理技术与网络信息组织模式优化 . 图书馆理论与实践,（5）：33-34.

陈青苗 . 2000. 网络环境下的图书馆信息资源组织 . 河南图书馆学刊,（3）：21-23.

陈树年,李青华,朱连花 . 2006. 近年来我国信息组织研究进展及趋势 . 图书馆建设,（3）：62-67.

陈耀盛 . 2004. 网络信息组织 . 北京：科学技术文献出版社 .

陈庄 . 2005. 信息资源组织与管理 . 北京：清华大学出版社 .

储节旺,郭春侠 . 2000. 索引法在网络信息组织中的应用 . 情报杂志,（6）：95-96.

储节旺 . 2002. 信息组织：原理、方法和技术 . 合肥：安徽大学出版社 .

储节旺 . 2007. 信息组织学 . 北京：清华大学出版社 .

戴建陆 . 2008. 网络信息组织的分类法评析 . 情报探索,（1）：6-8.

戴维民 . 2004. 信息组织 . 北京：高等教育出版社 .

邓绍兴,陈智为 . 1996. 档案管理学（修订本）. 北京：中国人民大学出版社 .

蒂瓦纳 . 2004. 知识管理十步走：整合信息技术、策略与知识平台 . 董小英,李东,祁延莉,等泽 . 北京：电子工业出版社 .

丁莉 . 2007. 档案信息资源共享策略研究 . 哈尔滨：黑龙江大学 .

杜鹏 . 2010. 档案信息二元组织及相关问题研究—基于档案信息历史联系与逻辑联系的双重视角 . 档案学通讯,（5）：28-31.

段明莲,沈正华 . 2006. 数字时代的图书馆信息资源组织 . 北京：北京图书馆出版社 .

顿琴 . 2008. 基于信息构建视角的国外档案网站建设特色研究 . 南京：南京大学 .

范青霞 . 2006. 网络信息资源组织模式个性化服务探微 . 图书馆学刊,（6）：87-88.

房红菊 . 2009. 数据挖掘技术在档案个性化服务中的运用 . 科技情报开发与经济,（10）：83-85.

冯惠玲 . 2001. 电子文件管理教程 . 北京：中国人民大学出版社 .

冯玉 . 2006. 网络时代学科信息门户的信息组织 . 图书馆理论与实践,（2）：60-62.

冯遵华.2006.网络信息资源的组织与评价.中国科技信息,(8):184-185.

甘仞初.2003.信息资源的组织与管理.北京:机械工业出版社.

高丹.2004a.近年来我国网络信息组织研究述略.图书情报知识,(5):63-65.

高丹.2004b.网络信息组织方法研究综述.图书馆杂志,(10):40-42.

高丹.2004c.网络信息组织研究概述.现代图书情报技术,(9):54-57.

高广生.2005.网络环境下信息资源的组织与管理.前沿,(8):261-264.

高柳宾,刘可.2001.网络信息资源组织研究.情报科学,(5):545-548.

高小新.2007.网格技术与档案信息化.兰台世界,(20):18-19.

谷雨,张丽丽.2007.网络信息组织的方式与方法.信息技术,(2):112-114.

郭晓云.2010.中外档案网站信息资源组织方式比较研究.档案学通讯,(4):59-63.

国家广电总局网站.2008.央视音像资料馆成亚洲最大的视音频数据库.http://info.broadcast.hc360.
    com/2008/02/151523107909.shtml〔2009-4-20〕.

国务院信息化工作办公室.2006.中国信息化发展报告2006.http://www.gov.cn/info_ report2006.doc
    〔2008-05-29〕.

韩圣龙.2005.数字音乐信息组织.北京:北京图书馆出版社.

韩芸.2003.网络信息资源组织方式研究.中国图书馆学报,(6):39-41.

何平,凌美秀.2005.网络信息资源组织的标准化研究.图书馆学刊,(3):39-41.

何艳丽.2006.网络信息组织模式优化问题.研究中国市场,(17):64-65.

洪漪,陈永莉.1998.档案信息的组织方式与档案信息管理系统.图书情报知识,(4):49-51.

洪漪.1998.档案信息组织与检索.武汉:武汉大学出版社.

胡冰.2003.网络信息资源组织方法综述.情报科学,(4):434-437.

胡昌平,谷斌.2002.网络信息资源的社会化组织与开发构想.中国图书馆学报,(4):22-25.

胡昌平.2007.面向用户的信息资源整合与服务.武汉:武汉大学出版社.

胡立耕.2005.声音档案的数字化信息组织.档案学通讯,(3):64-67.

黄萃.2005.基于门户网站的电子政务信息资源整合机制研究.湖北:武汉大学.

黄华.2009.数据挖掘分析在档案管理方面的应用.网络安全技术与应用,(4):81-82.

黄如花.2003.网络信息的分布式组织模式——数字图书馆.图书情报工作,(8):11-15.

黄如花.2003.网络信息组织:模式与评价.北京:北京图书馆出版社.

黄如花.2004.网络信息组织的模式.中国图书馆学报,(1):27-31.

黄如花.2005.网络信息组织中多种模式的协调组织与优化管理.图书情报工作,(12):84-88.

贾宏.2006.基于元数据的数字图书馆信息组织述论.福建图书馆理论与实践,(1):2.

姜晓曦.2009.2007年国外信息组织方法与技术研究进展述评.图书馆建设,(1):14-18.

蒋冠.2005.网络环境下档案信息资源整合研究.湘潭:湘潭大学.

金波.2007.网格技术与档案信息资源管理.档案学通讯,(3):53-56.

金海,袁平鹏.2010.语义网数据管理技术及应用.北京:科学出版社.

卡什.2000.创建信息时代的组织:结构、控制与信息技术.刘晋,秦静译.大连:东北财经大学出版
    社.

康存辉.2004.论网络信息资源组织.武汉:华中师范大学.

寇继虹,查先进.2005.网络信息资源组织模式研究.情报杂志,(12):2-4.

李芳.2003.网络环境下档案信息资源的组织方式.档案管理,(4):39.

李国辉,汤大权,武德峰.2003.信息组织与检索.北京:科学出版社.

李国庆.2007.深圳数字档案馆建设的理论架构及阶段性成果.http://www.soft6.com/tech/6/61184.html

［2009-1-10］.

李海军.2008.信息化环境中的档案组织和管理理论新探.北京档案,（1）：27-29.

李红霞.2006.网络信息资源组织研究述评.情报杂志,（9）：11-13.

李宏轩.2000.信息自组织理论探讨.情报科学,（2）：110.

李家清.2003.网络环境下信息组织策略.情报理论与实践,（3）：207-209.

李家清.2007.网络信息资源的组织方法及在机构网站构建中的应用.医学信息学杂志,（6）：553-556.

李莉,刘鲲,王鹤.2004.传统文献分类法在网络信息资源组织中的应用.科技情报开发与经济,（7）：
　　1-2.

李秀云.2002.网络信息知识组织探讨.河南图书馆学刊,（2）：54-56.

梁广寒.2004.档案馆网站信息资源的组织模式.武汉大学学报（人文科学版）,（2）：216-220.

林菡密,娄策群.2004.近十年国内信息组织研究状况.图书与情报,（6）：35-38.

刘红兵.2005.档案信息网站内容组织策略.档案管理,（2）：46-48.

刘嘉.2002.网络信息资源的组织：从信息组织到知识组织.北京：北京图书馆出版社.

刘明.2007.档案网站信息资源整合研究.档案与建设,（12）：15.

刘瑞华.2008.档案信息资源共享组织模式研究.城建档案,（3）：57-58.

卢共平.2007.面向用户的网络信息资源组织与管理.情报探索,（5）：48-50.

吕榜珍.2004.多媒体档案的采集、组织与传输.档案学通讯,（1）：51-53.

吕元康.2002.网络信息组织与检索.图书馆学研究,（7）：46-49.

吕元智.2004.数字档案馆信息资源建设管理研究.武汉：武汉大学.

吕元智.2012.数字档案资源知识"关联"组织研究.档案学研究,（6）：44-48.

罗宝刚.2006.基于用户需求的网络信息组织技术—RSS.晋图学刊,（3）：28-30.

罗理希.2002.国外档案网站介绍.北京档案［J］,（11）：46-47.

罗铮.2008.信息构建与档案网站建设研究.苏州：苏州大学.

马费成,裴雷.2005.我国信息资源共享实践及理论研究进展.情报学报,（3）：277-285.

马费成.2004.信息资源开发与管理.北京：电子工业出版社.

马费成等.2002.网络信息资源管理.山西：山西经济出版社.

马继红.2000.信息时代档案的组织与管理.黑龙江档案,（2）：29.

马凌云.2002.浅谈网络环境下的档案信息组织.广州档案,（1）：14-16.

马文峰,杜小勇.2007.数字资源整合：理论、方法与应用.北京：书目文献出版社.

马张华,黄智生.2007.网络信息资源组织.北京：北京大学出版社.

毛学群.2001.网络信息资源的组织与管理.图书馆建设,（2）：21-22.

明均仁.2006.网络信息组织优化研究.情报探索,（1）：115-117.

奈斯比特.1984.大趋势.梅艳译.北京：中国社会科学出版社.

潘芳莲.2002.网络信息资源的组织方式研究.郑州：郑州大学.

潘连根.2004.数字档案馆的组织形式、系统模式和运作方式.浙江档案,（6）：4-6.

彭冬莲.2003.网络信息资源组织研究.湘潭：湘潭大学.

彭小芹,程结晶.2010.云计算环境中数字档案馆服务与管理初探.档案学研究,（6）：71-75.

秦春秀.2004.网络信息组织模式研究.电子科技,（3）：6-10.

沈涌.2006.网格环境下数字图书馆信息资源组织调度模式研究.吉林：吉林大学.

施莉.2004.网络环境中的信息组织研究.上海：华东师范大学.

石湘徽.2006.基于网络的档案信息资源开发探究.兰台内外,（2）：20-22.

史淑君.2006.网络学科信息资源组织的相关标准与规范.图书馆学研究,（6）：55-59.

司莉 . 2003. 网络信息资源组织研究进展 . 情报科学，(6)：653-658.

宋海航，陶芸健 . 2007. 学位论文全文数据库系统的设计 . 科技情报开发与经济，(15)：238.

苏瑞竹，吴英姿 . 2001. 论网络信息资源的组织 . 广西民族学院学报（自然科学版），(4)：287.

孙风梅 . 2008. 主题语言在网络信息组织中的应用 . 图书馆工作与研究，(2)：27-29.

孙志茹 . 2006. 基于信息构建的网络信息组织与信息表达 . 哈尔滨：黑龙江大学 .

郜峻 . 2006. 高校图书馆网络信息资源的组织 . 中国信息导报，(2)：47.

泰勒 . 2006. 信息组织 . 张素芳译 . 北京：机械工业出版社 .

谭必勇 . 2005. 国家档案信息资源的书目控制研究 . 湖北：武汉大学 .

王斌 . 2001. 谈国内网络信息资源组织存在的几个问题 . 情报杂志，(7)：34-35.

王斌 . 2007. 档案门户网站的构建 . 山西档案，(6)：31-32.

王斌 . 2009. 档案网站信息资源整合方法、方案与实证 . 南京：南京大学 .

王博，郭文教 . 2007. 推送技术在档案信息服务中的应用模式探讨 . 数字与缩微影像，(4)：29-31.

王海欧 . 2007. 中美数字档案馆建设的差距及改进对策 . 数字与缩微影像，(4)：32-35.

王慨 . 2005. 论元数据在网络信息资源组织中的应用 . 现代情报，(12)：54-55.

王兰成，敖毅，曾琼 . 2008. 国外知识组织技术研究的现状，实践与热点 . 中国图书馆学报，34（2）：93-95.

王兰成 . 2008. 论知识集成环境下的档案信息组织与检索发展 . 档案学研究，(5)：45-50.

王兰成 . 2011. 在实践中运用知识技术优化档案信息网站建设 . 档案学研究，(6)：64-69.

王心裁，吕元智 . 2003. 超媒体数据库技术与档案信息组织 . 中国图书馆学报，(1)：68-71.

王新民 . 1998. 用系统理论指导档案组织管理的探讨 . 档案学通讯，(4)：18-20.

王亚军，张和芬 . 2001. 面向用户的图书馆网络信息资源组织与服务 . 情报资料工作，(5)：47-49.

王艳明 . 2000. 网络环境下档案信息资源的组织与建设 . 档案学研究，(3)：62-63.

王应解 . 2008a. 档案知识组织初探 . 档案学通讯，(2)：23-27.

王应解 . 2008b. 基于数字档案馆的知识组织 . 北京档案，(1)：23-26.

王真 . 2006. 谈网络信息资源的组织与相关技术 . 科技情报开发与经济，(23)：54-55.

王知津，孙鑫 . 2004. 近年来我国信息组织研究述评 . 高校图书馆工作，(5)：1-6.

王知津 . 2006. 网络信息组织的原理、方法与问题 . 图书馆理论与实践，(3)：65-67.

吴宝康 . 1988. 档案学概论 . 北京：中国人民大学出版社 .

吴晖，徐丹琪 . 2007. 我国知识组织研究述评 . 情报杂志，(6)：95-97.

吴建华，刘明，王斌，等 . 2008. 中国档案网站建设概况与重点分析 . 档案学通讯，(4)：50-54.

吴开平 . 2006. 档案网站信息资源相关问题研究 . 成都：四川大学 .

夏晓慧 . 2006. 网络信息资源的信息组织方法研究进展 . 现代情报，(4)：65-67.

项敏刚，章笑梅，罗忆 . 2004. 我国档案网站现状与规范发展的建议 . 湖北档案，(6)：28.

谢亮 . 2001. 网络环境下信息资源的组织及检索 . 现代情报，(4)：58-60.

辛青清 . 2007. 档案信息化系统的资源组织与管理研究 . 武汉：武汉理工大学 .

熊回香 . 2007. Web2.0 环境下的网络信息组织 . 情报资料工作，(5)：29-32.

熊跃进 . 2007. 网络环境下虚拟图书馆信息资源组织方法 . 中华医学图书情报杂志，(1)：22-24.

徐建华 . 2000. 论网络信息资源的组织与揭示方式 . 情报科学，(6)：497-501.

徐绍敏 . 2006. 网络环境下的档案编研 . 档案学通讯，(2)：33-36.

徐险峰 . 2006. 网络信息资源组织的方式与方法 . 图书馆学刊，(4)：100-102.

徐向玲 . 2006. 数字环境下的档案信息组织 . 兰台世界，(21)：40-41.

薛建萍 . 2005. 从 DC 元数据谈网络信息资源的组织原则 . 图书馆论坛，(4)：142-145.

闫永君 . 2006. 信息构建在网络信息组织中的应用 . 图书馆学刊,(4):102-104.

颜海 . 2004. 档案信息资源开发利用 . 武汉:武汉大学出版社 .

杨安莲 . 2007. 论档案信息化建设及其组织管理 . 浙江档案,(1):14-16.

杨丹 . 2006. 网络档案资源的共建与共享 . 兰台内外,(2):66.

杨辉 . 2007. 档案管理数据库系统中的图片存取 . 昆明冶金高等专科学校学报,(5):50.

杨嫚 . 2006. 网络信息资源组织与开发研究 . 武汉:华中科技大学出版社 .

岳泉等 . 2002. 网络环境下的信息组织研究 . 情报理论与实践,(2):99-101.

云明向 . 2006. 论书目控制理论在网络信息资源组织中的利用 . 四川图书馆学报,(6):32-34.

曾蕾 . 2007. 在浏览和检索界面设计中利用知识组织系统(KOS). http://www. chinalibs. net/zhaiyao. aspx? titleid=103271〔2009-02-25〕.

张林龙 . 2000. 网络信息资源的组织与管理 . 图书与情报,(4):51-54.

张林龙 . 2003. 网络环境下的信息组织 . 情报杂志,(10):44-46.

张琳 . 2000. 网络环境下档案学术资源的组织 . 档案学通讯,(5):40.

张琳 . 2004. DC 与 MARC 并存是网络信息资源组织的发展趋势 . 河北科技图苑,(2):43-45.

张卫东 . 2007. 金档工程——"国家数字档案建设与服务工程"项目的说明 . http://e-archivs. blog. sohu. com/36810845. html〔2008-11-03〕.

张卫东,王萍 . 2007. 档案用户需求驱动的个性化服务模式研究 . 档案学通讯,(2):85.

张新民,郑力,梁战平,等 . 2003. 网站建设中的信息组织与构建 . 中华医学图书情报杂志,12(3):1-3.

张秀兰,刘璇 . 2006. 数字图书馆中网络信息资源的组织研究 . 图书馆学刊,(3):110-112.

张旭 . 2006. 基于数字图书馆网络信息资源组织设计模式研究 . 现代情报,(7):54-56.

张正强 . 2000. 现代计算机档案著录标准化精要 . 上海:上海科学技术文献出版社 .

赵屹,陈晓晖 . 2004. 网络环境下档案信息的组织管理 . 海南档案,(3):6-9.

赵屹 . 2003a. 美国网络档案信息检索系 ARC. 北京档案,(7):44-45.

赵屹 . 2003b. 档案网站信息资源组织方式 . 科技文献信息管理,(4):15-19.

赵屹 . 2003. 档案信息网络化建设 . 北京:北京图书馆出版社 .

赵志坚 . 2004. 网络信息资源组织和检索 . 北京:人民邮电出版社 .

中国互联网络信息中心 . 2000. 中国互联网络发展状况统计报告(2000/1). http://www. cnnic. net. cn/ download/2003/10/13/92638. pdf〔2008-07-26〕.

周宁 . 2007. 信息组织学教程 . 北京:科学出版社 .

周燕 . 2003. 网络信息资源组织研究 . 图书与情报,(1):31-35.

朱学芳,智文广 . 2003. 计算机图像处理导论 . 北京:科学技术文献出版社 .

朱学芳 . 2004. 图像信息及其处理技术的内容与特点分析 . 中国图书馆学报,(1):60-62.

朱学芳 . 2008. 我国数字图像信息资源应用现状及分析 . 中国图书馆学报,(1):56-59.

祝庆轩,桑毓域,方昀 . 2011. 基于云计算的档案信息资源共享模式研究 . 兰台世界,(7):8-9.

邹伟全 . 2001. 档案网站信息资源研究 . 档案管理,(5):9-10.

2004 年中国档案网站研究课题组 . 2005. 中国档案网站的发展对策 . 档案学通讯,(6):63-66.

2004 年中国档案网站研究课题组 . 2005. 中国档案网站调查的任务确定与方案设计 . 档案学通讯,(5):69-72.

2004 年中国档案网站研究课题组 . 2006. 国家综合档案馆、高校、企业档案网站现状分析 . 档案学通讯,(1):55-59.

Barta A. 1998. WebCat:Information integration for Web catalogs. Canada:University of Toronto.

Brynjolfsson E. 1994. Information Assets,Technology,and Organization. http://links. jstor. org/sici? sici=0025-

1909%28199412%2940%3A12%3C1645%3AIATAO%3E2.0.CO%3B2-3 ［2008-2-22］.

Constantopoulos P, Doerr M, Theodoridou M, et al. 2005. On information organization in annotation systems// Grieser G, Tanaka Y. Intuitive human interfaces for organizing and accessing intellectual assets. Springer Berlin Heidelberg, ：189-200.

Danielson V. 2008. Stating theObvious：Lessons Learned Attempting Access to Archival Audio Collections. http：//www. clir. org/pubs/reports/pub96/access. html ［2008-09-23］.

Darnton R. 2009. The Open Collectins Program provides a way for Harvard to share its intellectual wealth with the rest of the world. http：//ocp. hul. harvard. edu/ ［2009-05-05］.

Fu X, Ma Z, Feng B. 2004. Kernel-based semantic text categorization for large scale web information organization// Jin H. Grid and Cooperative Computing-GCC 2004. Springer Berlin Heidelberg, 2004：389-396.

Guarino N. 1997. Semantic matching：Formal ontological distinctions for information organization, extraction, and integration// Pazienza M T. Information Extraction A Multidisciplinary Approach to an Emerging Information Technology. Springer Berlin Heidelberg, ：139-170.

Inmon W H. 2003. 数据仓库. 王志海译. 北京：机械工业出版社.

Kim H, Lee S. 2004. An intelligent information system for organizing online text documents. Knowledge and information systems, 6（2）：125-149.

Kiricenko V. 2003. Partial answers in information integration systems：their meaning and computation. Canada：Concordia University.

Kitamura Y, Nagata N, Ueno M, et al. 2005. Toward web information integration on 3d virtual space//Kishino F, Kitamura Y, Kato H, et al. Entertainment Computing-ICEC Springer Berlin Heidelberg：445-455.

Kojima H, Iwata K, Nishimura N. 2007. Document Management and Information Organizing Method Using RFID Tags. Human-Computer Interaction. HCI Applications and Services, 601-610.

Lamb R, King J L, Kling R. 2003. Informational environments：Organizational contexts of online information use. Journal of the American Society for Information Science and Technology, 54（2）：97-114.

Leuski A V. 2001. Interactive information organization：Techniques and evaluation. United States：University of Massachusetts Amherst.

Li W S, Vu Q, Agrawal D, et al. 1999. PowerBookmarks：a system for personalizable Web information organization, sharing, and management. Computer Networks, 31（11）：1375-1389.

Lourdi I, Papatheodorou C, Nikolaidou M. 2007. A multi-layer metadata schema for digital folklore collections. Journal of information science, 33（2）：197-213.

McKoon G. 1977. Organization of information in text memory. Journal of verbal learning and verbal behavior, 16（2）：247-260.

Nilsson M, Baker T, Johnston P. 2008. TheSingapore Framework for Dublin Core Application Profiles. http：//dublincore. org/documents/singapore-framework ［2008-10-02］.

Pelekhov E. 2001. Information organization algorithms and applications United States：Dartmouth College.

Picot A, Reichwald R, Wigand R T. 2008. Information, organization and management. New York：Springer Berlin Heidelberg.

Pitti D V. 1997. Encoded archival description：The development of an encoding standard for archival finding aids. American Archivist, 60（3）：268-283.

Quiroga L M. 1999. Personalized information organization：Acquisition and modeling of users´ interest profiles in information filtering systems. United States：Indiana University.

Raymond MM. 2005. Bugs in Boxes：New Contexts for Nature Metaphors in Information Organization. United

States: University of Virginia.

Riley J, Dalmau M. 2007. The IN Harmony project: Developing a flexible metadata model for the description and discovery of sheet music. The Electronic Library, 25 (2): 132-147.

Travica B. 1998. Information Aspects of New Organizational Designs: Exploring the Non-Traditional Organization. Journal of the American Society for Information Science, 49 (13): 1224-44.

Wurman R S. 1989. Information Anxiety. New York: Doubleday.

Yeung A K. 1998. Information Organization and Data Structure. http: //www. geo. upm. es/postgrado/CarlosLopez/ materiales/cursos/www. ncgia. ucsb. edu/giscc/units/u051/index. html [2008-02-22] .

附　　录

附录1　档案网站调查表

附表1.1　档案网站普查登记表

编号：

<table>
<tr><td rowspan="7">基本信息（A）</td><td>A1 档案网站机构名称</td><td colspan="2"></td><td>A2 类别</td><td colspan="2">A21 公共 A22 高校 A23 城建</td></tr>
<tr><td>A3 网站名称</td><td colspan="2"></td><td>A4 网址</td><td colspan="2"></td></tr>
<tr><td>A5 计数器个数</td><td colspan="2">个</td><td>A6 总访问人数</td><td colspan="2">人次</td></tr>
<tr><td>A7 更新时间</td><td colspan="2">年　月　日</td><td>A8 页面长度</td><td colspan="2">屏</td></tr>
<tr><td>A9 网站地图</td><td colspan="2">有　　　无</td><td>A10 馆址地图</td><td colspan="2">有　　　无</td></tr>
<tr><td>A11 版权保护</td><td colspan="2">有　　　无</td><td>A12 其他语言版本</td><td colspan="2">有　　　无</td></tr>
<tr><td>A13 一级类目数量</td><td colspan="2">个</td><td>A14 一级类目名称</td><td colspan="2"></td></tr>
<tr><td rowspan="5">内容信息（B）</td><td colspan="3">B1 所在单位、部门及地区概况</td><td colspan="3">B6 档案利用服务</td></tr>
<tr><td colspan="3">B2 机构与部门职能</td><td colspan="3">B7 档案学术研究</td></tr>
<tr><td colspan="3">B3 库藏介绍</td><td colspan="3">B8 档案法规与标准</td></tr>
<tr><td colspan="3">B4 档案征集</td><td colspan="3">B9 特色档案</td></tr>
<tr><td colspan="3">B5 档案编研</td><td colspan="3">B10 动态信息</td></tr>
<tr><td rowspan="16">功能信息（C）</td><td colspan="2">C1 宣传功能</td><td colspan="4">C11 简介　C12 荣誉　C13 新闻动态　C14 档案展厅　C15 其他</td></tr>
<tr><td colspan="2">C2 网上办公</td><td colspan="4">C21 文件发布　C22 信息采集　C23 其他_____</td></tr>
<tr><td rowspan="6">C3 检索功能</td><td rowspan="3">C31 文件检索 有___无___</td><td colspan="4">C311 检索方式　C3111 浏览检索　C3112 基本检索　C3113 高级检索</td></tr>
<tr><td colspan="4">C312 检索深度　C3121 目录　C3122 全文</td></tr>
<tr><td colspan="4">C313 数据类型　C3131 文本　C3132 图形　C3133 图像　C3134 音频</td></tr>
<tr><td rowspan="3">C32 档案检索 有___无___</td><td colspan="4">C321 检索方式　C3211 浏览检索　C3212 基本检索　C3213 高级检索</td></tr>
<tr><td colspan="4">C322 检索深度　C3221 目录　　　C3222 全文</td></tr>
<tr><td colspan="4">C323 数据类型　C3231 文本　C3232 图形　C3233 图像　C3234 音频</td></tr>
<tr><td colspan="2">C4 交流互动</td><td colspan="4">C41 网上调查　C42 在线咨询　C43 论坛互动　C44 电话连线　C45 邮件发送</td></tr>
<tr><td colspan="2">C5 教育功能</td><td colspan="4">C51 专业教育　C52 历史教育</td></tr>
<tr><td rowspan="6">C6 公共服务</td><td colspan="5">C61 会员服务</td></tr>
<tr><td colspan="5">C62 邮箱服务</td></tr>
<tr><td colspan="5">C63 软件下载</td></tr>
<tr><td>C64 友情链接</td><td colspan="4">C641 国内其他档案网站　　C642 国外档案网站
C643 政府网站　　　　　　C644 其他</td></tr>
<tr><td>C65 搜索引擎</td><td colspan="4">C651 站内检索　　C652 站外检索</td></tr>
<tr><td colspan="5">C66 生活服务</td></tr>
</table>

调查者：

调查日期：　　年　　月　　日

调查时点：　　时　　分

附表 1.2　国家综合档案馆网站前台信息资源调查表

编号：

网站基本情况					
网站名称		网站域名			
版权所有		网站级别	□国家级	□省级	□地市级
联系电话		E-mail			

信息资源概况

档案馆实体馆藏资源概况：

资源种类	□馆藏数字化档案　　□现行文件　　□特色档案　　□编研成果

第一部分：馆藏数字化档案	
目录（全宗、案卷、文件）	全文
时间：	时间：
数量：	数量：
范围：	范围：

第二部分：现行文件

时间：

数量：

范围：

第三部分：特色档案

特色简介：

备注：（此处的备注是为了说明档案网站上的其他疑似"特色档案"的项目，特色简介中只说明可以明确确定为特色档案的一项）

第四部分：编研成果

成果简介：

备注：（同特色档案类似）

在线服务

第一部分：馆藏数字化档案

检索入口	□一级类目：_____ □页面链接：_____
检索方式	□浏览检索 □单一检索 □复合检索
分类查询	□时间 □类型 □级别 □部门 □门类 □其他：_____
检索帮助	□有 □无
检索途径	□关键词 □题名 □责任者 □时间 □档号 □主题词 □其他：_____
检索深度	□全宗目录 □案卷级目录 □文件级目录 □资料级目录 □全文
结果处理	□浏览 □下载 □其他：_____

第二部分：现行文件

检索入口	□一级类目：_____ □页面链接：_____
检索方式	□浏览检索 □单一检索 □复合检索
分类查询	□时间 □类型 □级别 □部门 □门类 □其他：_____
检索帮助	□有 □无
检索途径	□关键词 □题名 □责任者 □时间 □文号 □主题词 □其他：_____
检索深度	□目录 □全文
结果处理	□浏览 □下载 □其他：_____

第三部分：特色档案

类目名称	□一级类目：_____ □页面链接：_____
内容成分	□名人 □地方风俗 □字画 □名胜古迹 □其他：
数据类型	□文本 □图样 □音频 □视频
查询方式	□浏览 □检索，请注明检索途径：_____
展示方式	□静态展示 □动态展示

第四部分：编研成果

类目名称	
成果形式	□汇编 □文摘 □大事记 □年鉴 □组织沿革 □其他：_____
查询方式	□浏览 □检索，请注明检索途径：_____

备注：

调 查 者：   复 查 者：

调查日期：   复查日期：

附表 1.3　江苏省地市级综合档案馆网站后台信息资源调查表

<hr>

档案网站基本情况

<hr>

1. 建站时间：＿＿＿＿＿＿＿＿＿＿＿＿＿＿＿
2. 建立方式
  □自主设计　　　　□委托外包　　　　□合作开发
3. 网站信息发布软件平台
  □Apache　　　　　□IIS　　　　□tomcat　　　　□其他＿＿＿＿＿＿
4. 网页编程语言（可多选）
  □Html　　　　　□JAVA　　　　□JSP　　　　□PHP　　　　□ASP　　　　□其他＿＿＿＿＿＿
5. 运行模式
  □全部自主运行　　□全部外包运行　□部分外包运行、部分自主运行　　　　□其他＿＿＿＿＿＿
6. 网站安全防护（可多选）
  □防火墙　　　　　□入侵检测系统　□漏洞扫描系统　□防病毒软件
  □反垃圾邮件系统　□传输加密　　　□数据备份　　　□其他＿＿＿＿＿＿
7. 网站服务器
  □本地　　　　　　　　　　　　□托管
8. 网页信息内容更新频率
  □每天　　　　　　□每周　　　　□每月　　　　□不定期　　□其他＿＿＿＿＿＿

信息资源组织

第一部分：信息资源及其组织概况（包括目录和全文）

信息资源 \ 调查项目	馆藏数字化档案	现行文件	特色档案	编研成果
时间范围				
数量范围				
内容范围				
资源类型（可多选）	☐文本　☐图样 ☐音频　☐视频	☐文本　☐图样 ☐音频　☐视频	☐文本　☐图样 ☐音频　☐视频	☐文本　☐图样 ☐音频　☐视频
组织方法（可多选）	☐分类法　☐主题法 ☐分类主题一体化 ☐其他_____	☐分类法　☐主题法 ☐分类主题一体化 ☐其他_____	☐分类法　☐主题法 ☐分类主题一体化 ☐其他_____	☐分类法　☐主题法 ☐分类主题一体化 ☐其他_____
一次信息组织方式[1]（可多选）	☐文件方式 ☐数据库方式 ☐超媒体方式 ☐主页方式 ☐其他_____	☐文件方式 ☐数据库方式 ☐超媒体方式 ☐主页方式 ☐其他_____	☐文件方式 ☐数据库方式 ☐超媒体方式 ☐主页方式 ☐其他_____	☐文件方式 ☐数据库方式 ☐超媒体方式 ☐主页方式 ☐其他_____
二次信息组织方式[2]（可多选）	☐主题目录 ☐搜索引擎 ☐资源指南 ☐联机目录 ☐其他_____	☐主题目录 ☐搜索引擎 ☐资源指南 ☐联机目录 ☐其他_____	☐主题目录 ☐搜索引擎 ☐资源指南 ☐联机目录 ☐其他_____	☐主题目录 ☐搜索引擎 ☐资源指南 ☐联机目录 ☐其他_____

注释：

[1] 一次信息组织：是根据计算机对文件、文本、数据等传统方式，结合网络自身特点衍生出的组织方式。

文件方式，是以单个文件为单位共享和传输信息，它传送的文件包括文本、图像、多媒体等非结构化信息。

数据库方式，是将所有获得的信息资源按照固定的记录格式存储组织，用户通过关键词和组配查询就可以找到所需的信息线索，再通过信息线索找到相应的网络信息资源。

超媒体方式，是将超文本与多媒体技术结合起来。它将文字、声音、图像、视频等多媒体信息以超文本方式组织起来，使人们可以通过高度链接的网络结构在各种信息库中找到所需要的信息。

主页、页面方式：通过页面对某机构、人物或专题作全面介绍，用主页将这些信息集中组织在一起。

[2] 二次信息组织：是在各种一次信息组织之后的再次信息组织。

主题目录，就是将信息资源按照某事物事先确定的概念体系结构，分门别类的逐层加以组织，并对其进行粗浅归类，从而构建一个层次分明的等级结构体系。

搜索引擎组织方式，是揭示和查找各网站主题信息资源的一种索引工具，依靠 Spider 等计算机软件来实现。

资源指南，是基于人工建立的网站分类目录，是网站的分类链接列表。

联机目录方式，由所有或部分入网的档案馆、室根据统一的规则和格式进行编目，其形成的目录数据通过网络进行适时传送和交换，形成一个逻辑上的目录库，并供网上所有的用户进行查询使用。

第二部分：数据库

信息资源 调查项目	馆藏数字化档案		现行文件		特色档案		编研成果	
数据库建设时间								
数据库数量								
数据库名称及 容量	1		1		1		1	
	2		2		2		2	
	3		3		3		3	
	4		4		4		4	
	5		5		5		5	
数据库是否有变动（如有变动请说明原因）	□否		□否		□否		□否	
	□是	□结构调整 □数据迁移 □其他＿＿＿	□是	□结构调整 □数据迁移 □其他＿＿＿	□是	□结构调整 □数据迁移 □其他＿＿＿	□是	□结构调整 □数据迁移 □其他＿＿＿
数据库种类	□SQL Server　　□Oracle　　□MYSQL　　□DB2　　□Sybase □FoxPro　　□Access　　□Informix　　□其他＿＿＿＿							
按存储区域分为什么类型[1]	□分布式数据库系统　　　　□分散式数据库系统 □集中式数据库系统　　　　□其他＿＿＿＿＿＿							
分布式系统分类[2]	□同构同质型　　□同构异质型　　□异构型　　□其他＿＿＿＿							
数据分配策略[3]	□集中式　　□分割式　　□全复制式　　□混合式　　□其他＿＿＿							
著录标准	□文书档案文件级目录数据库结构与数据交换格式（DB32/505-2002） □使用其他著录标准，但该标准支持 DB32/505-2002 □其他＿＿＿＿＿＿＿＿＿							
采用的档案管理系统	□南大之星档案管理系统　　□清华紫光档案管理系统　　□量子档案管理系统 □兰台档案管理系统　　□其他＿＿＿＿＿＿							

注释：
[1]　**按存储区域分为什么类型**

分布式数据库系统，数据是分布存放在计算机网络的不同场地的计算机中，每一场地都有自治处理（独立处理）能力并能完成局部应用。而每一场地也参与（至少一种）全局应用程序的执行，全局应用程序可通过网络通信访问系统中多个场地的数据。

集中式数据库系统，是指数据库中的数据集中存储在一台计算机上，数据的处理集中在一台计算机上完成。

分散式数据库系统，不支持全局应用，即不能完成两个或两个以上场地中数据库的应用。

[2]　**分布式系统分类**

同构同质型 DDBS，是指各个场地都采用同一类型的数据模型，并且是同一型号数据库管理系统。

同构异质型 DDBS，是指各个场地都采用同一类型的数据模型，但是数据库管理系统是不同型号的。

异构型 DDBS，是指各个场地的数据模型是不同的类型。

[3]　**数据分配策略**：是指数据在计算机网络各场地上的分配策略。

集中式，所有数据均安排在同一场地。

分割式，所有数据只有一份，分别被安置在若干场地。

全复制式，数据在每个场地重复存储。

混合式，介于分割式和全复制式之间的分配方式。

续表

信息资源整合

信息资源 调查项目	馆藏数字化档案	现行文件	特色档案	编研成果
整合范围 （可多选）	□本馆内部资源整合 □与下属单位的整合 □与其他档案馆整合 档案馆名称_____ □与其他单位整合 单位名称_____	□本馆内部资源整合 □与下属单位的整合 □与其他档案馆整合 档案馆名称_____ □与其他单位整合 单位名称_____	□本馆内部资源整合 □与下属单位的整合 □与其他档案馆整合 档案馆名称_____ □与其他单位整合 单位名称_____	□本馆内部资源整合 □与下属单位的整合 □与其他档案馆整合 档案馆名称_____ □与其他单位整合 单位名称_____
数据整合方法* （可多选）	□中间件技术跨库整合 □建立数据源实体仓库 □建立元数据库 □网页代理检索 □其他_____	□中间件技术跨库整合 □建立数据源实体仓库 □建立元数据库 □网页代理检索 □其他_____	□中间件技术跨库整合 □建立数据源实体仓库 □建立元数据库 □网页代理检索 □其他_____	□中间件技术跨库整合 □建立数据源实体仓库 □建立元数据库 □网页代理检索 □其他_____
整合结果表现形式 （可多选）	□检索窗样式 □浏览查询样式 □浏览检索相结合样式 □其他_____	□检索窗样式 □浏览查询样式 □浏览检索相结合样式 □其他_____	□检索窗样式 □浏览查询样式 □浏览检索相结合样式 □其他_____	□检索窗样式 □浏览查询样式 □浏览检索相结合样式 □其他_____
没有进行资源整合的原因	□认为没有必要 □整合后无人维护	□资金投入 □技术保障	□安全保密 □其他_____	□部门间协调
没有与其他网站整合的原因	□认为没有必要 □整合后无人维护	□资金投入 □技术保障	□安全保密 □其他_____	□部门间协调

注释：

　*数据整合方法

　　中间件技术跨库整合，是应用中间件技术共享多个数据库资源的索引和检索技术，把查询请求转换成相应数据库的查询语言和检索方法，分别对各个数据库发出检索请求，再将来自各个数据库的命中结果集成在一个界面中显示给用户。

　　建立数据源实体仓库，建立一个存储数据的仓库，将参与整合的各种数据源的数据装入其中，把不同数据结构的内容转换为相同的数据格式，用单一的检索引擎检索所有的资源。

　　建立元数据库，对多个档案网站的全文（原始）数据源按一定标准（如 DC）进行标引后，组成一个元数据集，然后按数据库方式储存。

　　网页代理检索，利用自动代理软件，定期或不定期在各档案网站上漫游，当发现新的网址、网页信息后，即对其进行自动抽取、标引、归并、排序，创建可按关键词查询的 Web 网页索引数据库，使用户能轻易地查找到所需要的信息。

信息资源利用

1. 档案网站的平均访问量：＿＿＿＿＿＿＿＿/天，＿＿＿＿＿＿＿＿/年
2. 档案网站信息资源利用权限
   □完全公开　　　　　□部分公开　　　　　□内部使用
3. 是否收集用户利用反馈信息
   □是　　　　　　　　□否
4. 若收集用户反馈，可知用户利用中的主要问题表现为
   □缺少站内资源导航　□不提供全文　　　　□页面设置混乱，不易找到所需信息
   □利用档案设置权限　□其他＿＿＿＿＿＿＿
5. 是否进行档案网站信息资源利用率统计
   □是　　　　　　　　□否
6. 若进行利用率统计，请将馆藏数字化档案、现行文件、特色档案和编研成果按照利用率由高到低排序，并请简要说明档案信息资源利用存在的主要问题。

填写人：　　　　　　　　　　　　　　　　　　　　　填写日期：

附录2　2012年度中国档案网站调查样本

附表2.1　2012年度中国综合档案网站调查样本简表

序号	网站名称	网址
1	中国第一历史档案馆	http：//www. lsdag. com/
2	中国第二历史档案馆	http：//www. shac. net. cn/
华北		
3	北京市档案信息网	http：//www. bjma. gov. cn/index. ycs
4	天津市档案网	http：//www. tjdag. gov. cn/
5	石家庄档案信息网	http：//www. sjzdaj. gov. cn/
6	唐山档案信息网	http：//www. tsda. gov. cn/
7	秦皇岛档案网	http：//www. qhddaj. gov. cn/
8	邯郸市档案信息网	http：//daj. hd. gov. cn
9	张家口市档案信息网	www. zjkdaj. gov. cn
10	廊坊档案信息网	http：//da. lf. gov. cn/
11	衡水市档案信息中心	http：//www. hssdaj. cn/
12	太原市档案局	http：//www. tydaj. gov. cn/
13	阳泉市档案局	http：//www. da. yq. cn/
14	长治市档案局	http：//www. sxczdaj. cn/

序号	网站名称	网址
	华北	
15	晋中档案信息网	http：//www. sxjzda. cn/
16	临汾市档案网	http：//www. lfsdaj. com/
17	呼和浩特档案信息网	http：//www. hhhtda. cn/
18	包头市档案局	http：//btdaj. baotou. gov. cn/
19	乌海市档案史志信息网	http：//www. wuhai. gov. cn/whsdaj/
20	赤峰档案资料信息网	http：//www. dangan. gov. cn/
21	通辽市档案信息网	http：//www. tlarchives. com/Default1. asp
22	鄂尔多斯市档案局	http：//www. ordosda. gov. cn/
23	乌兰察布档案信息网	http：//www. wlcbda. cn/index. asp
24	兴安盟档案信息网	http：//daj. xam. gov. cn/
25	锡林郭勒盟档案局	http：//daj. xlgl. gov. cn/
26	阿拉善盟档案史志局	http：//www. alsdasj. com/Index. asp
	东北	
27	沈阳市档案信息网	http：//www. sydaw. gov. cn/sydaj/
28	鞍山市档案局信息网	http：//www. asarchives. net/
29	抚顺档案信息网	http：//www. fsda. com. cn/
30	本溪档案信息网	http：//www. lnbxda. gov. cn/
31	丹东档案信息网	http：//www. dddaj. com. cn/index. asp
32	锦州档案信息网	http：//old. jz. gov. cn：8088/daj/
33	营口档案信息网	http：//archives. yingkou. net. cn/index. asp
34	阜新档案	http：//www. fxda. com/
35	辽阳档案信息网	http：//www. lydaw. gov. cn/default1. asp
36	盘锦市档案信息网	http：//www. pjda. gov. cn/
37	铁岭档案信息网	http：//www. tlda. gov. cn/
38	朝阳档案信息网	http：//www. cyda. gov. cn/
39	葫芦岛档案信息网	http：//www. dahld. gov. cn/
40	长春档案信息资源网	http：//www. ccda. gov. cn/ccda/default. htm
41	吉林市档案信息网	http：//www. jlsdaj. gov. cn/
42	四平市档案局	http：//www. jlspda. cn/
43	辽源公共信息网	http：//www. 0437. gov. cn/gov/danganju/daj/Default. asp
44	通化档案信息网	http：//www. thda. gov. cn/
45	延边档案信息网	http：//www. ybda. gov. cn/
46	黑龙江省档案信息网	http：//www. hljdaj. gov. cn/web/index. php
47	哈尔滨档案信息网	http：//www. hrb-dangan. gov. cn/

序号	网站名称	网址
东北		
48	齐齐哈尔档案信息网	http：//www. qqhrda. com/
49	大庆市档案信息网	http：//www. dqdaj. gov. cn/
50	伊春市档案信息网	http：//ycdaj. 11315. cn/web/ycdaj/index. html
51	牡丹江市档案信息网	http：//www. mdjdaj. gov. cn/
52	黑河档案信息网	http：//www. hhsdaj. cn/
53	黑龙江大兴安岭档案信息网	http：//dxal. gov. cn/daxxw/
华东		
54	上海档案信息网	http：//www. archives. sh. cn/
55	江苏档案信息网	http：//www. dajs. gov. cn/index. html
56	南京档案局	http：//www. archivesnj. gov. cn/
57	无锡市档案局	http：//daj. chinawuxi. gov. cn/
58	徐州档案	http：//www. xzda. gov. cn/
59	常州档案信息网	http：//www. czdaj. gov. cn/index. html
60	苏州档案馆	http：//www. daj. suzhou. gov. cn/web1/index_ sz. html
61	南通市档案局	http：//www. ntda. gov. cn/
62	连云港档案	http：//221. 131. 187. 48/default. aspx
63	淮安档案	http：//daj. huaian. gov. cn/daj/index. jsp
64	盐城·档案	http：//www. dayc. gov. cn/Index. html
65	扬州档案方志	http：//daj. yangzhou. gov. cn/
66	镇江市档案局（馆）	http：//daj. zhenjiang. gov. cn/
67	泰州市史志档案办	http：//szb. taizhou. gov. cn/index. html
68	宿迁市档案信息网	http：//www. sqdaj. cn/
69	浙江档案网	http：//www. zjda. gov. cn/
70	杭州档案	http：//www. hzarchives. gov. cn/default. htm
71	宁波档案网	http：//www. dangan. ningbo. gov. cn/
72	温州市档案网	http：//wzdaj. wenzhou. gov. cn/wzdaweb/platformData/infoplat/pub/wzdaweb_ 2632/shouye_ 9702/index. html
73	嘉兴市档案史志网	http：//www. jxdasz. com/jxdaweb/platformData/infoplat/pub/jxdaweb_ 0/shouye_ 0/index. html
74	湖州档案信息网	http：//daj. huzhou. gov. cn/default. aspx
75	绍兴市档案信息网	http：//www. sxda. gov. cn/
76	金华市档案局	http：//jhsdaj. jinhua. gov. cn/（S（4okxh4vgnsj21bf45a5yzr55））/Default. aspx
77	衢州市档案信息网	http：//daj. qz. gov. cn/index. do？method＝newDisplay

续表

序号	网站名称	网址
		华东
78	舟山档案信息网	http：//www. zsdaj. gov. cn/
79	浙江台州档案信息网	http：//www. tzdaj. com. cn/TZMH/index. jsp
80	安徽档案信息网	http：//www. ahda. gov. cn/
81	合肥市档案信息网	http：//daj. hefei. gov. cn/n7216006/n8734745/index. html
82	芜湖市档案局	http：//www. whsdaj. gov. cn/Home/index. aspx
83	蚌埠档案信息网	http：//www. bbda. gov. cn/
84	淮南市档案局	http：//da. huainan. gov. cn/
85	马鞍山档案信息网	http：//60. 171. 80. 42：8090/
86	淮北市档案局	http：//www. hbdaxx. gov. cn/
87	铜陵档案信息网	http：//tlda. tl. gov. cn/
88	黄山市档案局	http：//web. huangshan. gov. cn/JA044/Default. aspx
89	滁州档案信息网	http：//www. czsdaj. org/
90	阜阳档案信息网	http：//www. daj. fy. gov. cn/
91	宿州市档案局	http：//da2008. ahsz. gov. cn/daj/index. asp
92	安徽省六安市档案局	http：//www. lasdaj. cn/
93	池州档案信息网	http：//www. czdajg. gov. cn
94	福建档案信息网	http：//www. fj-archives. org. cn/
95	福州市档案局（馆）	http：//www. fzda. gov. cn/
96	厦门市档案局（馆）	http：//www. da. xm. gov. cn/
97	莆田市档案局（馆）	http：//pt. fj-archives. org. cn/pt_ index. html
98	三明市档案局（馆）	http：//sm. fj-archives. org. cn/sm_ index. html
99	泉州市综合档案馆	http：//qz. fj-archives. org. cn/qz_ index. html
100	漳州市档案局	http：//zz. fj-archives. org. cn/zz_ index. html
101	南平市档案局（馆）	http：//np. fj-archives. org. cn/np_ index. html
102	龙岩市档案局（馆）	http：//ly. fj-archives. org. cn/ly_ index. html
103	宁德市档案局（馆）	http：//nd. fj-archives. org. cn/nd_ index. html
104	江西档案信息网	http：//www. jxdaj. gov. cn/channel. html？m=site&channelId=0000000160011 fe1cf96e6
105	南昌档案信息网	http：//daj. nc. gov. cn/
106	萍乡档案信息网	http：//www. pxdaj. gov. cn/
107	新余档案网	http：//www. xyda. gov. cn/templates/template2/1/index. ftl
108	鹰潭档案网	http：//www. ytda. gov. cn/
109	赣州市档案局	http：//www. jxgzda. gov. cn/
110	宜春档案信息网	http：//da. yichun. gov. cn/index. html

续表

序号	网站名称	网址
华东		
111	抚州档案网	http：//www. fzdaw. cn/
112	上饶档案信息网	http：//srdaj. srzc. com/
113	山东档案信息网	http：//www. sdab. gov. cn/daj/index. htm
114	济南档案信息网	http：//www. jndaxxw. gov. cn/
115	青岛档案信息网	http：//www. qdda. gov. cn/
116	山东省淄博市数字档案馆	http：//www. zbda. gov. cn/webwz/index6. jsp
117	枣庄市档案信息网	http：//www. zzdaj. com/templet/default/
118	东营档案信息网	http：//www. dyda. gov. cn/
119	潍坊档案信息网	http：//da. weifang. gov. cn/indexFront. do
120	威海档案信息网	http：//www. weihaida. gov. cn/
121	泰安档案信息网	http：//www. tadaj. gov. cn/webwz/index3. jsp
122	日照档案信息网	http：//www. rzda. gov. cn/
123	临沂档案信息网	http：//da. linyi. gov. cn/
124	德州档案信息网	http：//www. dzdaxxw. gov. cn/
125	滨州档案信息网	http：//www. bzda. gov. cn/
126	菏泽档案网	http：//www. hzsdaj. com/
127	温州市档案网	http：//wzdaj. wenzhou. gov. cn/wzdaweb/platformData/infoplat/pub/wzdaweb＿ 2632/shouye＿ 9702/index. html
中南		
128	梧州档案信息网	http：//wzda. gxi. gov. cn/
129	河南档案信息网	http：//www. hada. gov. cn/
130	郑州档案信息网	http：//www. zzda. gov. cn/index. html
131	开封市档案信息网	http：//www. kfdaj. com/
132	洛阳档案	http：//www. lydaj. com. cn/
133	焦作档案网	http：//www. jzdaj. gov. cn/
134	鹤壁市档案局（馆）	http：//www. hbdaj. gov. cn/
135	濮阳市档案信息网	http：//www. hada. gov. cn/w＿ Shi. asp？ ID ＝9
136	漯河市史志档案信息网	http：//www. kfdaj. com/w＿ Shi. asp？ ID ＝11
137	三门峡档案信息网	http：//daj. smx. gov. cn/index4. aspx
138	南阳市档案信息网	http：//www. hada. gov. cn/w＿ Shi. asp？ ID ＝13
139	商丘市档案信息网	http：//www. sqda. gov. cn/
140	周口市档案信息网	http：//www. hada. gov. cn/w＿ Shi. asp？ ID ＝16
141	驻马店档案信息网	http：//da. zhumadian. gov. cn/
142	湖北档案信息网	http：//www. hbda. gov. cn/

序号	网站名称	网址
	中南	
143	武汉档案网	http：//www. whdaj. gov. cn/8/
144	黄石档案信息网	http：//www. hsdaj. org/index. do？method＝index2
145	襄阳档案信息网	http：//www. xydaxxw. gov. cn/
146	十堰档案信息网	http：//www. sydaxxw. com/
147	荆州市档案信息网	http：//www. jzda. org/
148	宜昌档案信息网	http：//www. ycdaj. org/
149	荆门市档案信息网	http：//daj. jingmen. gov. cn/
150	鄂州档案信息网	http：//www. ezdaj. org/index. do？method＝index2
151	孝感档案信息网	http：//www. hbxgda. org/
152	黄冈档案信息网	http：//www. hgdaj. org/index. do？method＝index2
153	咸宁档案方志	http：//www. xnda. org/index. do？method＝index2
154	随州档案史志信息网	http：//www. szsda. org/index. do？method＝index3
155	恩施市档案史志信息网	http：//www. essda. cn/index. shtml
156	湖南省档案馆	http：//guan. hn−archives. gov. cn/index1. asp
157	长沙档案信息	http：//daj. changsha. gov. cn/
158	株洲市档案局	http：//daj1. zhuzhou. gov. cn/
159	湘潭档案咨询网	http：//www. xtda. gov. cn/HTML/index. shtml
160	衡阳档案信息网	http：//www. hyda. gov. cn/
161	邵阳市档案信息网	http：//www. hnsyda. gov. cn/
162	岳阳市档案局	http：//www. yyda. com/qy. asp
163	常德市档案局	http：//www. cddaj. gov. cn/
164	张家界市档案信息网	http：//www. dazjj. com/govmach/daj/
165	益阳市档案网	http：//www. yysda. com. cn/
166	郴州档案信息网	http：//www. czac. gov. cn/
167	永城档案信息网	http：//www. yzdaw. gov. cn/
168	娄底市档案局	http：//www. daj. hnloudi. gov. cn/
169	湘西土家族苗族自治州档案局	http：//daj. xxz. gov. cn/
170	广东档案信息网	http：//www. da. gd. gov. cn/WebWWW/index. aspx
171	中国广州档案网	http：//www. gzdaj. gov. cn/
172	深圳档案信息网	http：//www. szdaj. gov. cn/
173	珠海市档案信息网	http：//www. zhda. gov. cn/
174	汕头市档案馆	http：//stda. shantou. gov. cn/
175	韶关市档案信息网0	http：//sgdaj. shaoguan. gov. cn/

序号	网站名称	网址
		中南
176	佛山档案与方志	http：//www. fsarc. gov. cn/
177	广东江门档案信息网	http：//daj. jiangmen. gov. cn/
178	湛江档案信息网	http：//www. gdzjdaj. gov. cn/
179	惠州档案信息网	http：//daj. huizhou. gov. cn/
180	梅州档案	http：//mzda. meizhou. gov. cn/
181	汕尾档案信息网	http：//www. swda. gov. cn/
182	阳江档案方志党史信息网	http：//www. yjda. gov. cn/YJWeb/index. do
183	清远档案信息网	http：//www. gdqyda. net/
184	东莞档案信息网	http：//daj. dg. gov. cn/publicfiles/business/htmlfiles/dgdaj/index. htm
185	中山市档案信息网	http：//www. zsda. gov. cn/
186	潮州市档案局	http：//www. czdanganju. com/
187	揭阳市档案局	http：//daj. jieyang. gd. cn/
188	云浮档案信息网	http：//www. yfda. yunfu. gov. cn/TitansWebYf/mainframe. do？method＝mainframe
189	广西档案信息网	http：//gxda. gxi. gov. cn/
190	南宁档案信息网	http：//nnda. gxi. gov. cn/
191	柳州档案信息网	http：//lzda. gxi. gov. cn/
192	桂林档案信息网	http：//glda. gxi. gov. cn/
193	梧州档案信息网	http：//wzda. gxi. gov. cn/
194	北海档案信息网	http：//bhda. gxi. gov. cn/
195	防城港市档案信息网	http：//fcgda. gxi. gov. cn/
196	钦州档案信息网	http：//qzda. gxi. gov. cn/
197	贵港档案信息网	http：//ggda. gxi. gov. cn/
198	玉林档案信息网	http：//ylda. gxi. gov. cn/
199	百色市档案信息网	http：//bsda. gxi. gov. cn/
200	贺州档案信息网	http：//hzda. gxi. gov. cn/
201	河池档案信息网	http：//hcda. gxi. gov. cn/
202	来宾档案信息网	http：//lbda. gxi. gov. cn/
203	崇左档案信息网	http：//czda. gxi. gov. cn/
204	海南省档案信息网	http：//archives. hainan. gov. cn/web/index. jsp
205	海口档案信息网	http：//daj. haikou. gov. cn/
		西南
206	重庆档案信息网	http：//jda. cq. gov. cn/
207	四川档案	http：//www. scsdaj. gov. cn/
208	成都档案	http：//www. cdarchive. chengdu. gov. cn/

序号	网站名称	网址
		西南
209	自贡市档案馆	http：//222. 208. 125. 146/index. asp
210	攀枝花市档案信息网	http：//www. pzhda. gov. cn/
211	泸州市档案局	http：//www. lzsdaj. gov. cn/
212	德阳市档案信息网	http：//www. dysdaj. gov. cn/webwz/index2. jsp
213	绵阳市档案局馆	http：//daj. my. gov. cn/
214	广元档案局	http：//www. gysdaj. gov. cn/
215	遂宁档案资源网	http：//daj. suining. gov. cn/
216	内江市档案资源网	http：//www. njdaj. net/
217	乐山市档案局	http：//www. leshan. gov. cn/site/sitedananju/index. asp
218	宜宾档案	http：//daj. yb. gov. cn/
219	广安档案网	http：//www. gasdaj. net/
220	达州档案资源网	http：//www. dzsdaj. gov. cn/Index. html
221	眉山市档案局	http：//www. msda. gov. cn/
222	雅安档案局	http：//www. yaan. gov. cn/yadaj/
223	阿坝档案信息网	http：//www. abzdaj. com/
224	凉山档案	http：//daj. lsz. gov. cn/
225	贵州档案方志信息网	http：//www. as. gzdaxx. gov. cn/index. html
226	贵阳档案信息网	http：//www. gyda. gov. cn/ws/html/index. html
227	六盘水档案信息网	http：//lps. gzdaxx. gov. cn/
228	遵义市档案信息网	http：//zy. gzdaxx. gov. cn/
229	安顺市档案信息网	http：//anshun. gzdaxx. gov. cn/
230	黔西南州史志信息网	http：//qxn. gzdaxx. gov. cn/
231	黔东南州档案信息网	http：//qdn. gzdaxx. gov. cn/
232	黔南州档案信息网	http：//qn. gzdaxx. gov. cn/
233	铜仁市档案信息网	http：//tr. gzdaxx. gov. cn/
234	毕节市档案信息网	http：//bj. gzdaxx. gov. cn/
235	云南档案信息网	http：//www. ynda. yn. gov. cn/ynda/2738188573441261568/
236	昆明市档案局馆	http：//www. kmda. gov. cn/
237	曲靖市档案局	http：//www. stats. yn. gov. cn/canton_ model3/default. aspx? departmentid = 8390
238	玉溪档案信息网	http：//www. yxdaw. com/
239	保山州档案信息网	http：//www. dali. gov. cn/bsdaxxw/2594073385365405696/index. html
240	昭通档案信息网	http：//www. ztda. zt. gov. cn/
241	丽江档案信息网	http：//www. dali. gov. cn/ljdaxxw/2449958197289549824/index. html
242	普洱档案信息网	http：//www. pesdaj. gov. cn/pedaj/

序号	网站名称	网址
		西南
243	临沧档案信息网	http：//www. lcda99. com/
244	文山州档案信息网	http：//www. dali. gov. cn/wsdaxxw/2377900603251621888/
245	红河州档案信息网	http：//www. dali. gov. cn/hhdaxxw/2522015791327477760/index. html
246	西双版纳档案信息网	http：//www. dali. gov. cn/xsbadaxxw/4827858800541171712/index. html
247	楚雄州档案信息网	http：//www. cxda. gov. cn/
248	大理州档案信息网	http：//www. dlda. yn. gov. cn/bs/ms/
249	德宏州档案信息网	http：//www. dali. gov. cn/dhdaxxw/2810246167479189504/index. html
250	德宏州档案信息网	http：//www. dali. gov. cn/dhdaxxw/2810246167479189504/index. html
251	怒江档案信息网	http：//www. dali. gov. cn/njdaxxw/2233785415175766016/index. html
252	迪庆州档案信息网	http：//www. dali. gov. cn/dqdazzw/2882303761517117440/index. html
253	西藏自治区档案馆	http：//www. tibetinfor. com/tibetzt/dang_ an/
		西北
254	西安档案网	http：//www. xadaj. gov. cn/structure/index. htm
255	铜川档案信息网	http：//daj. tongchuan. gov. cn/
256	宝鸡档案信息网	http：//www. bjdag. gov. cn/
257	咸阳市档案信息网	http：//www. xydaj. com/
258	渭南市档案信息网	http：//wnda. gov. cn/
259	延安市档案局（馆）	http：//sdaj. yanan. gov. cn/INDEX. ASP
260	汉中档案信息网	http：//daj. hanzhong. gov. cn/
261	安康档案信息网	http：//saac. ankang. gov. cn/
262	甘肃档案信息网	http：//www. cngsda. net/
263	兰州档案信息网	http：//www. lzdaw. net/
264	嘉峪关档案信息网	http：//jygdaj. 0937. net/index. html
265	金昌市档案局（馆）	http：//daj. jc. gansu. gov. cn/index. asp
266	白银市档案信息网	http：//61. 178. 146. 167/daj/index. html
267	天水档案	http：//www. tsda. com. cn/
268	张掖档案信息网	http：//dagl. zhangye. gov. cn/
269	平凉市档案信息网	http：//www. pldaj. com/
270	酒泉档案信息网	http：//www. jqdaxx. gov. cn/
271	庆阳档案信息网	http：//www. qydangan. com/
272	定西市档案局	http：//daj. dingxi. gov. cn/sdaj/index. htm
273	临夏档案信息网	http：//www. gslxdaxxw. ccoo. cn/
274	青海档案信息网	http：//www. qhda. gov. cn/
275	西宁市档案局	http：//xndaj. xining. gov. cn/

序号	网站名称	网址
		西北
276	宁夏档案信息网	http：//www. nxda. gov. cn/index. do？method＝welcome
277	银川档案信息网	http：//www. ycsdaj. gov. cn/daj/file/
278	新疆档案信息网	http：//www. xjaa. gov. cn/
279	乌鲁木齐档案信息网	http：//www. wlmqsdaj. gov. cn/
280	克拉玛依档案信息网	http：//daj. klmy. gov. cn/Pages/index. aspx
281	吐鲁番地区档案	http：//daj. tlf. gov. cn/
282	阿克苏地区档案信息网	http：//daj. aks. gov. cn/
283	巴州档案信息网	http：//daj. xjbz. gov. cn/
284	博州档案信息网	http：//daj. xjboz. gov. cn/
285	伊犁州档案信息网	http：//yl. xjaa. gov. cn/index. asp
286	塔城地区档案局（馆）	http：//xxgk. xjtc. gov. cn/zfdw/danganju/

附表 2.2　2012 年度中国高校档案网站调查样本简表

序号	网站名称	网址
1	北京大学档案馆	http：//www. dag. pku. edu. cn/
2	中国人民大学档案馆	http：//dag. ruc. edu. cn/
3	清华大学档案馆	http：//thdag. cic. tsinghua. edu. cn/docinfo_ out/index. jsp
4	北京交通大学档案馆	http：//www. njtu. edu. cn/jg/jgdbxb/danganguan/index. html
5	北京航空航天大学档案馆	http：//archives. buaa. edu. cn/
6	北京理工大学档案馆	http：//www. bit. edu. cn/xxgk/gljg/xzjg/dag/
7	北京邮电大学档案馆	http：//archives. bupt. edu. cn/
8	中国农业大学档案馆	http：//www. cau. edu. cn/dag/
9	北京师范大学档案馆	http：//archives. bnu. edu. cn/
10	北京外国语大学档案馆	http：//dag. bfsu. edu. cn/
11	中央财经大学档案馆	http：//dag. cufe. edu. cn/
12	对外经济贸易大学校办综合档案室	http：//www. uibe. edu. cn/upload/up_ da/index. asp
13	华北电力大学档案馆	http：//web. ncepu. edu. cn/dangan/index. asp
14	南开大学档案馆	http：//user. nku. cn/dag/
15	内蒙古大学档案馆	http：//202. 207. 7. 23：8080/dangan/index_ dangan. htm
16	辽宁大学档案管理中心	http：//daglzx. lnu. edu. cn/
17	大连理工大学档案馆	http：//dangan. dlut. edu. cn/
18	吉林大学档案馆	http：//dag. jlu. edu. cn/

序号	网站名称	网址
19	延边大学档案馆	http：//da. ybu. edu. cn/
20	东北师范大学档案馆	http：//dag. nenu. edu. cn/archives/
21	哈尔滨工程大学档案馆	http：//gongxue. cn/danganguan/
22	东北农业大学档案馆	http：//dag. neau. edu. cn/
23	复旦大学档案信息网	http：//www. fda. fudan. edu. cn/index. htm
24	同济大学档案馆	http：//web. tongji. edu. cn/~archives/
25	上海交通大学数字档案馆	http：//archives. sjtu. edu. cn
26	华东理工大学档案馆	http：//dag. ecust. edu. cn/
27	东华大学档案史志信息网	http：//da. dhu. edu. cn/
28	华东师范大学档案、校史信息网	http：//www. dag. ecnu. edu. cn/
29	上海外国语大学档案信息网	http：//archives. shisu. edu. cn/
30	上海财经大学档案馆	http：//ky. shufe. edu. cn/structure/dag/index. htm
31	上海大学档案馆	http：//www. da. shu. edu. cn/
32	南京大学档案馆	http：//dawww. nju. edu. cn/
33	苏州大学档案馆	http：//dag. suda. edu. cn/
34	东南大学档案馆	http：//archives. seu. edu. cn/seudag/web/index/default. asp
35	南京航空航天大学档案馆	http：//dag. nuaa. edu. cn/indexdag. asp
36	南京理工大学信息档案中心	http：//xdzx. njust. edu. cn/a/dag/dagz/20110616/23. html
37	中国矿业大学档案馆	http：//arch. cumt. edu. cn/
38	江南大学图书馆与档案馆	http：//lib. sytu. edu. cn/
39	南京农业大学综合档案室	http：//xdzx. njust. edu. cn/a/dag/dagz/20110616/23. html
40	南京师范大学档案馆	http：//dag. njnu. edu. cn/index. html
41	浙江大学档案馆	http：//www. acv. zju. edu. cn/page/
42	安徽大学档案馆	http：//www1. ahu. edu. cn/dangan/
43	中国科学技术大学档案馆	http：//arch. ustc. edu. cn/default. asp
44	厦门大学档案馆校史研究室	http：//dag. xmu. edu. cn/
45	福州大学档案馆	http：//219. 229. 132. 54/
46	南昌大学档案信息网	http：//dag. ncu. edu. cn/
47	山东大学档案馆	http：//www. archives. sdu. edu. cn/
48	中国海洋大学档案馆	http：//222. 195. 158. 249/
49	中国石油大学档案馆	http：//202. 194. 153. 20/dag/
50	武汉大学档案馆	http：//sub. whu. edu. cn/dag/
51	华中科技大学档案馆	http：//www2. hust. edu. cn/administration/docoffice/
52	中国地质大学（武汉）档案馆	http：//dag. cug. edu. cn/
53	武汉理工大学档案馆	http：//arc. whut. edu. cn/home

序号	网站名称	网址
54	华中农业大学档案馆	http：//danganguan. hzau. edu. cn/
55	华中师范大学档案馆	http：//archives. ccnu. edu. cn/
56	中南财经政法大学档案馆校史馆	http：//dag. znufe. edu. cn/
57	湖南大学档案与校史馆	http：//dag. hnu. cn/
58	中南大学档案馆	http：//dag. csu. edu. cn/
59	湖南师范大学档案馆	http：//dag. hunnu. edu. cn/
60	中山大学档案馆	http：//archives. sysu. edu. cn/index. aspx
61	暨南大学档案馆	http：//portal. jnu. edu. cn/portal/group/dag
62	华南理工大学档案馆	http：//www. scut. edu. cn/archives/
63	华南师范大学档案馆	http：//222. 200. 139. 161/main/default. aspx
64	广西大学档案馆	http：//xgcbysda. gxu. edu. cn/dag/dag. asp
65	海南大学档案馆	http：//www. hainu. edu. cn/danganguan/
66	四川大学档案馆	http：//archives. scu. edu. cn/
67	西南交通大学档案馆	http：//dag. swjtu. edu. cn/
68	西南大学档案馆、校史博物馆	http：//dag. swu. edu. cn/index/
69	重庆大学档案馆	http：//archives. cqu. edu. cn/
70	贵州大学档案馆	http：//ar. gzu. edu. cn/
71	云南大学档案馆、党史校史研究室	http：//www. archives. ynu. edu. cn/
72	西安交通大学档案馆	http：//archives. xjtu. edu. cn/
73	长安大学档案馆	http：//dag. chd. edu. cn/
74	西北农林科技大学档案馆	http：//file. nwsuaf. edu. cn/
75	兰州大学档案馆	http：//archives. lzu. edu. cn/
76	宁夏大学档案馆	http：//dangan. nxu. edu. cn/
77	石河子大学档案馆	http：//dag. shzu. edu. cn/structure/index. htm
78	西北工业大学校史馆档案馆	http：//dag. nwpu. edu. cn/
79	西北大学档案馆	http：//mainpage. nwu. edu. cn/unit/udag/index. htm#
80	四川农业大学档案馆	http：//dag. sicau. edu. cn/

附表2.3　2012年度中国城建档案网站调查样本简表

序号	网站名称	网址
1	太原市城乡建设档案馆	http：//www. tyscjdag. com/index. jsp
2	沈阳市城建档案信息网	http：//www. syjs. gov. cn/
3	南京市城市建设档案馆	http：//www. nuca. gov. cn/Default. aspx

序号	网站名称	网址
4	杭州市城建档案馆	http：//www. ccinet. com. cn/DesktopDefault. aspx？tabid＝1
5	合肥市建设信息中心	http：//www. hfjs. gov. cn/jsxxzx/index. jsp
6	南昌市城建档案馆	http：//www. ncuca. cn/
7	济南市城建档案馆	http：//www. jnuca. gov. cn/
8	武汉城建档案	http：//www. whcjda. gov. cn/
9	广州市城市建设档案馆	http：//www. gzuda. gov. cn/
10	长沙市建设信息中心	http：//www. csccic. com/Default. aspx
11	成都市城建档案馆	http：//www. cdcjda. com/
12	贵阳市城市建设信息服务中心	http：//www. gycj. com. cn/
13	昆明市城建档案馆	http：//cjda. km. gov. cn/
14	天津市城市建设档案馆	http：//www. tjcjda. com. cn/index. asp
15	上海市城市建设档案馆	http：//www. suca. com. cn/
16	重庆市城市建设档案馆	http：//www. cqcjda. com/
17	南宁城建档案	http：//www. nncjda. com/
18	乌鲁木齐城乡建设档案馆	http：//www. wlmqcjda. com/index. do
19	大连市城市建设档案馆	http：//cjdag. dl. gov. cn/
20	宁波市建设档案网	http：//www. nbcd. gov. cn/
21	厦门市建设与管理局—城市建设档案馆	http：//www. xmjs. gov. cn/gzdh/cjda/

附录3　国家综合档案馆网站信息资源概况

附表3.1　国家综合档案网站馆藏数字化档案基本情况

调查项 网站	目录（全宗、案卷、文件）			全文		
	时间	数量	范围	时间	数量	范围
中国第一历史档案馆	1371～1644 年 1607～1940 年	75 个全宗	清朝各个行政单位的全宗、一些个人全宗	《大清历朝实录》《大清五部会典》		
中国第二历史档案馆	—	目录 655 条	档案史料集、缩微品、杂志、历年科研项目统计、工具书、光盘目录、影印出版物目录	—	—	—
北京市	1928.8.27以来	6 个分类库 796 686条记录	民国档案、中国人民共和国档案、诉讼档案、工商税务档案等	1928～1949 年	22 151 文件，1000条照片	北平市政府、社会局等文件和照片

调查项 网站	目录（全宗、案卷、文件）			全文		
	时间	数量	范围	时间	数量	范围
天津市	1886~1980 年	649 954 条文件目录，773 337 条案卷目录	历史档案中诸如天津市商会、河北邮政管理局等重点全宗的档案案卷目录，现行档案中公私合营时期工商户歇业档案的案卷目录	—	—	—
河北省	—	—	—	—	—	—
山西省	—	2515 条目录	—	—	—	—
内蒙古自治区	1995 以来	20 174 条记录	非典档案及现行档案，消防、贸易、金融等	—	—	—
辽宁省	1986~2007 年	142 份	全省国家综合档案馆可公开查询家谱目录	—	—	—
吉林省	—	—	民生档案	—	—	—
黑龙江省	—	3 条历史档案	革命历史、清代、民国、日伪和建国后档案	—	—	—
上海市	—	15 个全宗 4 个专题	全宗是银行和商业同业公会；专题是民国统计档案、学校校刊、计划经济时上海票证等	—	—	—
江苏省	—	12 487 条目录	工作汇报、工作总结、通知、通令、草案等	—	—	—
浙江省	—	—	革命历史档案、民国档案和建国后档案	—	—	—
安徽省	—	—	—	—	—	—
福建省	—	4862 条	革命历史档案、民国时期和建国后档案	—	—	—
江西省	1934~1982 年	196 条	民国档案、革命历史档案、建国后档案	—	—	—
山东省		4878 条		—	—	—
河南省	1724~2007 年	18 个全宗 2323 卷	清：军事、河务等；民国：省内境况；革命：军队在河南情况；建国后：社会发展等	1970~1974 年	—	省卫生厅、教育厅历史档案
湖北省	—	档案 145 389 卷；资料 38 772	—	—	1441	—
湖南省	1919~1991 年	290 个全宗	民国档案、建国后档案、照片档案等	—	—	—
广东省	1949~1990 年	379 122 条	建国后档案	—	—	—

续表

调查项 网站	目录（全宗、案卷、文件）			全文		
	时间	数量	范围	时间	数量	范围
广西壮族 自治区	新中国成 立前后	271 个全宗	建国前后广西各行政部门的业务 文件	—	—	—
海南省	—	—	—	—	—	—
重庆市	—	614 826 件	民国档案和现行档案	—	—	—
四川省	—	—	—	—	—	—
贵州省	—	—	清代、民国、建国后	—	—	—
云南省	—	—	清代和民国档案、革命历史档案	—	—	—
西藏 自治区	—	—	—	—	—	—
陕西省	—	—	—	—	—	—
甘肃省	—	—	—	—	—	—
青海省	—	60 个	省政府、法院、电信局等机构 介绍	—	—	—
宁夏回族 自治区	1949 以来	10 374 条	宁夏自治区各机构	—	—	—
新疆维吾 尔自治区	—	—	—	—	—	—
杭州市	1879 ~ 2004 年	216 879 篇 416 995 卷	革命历史档案、旧政权档案、中 华人民共和国时期档案			
青岛市	1966 年 以前	案卷 61 万条； 文件 275 万条； 照片 22 万条； 资料 4 万条； 多媒体 3.7 万	—	明清时 期以来	共 3000 余件	德国、日本占 领时期、国民 政府以及新中 国成立后青岛 的档案
哈尔滨市	1915 ~ 2003 年	189 个全宗	革命历史档案、民国档案、现行 档案、撤销机构和专门档案			
阜新市	1948 ~ 1978 年	205 897 条目录	—	1976 ~ 1978 年	1034 条	—
承德市	—	—	—	—	—	—
成都市	—	16 905 条				
鄂尔多 斯市						
南京市	—	文件 1771 条 案卷 708 条 资料 1183 条	文件多为发言稿、统计年报、干部 工资级别登记表等；案卷是政府工 作报告、介绍信等；资料是《南京 日报》、《新华日报》的新闻			
无锡市	—	14 012 条				

调查项 网站	目录（全宗、案卷、文件）			全文		
	时间	数量	范围	时间	数量	范围
徐州市	1948 ~ 1982 年	56 712 条	包括徐州电大、农业局、科委等 各单位档案	—	—	—
常州市		档案 73 463 条 资料 3273 条	革命历史档案、开放档案、图书 资料	—	—	—
苏州市	民国以来	209 581 卷	文书档案、科技档案（基建、产 品、科研）	—	—	—
南通市	—	39 132 条案卷 4691 条文件	民国档案、张睿大生档案、革命 历史档案	—	—	—
连云港市	—	12 000 余件	建国后档案、名人档案、馆藏史 志档案	—	—	—
淮安市	1951 ~ 1983 年	63 个全宗，案卷数 约为 8000 个	清江市部门机关档案	—	—	—
盐城市	1971 ~ 1985 年	164 240 件	—	—	—	—
扬州市	—	—	—	—	—	—
镇江市	1983 以来		历史档案、现行机关档案和人物 档案	—	—	—
泰州市	—	—	—	—	—	—
宿迁市	—	—	—	—	—	—

附表 3.2 国家综合档案网站现行文件基本情况

调查项 网站	目录（全宗、案卷、文件）		
	时间	数量	范围
中国第一历史 档案馆	—	—	—
中国第二历史 档案馆	—	—	—
北京市	1951.8.8 ~ 2008.11.11	256 110 条	市政府信息、市政府部门信息、区县政府信息
天津市	1984 ~2006.12	10 637 条记录	天津市各类地方性法律法规、各类天津市人民政府规 章等文件；在政府职能部门及所属有关基层单位制发 的部分现行政策、制度、意见等
河北省	—	—	—
山西省	2003 年以来	—	政府文件、法律法规、社会热点、计划规划、执法监 督、资金管理、人事信息、统计信息

| 附 录 |

调查项 网站	目录（全宗、案卷、文件）		
	时间	数量	范围
内蒙古自治区	—	—	—
辽宁省	1981～2008 年	规范性文件 2396 份 +最新文件 109 份	省委、省政府及省直各厅局关于医疗保险、土地补偿、工伤待遇等方面已公开的现行文件
吉林省		7195 条	
黑龙江省	—	1644 条	社会保障、人事编制、科教文卫、公安司法、城市建设、经济管理、农林政策土地管理、法律法规等
上海市	2008.2.01～ 2008.10.13	413 条	政策法规、技术职称、科研教育、业务指导、接受征集 5 个方面
江苏省	2007.11～ 2008.10	830 条	多为省市各级政府部门和档案局、档案学会发文
浙江省	2007.05.15～ 2008.11.03	共 1082 条记录	各种通知、办法、条例、意见等，包括近两年来浙江省各级部门、国家的各级部门下发的各类文件
安徽省	2007.9.26 以来	889 条	安徽省人民政府、财政厅、安徽省经济贸易委员、安徽省工商行政管理局、中共安徽省委等下达的文件和通知
福建省	—	—	档案法规章和规范、规划计划、档案例用统计、档案利用收费等
江西省	1997.7.4～ 2005.4.22.	1239 条	江西省已公开文件利用中心接收了近 90 余家省直机关报送的、自 1996 年以来的可公开现行文件
山东省	—	25 888 条	—
河南省	—	—	—
湖北省	1987～2005 年	11 662	省委、省人大、省政府、省政协及省委各部委、省级国家机关各委办厅局、各人民团体、各事业单位文件
湖南省	—	—	省委、省各部门机关，社会团体现行文件等
广东省	1994～2008 年	14 433 条	省党政机关、企事业党委和部分社会团体形成文件
广西壮族自治区	—	—	—
海南省	—	—	—
重庆市	1997 年以来	5030 件	—
四川省			
贵州省			
云南省			劳动保障、老干部、人事
西藏自治区	—	—	—
陕西省	—	—	
甘肃省	—	—	

网站＼调查项	目录（全宗、案卷、文件）		
	时间	数量	范围
青海省	—	共 6 条	政务信息刚开始时办法、档案学培训等相关通知
宁夏回族自治区	1991 年以来	3264 条记录	宁夏自治区党委办公厅、组织部、宣传部等部门的文件
新疆维吾尔自治区	—	—	—
杭州市	1998～2007.10	10 058 条	通知、办法、报告、规定、请示、批复等
青岛市	1995～2007 年	3089 条	中国共产党党务、国家政务、政法、军事、外交、计划、经济、工业、交通、邮电等
哈尔滨市	1996.3～2008.11.5	1799 条记录	综合文件、地方法规、社会保障、环境保护、民政侨务、水电燃气、反腐廉政、资产管理等
阜新市	1998～2006 年	2927 条	—
承德市	2003－2008 年	71 条记录	转发的河北省相关机关部门通知和承德市财政局、国税局等部门发布和转发的有关税收、补贴和收费等的通知
成都市	—	9753 条	—
鄂尔多斯市	—	—	—
南京市	—	2064 条	多为市政府和其他部门发布的通知、办法、意见等
无锡市	—	8 条	—
徐州市	—	—	市政府信息公开目录、市级政府部门信息公开目录、徐州所辖市县政府信息公开目录和专题政府信息公开目录
常州市	2000.4～2008.5	1652 条	—
苏州市	—	8000 余份文件和汇编	党政机关、社会团体、企事业单位形成文件、汇编和建国后国家、省、市制定颁布的法律、法规、规范性文件
南通市	—	9063 条	—
连云港市	1950～2004 年	11 900 余件	—
淮安市	1998～2006 年	1286 件	市委、市政府现行文件（2001－2006）等
盐城市	2006～2008 年	1276 条记录	盐城市政府文件和盐城市政府办文件等各类重要信息
扬州市	—	2156 条	—
镇江市	1996 年以来	现行文件 4000 件，资料 100 册	市委、市政府以及市级党政机关、各社会团体和其他组织制订的文件资料，以及近年来国家、省颁布的法律、法规、规章、司法解释和合同文本、国际条约等
泰州市	—	—	—
宿迁市	—	—	政府计划总结、发展规划、资金信息、干部人事任免、统计信息、工作概要

附表3.3 国家综合档案馆网站特色档案和编研成果基本情况

	特色档案	编研成果
中国第一历史档案馆	文化产品：《大清历朝实录》和《大清五部会典》精品展台、成果展示	1 期刊《历史档案》是中国第一历史档案馆主办的学术季刊，是全国首家刊布历史档案的刊物；2 史料汇编（1930～2003）；3 研究成果：学术论文、学术著作；4 清史工程–出版项目
中国第二历史档案馆	档案精品，分题词手书、历史照片、印信勋章、钞票邮票、商标烟标这5个部分，每个部分都有一些相关档案的照片	档案史料集、缩微品、历年科研项目、工具书、光盘目录、影印出版物目录。"档案展览"按专题分为4个部分，图文并茂
北京市	参观展览中有些是特色档案，如《京张路共摄影》照片档案	专题展览（中国共产党在门头沟、通州名人展等）
天津市	收藏天地（商标集锦、票证博览、藏品拾趣、荣誉选粹、名人墨迹、礼品展览等）	文献公布、遗产工程（邮政档案和商会档案）、专题档案（世乒赛档案、名企档案、名人档案等）
河北省	—	—
山西省	网上展厅（西藏和平解放的状况、从几张买卖、交换农奴契约看西藏农奴制）	网上展厅（彭真在山西、从达赖喇嘛1956和1957年的两份电报看西藏和平解放等）
内蒙古自治区	主要以图片的形式展现如成吉思汗画像、元世祖忽必烈画像、公司股票及阿拉善旗发给迎接解放军代表的通行护照存根等	档案工作人员根据史料撰写的文章，如《档案中的民国初年哲盟巴林爱新荒务局》、《档案中的清朝官服图案与官帽顶饰》等，属三次加工
辽宁省	唐代档案、明代档案（屏风档、信牌档）、清代档案（清圣训、清实录、延寄）	最新史料：7条；出版史料：38条；史料汇编、地方志等
吉林省	陈中日志、吉林将军衙门勘票等历史档案网上展厅：百年档案珍藏展览	—
黑龙江省	清代、民国、日伪、抗日战争、解放战争、新中国建设档案图片	《黑龙江历史记忆》、《黑龙江省志》、《黑龙江通志采辑资料》、《清代黑龙江历史档案选编》等
上海市	珍档荟萃主要是契约票证、名人手迹、商标广告、公文布告、珍贵资料、历史写真	"史料研究"史料汇编和出版概览网上展览多是图片展，涉及上海城市的习俗、风情、上海解放、抗日战争等，还有其他地方比如清东陵、西藏的精品展等
江苏省	珍档荟萃介绍中国、江苏档案文献遗产，列举了一些珍贵的档案资料，多为照片，辅以文字说明	多数都为大事记、革命斗争、抗日战争等，也有少量的文集和史料选。"档案文化精品"有史话、汇编、丛书、名人档案等。网上展厅有纪念抗战、国庆阅兵、个人图片展等
浙江省	包括名人档案、书画、钱塘大桥等，以图片形式展示，并附有文字说明	网上展厅的一些专题图片展，如改革开放30年浙江民营经济发展图片展、纪念红军长征胜利70周年、浙江省档案事业发展成就展等

	特色档案	编研成果
安徽省	纪念抗战胜利 60 周年档案图片、建党 85 周年档案图片、新闻照片、纪念抗战 70 周年图片、档案精粹画册等	介绍皖南历史上的一些爱国将领的事迹，同时包括一些历史事件
福建省	—	福建历史趣闻，福建人文风俗等
江西省	纪念抗日战争胜利 60 周年图片展、档案科技优秀成果介绍等	近现代人物、历史名人、地方特产、风景名胜
山东省	"齐鲁名人档案库"收藏了 49 位山东名人的照片、光盘、文字材料、书籍等	山东青年运动档案史料摘编，山东名人往事回眸
河南省	珍品撷英、粮票展、名优产品展	河南省档案局学习实践科学发展观活动简报
湖北省	名人书画：李青萍个人画展、名人书法展、中国手指画；珍档荟萃：名人手迹、珍贵资料、历史写真	《档案工作简报》
湖南省	名人手迹、书画档案，声像档案、印谱印章钱币税票档案、滩头年画等。还有具历史特色的档案和一些照片档案	自编、合编和参编形式共出版 38 部，形式多样，如《湖南档案馆指南》、《湖南历史上的今天》等
广东省	—	至 2001 年 12 月出版 53 部，包括史料选编、文集、档案选编、资料目录等，如《中山舰事件》，自 2002 出版 9 部
广西壮族自治区	—	关于张云逸的大事年表、文摘、汇编
海南省	—	—
重庆市	昔日渝都/老照片：城市留真、红军留痕珍档展示：清代、民国、革命历史时期、建国后珍贵档案、实物（图片）	巴渝史记：档案大事记、重庆大事记专题专栏：档案资源管理模式改革、学习十七大、电子文件管理、档案信息化
四川省	名人手迹 票据商玩 历史写真 民间珍品地方珍品 古玩古董　中国档案文化遗产	民国时期新滇票样票、民国时期云南的植棉业目录等
贵州省	贵州老桥	贵州第一家机器造纸厂
云南省	民国开元布告及辛亥纪念章、云南航校第三期学员飞行表演等	—
西藏自治区	—	—
陕西省	包括"历史人文"和"珍贵图片"两项，如秦始皇兵马俑坑、西安古城墙等的图片	"三秦风采"是编研成果，如《陕西通史》的介绍
甘肃省	珍档拾贝主要包括银票、天下黄河第一桥、竺可桢信函、朱德墨迹等	先后编辑出版《中共甘肃省工作委员会档案史料选编》、《甘肃清朝档案史料汇编》等，发表几十篇介绍珍贵档案，与历史事件相关档案文章等

续表

	特色档案	编研成果
青海省	档案图片中包括孙中山题字、李氏家谱及毛泽东罕见老照片等。珍贵档案包括民国大总统令、明朝金书铁券等	包括历史沿革、人物的介绍和教育方面的汇编成果
宁夏回族自治区	网上展厅分为珍藏档案、老照片、贺兰山岩画及西夏文字四个部分，每一部分以图文并茂的方式展示。如西夏文字简介	主要包括年鉴及大事记两个部分，馆藏指南下的文件资料汇编同属于编研成果
新疆维吾尔自治区	—	—
杭州市	珍档荟萃是以图片形式再现了杭州的风景名胜。杭州老照片、旧影新貌、名胜古迹也是图片形式的档案	编研史料类目，共有4个相关链接，即《近代杭州图集》、杭州档案史料（第15、16期）和全市档案部门优秀编研成果
青岛市	青岛各界名人，青岛回归、青岛发展图片展览	青岛历史大事介绍、《经济信息》内容摘要、青岛城市文化介绍
哈尔滨市	珍贵档案资料图片展	爱国主义教育基地、专题展览、赴俄考察图片展
阜新市	书法、国画17条	—
承德市	民国时期初等小学生毕业考试作文试卷；围场县知事为东北边防军、热河驻军司令汤玉麟太夫人寿礼摊款给热河政务厅厅长的函；汤玉麟催缴围场县罚金的电令	《承德市各类矿山典型事故案例分析》、《承德市历届党代会情况简介》、《历年来承德省以二领导、专家对承德旅游事业的建议》
成都市	—	—
鄂尔多斯市	—	—
南京市	"珍档荟萃"有大量清代的地契、粮根、地图等珍贵档案的照片，还有中山陵档案、南京市政府的早期档案、三民主义碑文手稿等。"金陵神韵"下有很多南京老照片、名人档案、风景名胜照片等	"编研成果"罗列了11个编研成果，主要有大事记、史料汇编、革命烈士人物档案、南京大屠杀档案等
无锡市	共15张照片档案	—
徐州市	"在线展厅"分为专题展览、图片资料和影像资料三个部分。专题资料如司法局民生档案展览等。图片资料包括名人在徐州的图片。影像资料中没有任何信息	包括《中共徐州历史大事记》、《徐州自然灾害资料》等，提供了徐州档案局的编研成果目录，并列出了成果中获奖情况
常州市	艺苑大师中名人字画展	老桥老房、城市新貌的照片汇编展
苏州市	珍品集粹中有商会档案、丝绸档案、碑拓档案、照片档案、商团档案、市民公社档案介绍，网上展览包括苏州商会百年展览、苏州商团陈列、馆藏名人手迹选展	苏州商会大事记、苏州商会档案丛编、百年商会、馆藏名人少年时代作品选、苏州市档案馆指南、苏州商会档案研究论文集、关怀—党和国家领导人与苏州、苏州特色工艺品简介、苏州市人民政府工作报告汇编

	特色档案	编研成果
南通	—	南通名人、南通之最等
连云港市	馆藏珍品：两淮盐法志、朐海诗存、1935年的盐业股票、隆庆海州志	连云港大事记
淮安市	馆藏档案中极具地方历史特色的档案，如清同治四年刊《清河县志》、《光绪丙子清河县志》等清朝编修的县志；具地方地域特色的反映洪涝灾害情况的馆藏方志和档案；具地方文化特色的名人艺术档案等	网上展厅中关于淮安市情的展览，利用了馆藏档案以及画册和书报的部分照片
盐城市	具地方历史特色的《重修山阳县志》、《东台县志》、《盐城县志》；胡耀邦的题词和黄克诚同志的亲笔信，还有咸丰年间的地契等	文件汇编有《盐城自然环境资料汇编》、《盐城市旅游景区（点）介绍》、《盐城民俗资料汇编》。档案网站上只有相关成果的主要内容和有关情况，大部分还在公开目录查询中的馆藏资料目录中
扬州市	—	《扬州建置笔谈》、《扬州辉煌五十年》、《落日辉煌话扬州》、扬州年鉴 、扬州史志、扬州大事记
镇江市	名人档案（赛珍珠、王洞若、吕凤子等）、地志宗谱（《丹徒镇江县志》、《镇江三山志》、《南郊鹤林志》、《荆氏族谱》、《徐氏家乘》、《茅山志辑》等	—
泰州市	—	—